Wissenschaftliche Untersuchungen
zum Neuen Testament · 2. Reihe

Begründet von Joachim Jeremias und Otto Michel
Herausgegeben von
Martin Hengel und Otfried Hofius

25

Metaphorik und Personifikation
der Sünde

Antike Sündenvorstellungen und
paulinische Hamartia

von

Günter Röhser

J. C. B. Mohr (Paul Siebeck) Tübingen

CIP-Kurztitelaufnahme der Deutschen Bibliothek

Röhser, Günter:
Metaphorik und Personifikation der Sünde: antike Sündenvorstellungen u. paulin.
Hamartia / von Günter Röhser. – Tübingen: Mohr, 1987.
(Wissenschaftliche Untersuchungen zum Neuen Testament: Reihe 2; 25)
ISBN 3-16-145166-X
ISSN 0340-9570

NE: Wissenschaftliche Untersuchungen zum Neuen Testament / 02

Druck von Gulde-Druck GmbH in Tübingen; Einband von Großbuchbinderei H. Koch KG in Tübingen.

Printed in Germany.

Vorwort

Die vorliegende Untersuchung stellt die überarbeitete Fassung
meiner im März 1985 abgeschlossenen und von der Theologischen
Fakultät der Ruprecht-Karls-Universität zu Heidelberg angenomme-
nen Dissertation dar. Zu danken habe ich vor allen anderen meinem
Lehrer, Herrn Prof. Dr. Klaus Berger (Heidelberg), der diese Studie angeregt und durch die Jahre ihrer Entstehung hindurch beglei-
tet hat. Kleinere Anregungen zur Überarbeitung gaben v.a. die
Herren Professoren Gerd Theißen (Heidelberg) und Martin Hengel
(Tübingen). Dem letzteren sowie Herrn Prof. Dr. Otfried Hofius
danke ich herzlich für die Aufnahme meiner Arbeit in die Reihe
der WUNT.

Finanziell ermöglicht wurde die vorliegende Untersuchung v.a.
nacheinander durch drei Faktoren: die Berufstätigkeit meiner Frau,
ein Doktoranden-Stipendium der Studienstiftung des deutschen Volkes sowie meine Anstellung bei der Universität Heidelberg als
Studienleiter des ökumenischen Studentenwohnheims in der Plan-
kengasse.

Rehau/Ofr., im September 1986   Günter Röhser

Inhaltsverzeichnis

Einleitung

Die vorliegende Untersuchung entstand aus dem unbestimmten Ge-
fühl heraus, die gängige Auskunft der Paulusforschung, der Apostel
verstehe die Sünde als eine "*Macht*" - so repräsentativ zuletzt U.Wil-
ckens in seinem Römerbrief-Kommentar: "Paulus sieht die Sünde -
nahezu personifiziert - als Macht an, unter deren Herrschaft der
Sünder steht" (I 172f) -, sei zu undifferenziert und letztlich un-
befriedigend, berge damit auch theologisch gewisse Gefahren in sich
und bedürfe daher einer erneuten Überprüfung. Diese Vermutung ver-
dichtete sich mir im Laufe der exegetischen Arbeit zur Gewißheit,
so daß ich mit den nachfolgenden Studien einen Anstoß geben möchte
zu einer intensiveren Diskussion des *hamartia*-Begriffs (speziell
bei Paulus), der bislang überwiegend im Rahmen anderer oder umfas-
senderer Fragestellungen bzw. von Römerbrief-Kommentaren behandelt
wurde (man vergleiche nur die Literaturnachträge im ThWNT X 2,
969-973, wo atl. Arbeiten und systematisch-theologische Interessen
(Erbsünde!) ziemlich deutlich überwiegen).

Meine Arbeit will damit ein Beitrag zur biblischen Wortsemantik
sein und fühlt sich methodisch v.a. den modernen Textwissenschaften
und der religionsgeschichtlichen Exegese verpflichtet.

Erstmals auf spürbare Distanz zum Machtbegriff ging R.Bultmann
in seiner existentialen Interpretation der paulin. Aussagen:
"... die Sünde kam durch das Sündigen in die Welt" - so formuliert
er in seiner "Theologie des Neuen Testaments" (251) ebenso wie in
seiner Untersuchung "Adam und Christus nach Römer 5" (Exegetica 432).
Damit akzentuiert Bultmann mit Recht sehr stark das sündige *Tun*
des Menschen in dem existentiellen Phänomen der Sünde. Gleichwohl
will aber auch er auf den Machtbegriff nicht verzichten: Am stärk-
sten zeigt sich das in seiner frühen Schrift "Der Stil der paulinischen Predigt und die kynisch-stoische Diatribe" (S.87), später wird
dann einschränkend von bildlich-rhetorischer Redeweise gesprochen
(Theologie 245).

Am einflußreichsten war wohl E.Käsemanns durch die Wiedergewin-
nung der Apokalyptik bestimmte Position - nicht zuletzt deshalb,
weil er den Machtcharakter auch und gerade für die "Gottesgerechtigkeit bei Paulus" (so der Titel seines berühmten Aufsatzes in

der ZThK 58 (1961) 367-378) behauptet und so dieses Denkschema
weiter befestigt hat. Seine Formulierung des exegetischen Konsen-
sus über die Sünde lautet wie folgt: "Der kennzeichnend paulinische Singular ἁμαρτία meint durchweg und fast hypostasierend die
Macht der Sünde."[1] Wir werden im Laufe der Untersuchung alle Elemente dieser Bestimmung im einzelnen prüfen; vorläufig möchte ich
nur einige allgemeine Anfragen an den Machtbegriff richten, die
nicht schon irgendwelche Ergebnisse der Untersuchung vorwegnehmen
wollen:

1. "Macht" ist ein von außen an die Texte herangetragener Begriff; er findet sich nicht bei Paulus selbst (δύναμισ in 1Kor
15,56 ist gerade keine Bezeichnung der Sünde selbst, sondern vielmehr des Gesetzes; außerdem sind "Macht" und "Kraft" nicht dasselbe!).

2. "Macht" ist ein sehr allgemeiner und ausgesprochen farbloser
Begriff, der offenbar zu nichts verpflichtet, weil er immer und
überall angewandt werden kann. In der Paulusforschung zeigt sich
das daran, daß nicht nur die Sünde[2] und die Gerechtigkeit[3], sondern auch das Fleisch[4], der Tod[5], das Gesetz[6] und die Gnade[7] mit
diesem Etikett versehen werden - lauter zentrale, aber doch wohl
untereinander verschiedene Begriffe paulinischer Theologie! Besonders beliebt ist es auch, gleich mehrere Ausdrücke auf einmal unter den Machtbegriff zu subsumieren; so z.B. H.Schlier zu Röm 5,19:
"Nach dieser in der Geschichte geschichtlich vollzogenen Wende von
der Herrschaft der Sünden- und Todesmacht in Adam zur Herrschaft
der überschwenglichen Gnaden- und Lebensmacht in Christus Jesus..."[8] (was ist eine "überschwengliche Macht"?). Die Frage muß

---

1 An die Römer 81.
2 S. noch E. Brandenburger, Adam und Christus 160: "Adams sündige T a t war
  die Ursache für das Existentwerden d e r Sünde a l s M a c h t."
3 E.Käsemann, Gottesgerechtigkeit 368 ("personifiziert als Macht"); H.Schlier,
  Römerbrief 211 (zu 6,19): "Auch hier wird der Artikel 'die Gerechtigkeit' als
  bestimmende Macht bezeichnen."
4 J.Becker, Heil Gottes 248: "... zugleich ist dieses Fleisch durch die Sünde
  eine aktiv herrschende Macht" (im Orig. kursiv); A.van Dülmen, Theol. des Gesetzes 155: "Die Sarx ... erscheint bei Paulus als eine Macht, die sich von
  außen her des Menschen bemächtigt".
5 Brandenburger aaO. 164 ("geradezu als ein persönliches Wesen, als eine
  M a c h t"); Schlier aaO. 160 ("'die Todesmacht'", "der Tod als kosmische
  Macht").
6 Van Dülmen aaO. 169: "Macht, die den Menschen in die Ungerechtigkeit zwingt".
7 Käsemann, Gottesgerechtigkeit 372 ("primär die Gnadenmacht").
8 AaO. 176.

erlaubt sein, ob es nicht an der Zeit wäre, einmal über diese ni-
vellierende Begrifflichkeit hinauszudenken.

Die Kategorie der "Sündenmacht" ist aber nicht auf die Paulus-
Exegese begrenzt, sondern macht ihren Einfluß auch in anderen Bereichen ntl. Forschung (und darüber hinaus) geltend; auch dort
findet man Formulierungen wie "Macht der ἁμαρτία" (E.Käsemann mit
Bezug auf Hebr 3,13; 11,25 und 12,1.4[9]), "Machtcharakter der Sünde"
(K.Wengst zu 1Joh 3,8[10]), "Sündenmacht" und "Weltmacht Sünde" (W.
Grundmann mit Bezug auf Apk 18,4f[11]), oder: "Die Sünde ist eine
den Menschen knechtende Macht" (H.Braun zu Qumran[12]). Der Verdacht
liegt nahe, daß es sich dabei um die unreflektierte Übernahme eines
geläufigen Denkschemas aus dem einen Bereich der Forschung in die
anderen handelt.

3. Schließlich muß gefragt werden, ob der Begriff der "Macht"
nach seinem heutigen - auch außertheologischen - Verständnis nicht
einer allzu einseitigen Betrachtungsweise der Sünde Vorschub leistet (Ohnmacht des Menschen!). Nach meinem Eindruck verleitet er
dazu - obwohl dies nicht bei allen Exegeten der Fall ist! -, logisch die konkrete Tatsünde der "Sündenmacht" *nach*- und damit
*unter*zuordnen - so z.B. ganz deutlich A.van Dülmen: Sie versteht
Tatsünde primär als "Wirkung" der Sündenmacht, als "das durch diese Macht bestimmte Tun"[13] und als "die unausbleibliche Folge des
Beherrschtseins von der Sünde"[14] und meint: "...die Sünde als Macht
ist immer unmittelbar *hinter* jeder Tatsünde zu suchen und kann
selbst nicht ohne diese ihre *Auswirkung* im konkreten Leben des Menschen gedacht werden"[15] (daß van Dülmen mehrfach auch die umgekehrte Verhältnisbestimmung vorzunehmen sich genötigt sieht, zeigt nur
die Schwierigkeiten, in die man durch den Machtbegriff geraten ist).
Oder ein anderes Zitat: "For Paul, the act of sin is only the result of the power of sin which exists prior to the act."[16]

---

9 Wanderndes Gottesvolk 25 mit Anm. 1.
10 Der erste, zweite und dritte Brief des Johannes 138.
11 ThWNT I 311 (Art. *"hamartanō"* etc.).
12 Selbstverständnis des Qumran-Frommen 105. Ebenso H.Thyen, Studien zur Sündenvergebung 86-88.
13 AaO. 159; s. auch 157 Anm. 13.
14 Ebd. 160.
15 Ebd. 162 (Hervorhebungen von mir, G.R.).
16 H.D.Betz u.a., in: ders. (ed.), Plutarch's Theological Writings, 218. -
   Diese verbreitete Verhältnisbestimmung von Macht und Tat entspricht übrigens
   auch dem Verhältnis von Schuldigsein und Verschuldung bei M.Heidegger (s.
   das Zitat bei Thyen, aaO. 14: "Das Schuldigsein resultiert nicht erst aus
   der Verschuldung, sondern umgekehrt: diese wird erst möglich 'auf Grund'
   eines ursprünglichen Schuldigseins.").

Eine solche Auffassung scheint insbesondere durch Stellen wie
Röm 5,12 und 6,12 nahegelegt zu werden, wonach durch Adam "*die* Sünde" in die Welt und zur Herrschaft über die Menschen gelangt sei
und alles nachfolgende Handeln bestimme. Müßte nicht aber von der
in Röm 7,7-13 erfolgenden Identifizierung *jedes* Menschen mit Adam
her - G.Theißen bezeichnet Adam als "Modell", nach dem "sich das
Verhalten aller Menschen verstehen" lasse[17], P.Fiedler spricht unter Berufung auf S.Lyonnet vom "Urbild des Menschen unter dem Gesetz"[18] - viel stärker als bisher betont werden, daß die Sünde sich
am Gebot entzündet (7,9) und somit wesentlich "Übertretung" ist
(vgl. 5,20) - mit der Konsequenz, daß ihr Tatcharakter durchgehend
erhalten bleibt? Wenn dem aber so ist, ist es dann noch sinnvoll,
am Machtcharakter festzuhalten? (In Frage zu stellen wäre folge-
richtig auch die Rede von einer "allgemeinen sündigen Zuständlichkeit"[19], die der einzelnen Übertretung immer schon vorausgehe.)
    Eine durchgängige Infragestellung des Macht- zugunsten des Tat-
begriffs hat zum erstenmal B.N.Kaye in seiner Basler Dissertation
über den Römerbrief[20] versucht. Die Hauptmängel dieser Arbeit bestehen m.E. darin, daß der Verfasser unzureichende Begriffe von
"Stil" und "Metaphorizität" hat sowie auf religionsgeschichtliche
Untersuchungen vollständig verzichtet. Ergeben sich von daher kaum
Berührungspunkte mit meinem eigenen Versuch, so ist doch die Übereinstimmung in einem Grundanliegen umso bemerkenswerter. Es sei
deshalb an dieser Stelle nachdrücklich auf Kayes Arbeit hingewiesen, zumal sie in der Diskussion bisher noch kaum Beachtung gefunden hat.[21]

    Um Mißverständnisse gleich von Anfang an auszuschließen: Es
geht im folgenden nicht darum, das mit dem Machtbegriff Gemeinte
in Bausch und Bogen abzulehnen; vielmehr soll der Versuch unter-

---

17 Psychologische Aspekte 212; s. ebenso 210 und 205. "In der Tat wird man annehmen müssen, daß Adam nicht das *Subjekt* des Konfliktes in Röm 7,7ff. ist,
   sondern dessen *Modell*." (205)
18 EWNT I 162 (Art. "*hamartia*"). - Zum Zusammenhang von paradigmatischem Ich,
   anthropologischer Reflexion und Adamsentsprechung in Röm 7 vgl. zuletzt K.
   Berger, Formgeschichte 273f.
19 W.Grundmann, ThWNT I 313.
20 The Thought Structure of Romans with Special Reference to chapter 6, die
   Problematisierung des Machtbegriffs auf S.30-57.
21 Im Literaturverzeichnis von U.Wilckens, Brief an die Römer, ist sie nicht
   aufgeführt. - Immerhin wird sie von H.Räisänen in seinem Buch "Paul and the
   Law" (1983) in einer Anmerkung (Nr. 29 auf S.99f) zustimmend genannt. Räisänen zitiert dort u.a. Kayes Schlußfolgerung (Thought Structure 137), daß
   "throughout Romans the same basic concept of sin makes sense, namely the
   sense of sinful action, or the guilt consequent upon such action."

nommen werden, zu einer differenzierteren Betrachtungsweise eines
scheinbar längst erledigten Themas zu gelangen - so weit wie möglich unter Verzicht auf dogmatisch vorbelastete Kategorien (dazu
zählt neben dem Machtbegriff auch derjenige der "Erbsünde"; er
wird allerdings schon seit längerem kritisch betrachtet).

Um dieses Ziel zu erreichen, richten wir unser besonderes Augen-
merk auf die *Metaphorik* der Sünde. Sie erscheint als der eigentliche Schlüssel zu einer Neuorientierung im Verständnis der paulin.
hamartia. So ergibt sich folgender Gang der Arbeit:

In einem relativ knappen Teil I stellen wir grundlegende Merkmale des paulin. Sündenbegriffs dar. In Teil II versuchen wir uns
dann vor dem Hintergrund allgemein antiker Sündenmetaphorik in die
spezifisch paulinische Vorstellungswelt einzuarbeiten. Da wir mit
dieser an Metaphern orientierten Fragestellung weitgehend Neuland
betreten, mag es sinnvoll sein, am Beginn dieses Teiles zunächst
Elemente einer Theorie der (antiken) Metapher zu skizzieren, um
diese sodann in den Hauptkapiteln auf einige nichtpaulinische Sündenvorstellungen anzuwenden. Dies soll einerseits dazu dienen, ein
genaues Bewußtsein für den Stellenwert religiöser Metaphorik in
der Antike zu entwickeln, und ist darum breiter ausgeführt, als
es für eine nur auf Paulus konzentrierte Arbeit vonnöten wäre; andererseits zielt es aber darauf ab, die für eine Beurteilung der
am Schluß dieses Teiles dargestellten paulin. Sündenmetaphorik
erforderlichen Kategorien in der Praxis vorzuführen und zu erpro-
ben. Teil III schlägt dann eine Neubestimmung des paulin. *hamartia*-
Begriffs mit Hilfe einer Theorie der "Personifikation" vor.

Den nachfolgenden Studien ging in einem vorbereitenden Arbeits-
schritt die - wie ich zuversichtlich hoffen darf - vollständige
Erfassung aller semantischen Felder[22] voraus, in denen die Wurzel
hamart- bzw. ihre nichtgriechischen Äquivalente auftreten - von
Homer bzw. dem Alten Testament bis in die Zeit der alten Kirche
(auch Synonyma wurden in beschränktem Umfang berücksichtigt). Aus
der schier unübersehbaren Fülle der Belege habe ich eine Auswahl
zu treffen versucht, die unseren begrenzten, letztlich auf Röm 5-8

---

22 Ich verwende diesen Begriff im Anschluß an K.Berger (Exegese 137-159)
   im Sinne von semantischen "Regelmäßigkeiten" (ebd. § 21), die in Texten
   unterschiedlichster Zeit und Herkunft auftreten können.

hinzielenden Fragestellungen gerecht wird (auch im Literaturverzeichnis sind nicht alle von mir bearbeiteten Quellentexte genannt,
sondern nur die in der vorliegenden Untersuchung tatsächlich ver-
werteten). Darüber hinaus könnte die Arbeit aber auch Anregungen
für andere Bereiche der ntl. und religionsgeschichtlichen Forschung vermitteln.

TEIL I

GRUNDLEGENDE MERKMALE DES PAULINISCHEN SÜNDENBEGRIFFS

1. Der singularische Gebrauch

Grundlegend für den Sprachgebrauch des Apostels Paulus ist das
traditionelle Nebeneinander von Singular und Plural (wie in Ps 31,
1f LXX = Röm 4,7f). Allerdings machen wir sogleich die Beobachtung,
daß Pluralformen nur in traditionell geprägten, meist formelhaften
Wendungen außerhalb des Römerbriefes (1Kor 15,3.17; Gal 1,4; 1Thess
2,16) sowie innerhalb desselben in zwei LXX-Zitaten (Röm 4,7; 11,27)
vorkommen. (Der Gen. Plur. in Röm 7,5 qualifiziert sein Bezugswort
nach Art eines Adjektivs: "sündige Leidenschaften"; vgl. 4Esr 7,23:
circumventiones delictorum = "sündhafte Machenschaften".) So ist
dieses Nebeneinander bei Paulus eindeutig zugunsten des Singulars
verschoben.

Aber auch dabei sind grundsätzlich zwei Verwendungsweisen zu
unterscheiden: 1) als Bezeichnung einer konkreten Einzelsünde
(2Kor 11,7 - hierfür wird auch ἁμάρτημα gebraucht: 1Kor 6,18; im
Plur. Röm 3,25[1]); 2) als Bezeichnung des allgemeinen Phänomens
"Sünde" (mit und ohne Artikel).

Um die Besonderheit des paulin. Gebrauchs herauszuarbeiten, betrachten wir zunächst das Nebeneinander von Sing. und Plur. im AT
und frühen Judentum. Bereits im AT können wir finden, wie ganz analoge Aussagen mit z.T. denselben Wortverbindungen einmal den Sing.
und dann wieder den Plur. verwenden.

Beispiele: die Sünde(n) Jerobeams (Sing. 1Kön 16,19b; LXX:
4Kg 3,3; 17,22 // Plur 1Kön 15,30); reinige mich von meiner Sün-
de//verbirg dein Angesicht vor meinen Sünden (Ps 51,4.11); unsere
Verschuldungen//die Schuld von uns allen (Jes 53,5a.6b). Siehe weiter: Ps 25,7.18(Plur.)//11(Sing.) - LXX: Ps 24,18(Plur.)//7.11
(Sing.) - sowie Ps 31,1f LXX und 1/3Esr 8,72f. Schon hier wird deutlich, daß der (betonte) Singular nicht darauf abzielt, die Einzel-

---

1 Schon in LXX tritt der "im profanen Griechisch überwiegende Gebrauch von
ἁμάρτημα ... weit hinter den von ἁμαρτία zurück." (P.Fiedler, EWNT I 158)

sünden zu summieren und in bloß additiver Weise zusammenzufassen[2], sondern eher so etwas wie deren Inbegriff (ungefähr gleich "Sündigkeit") darstellt und ein bestimmtes Gesamtverhalten von Menschen in seiner "Wesensstruktur" charakterisieren soll.

Ein Sonderfall des singularischen Gebrauchs ist die Verwendung als Prädikatsnomen; auch daran wird deutlich, daß der Sing. mehr bezeichnen kann als nur eine Einzelsünde. Beispiele: Jub 21,21; slavHen 62; Jak 4,17; 1Joh 5,17; bei Paulus Röm 7,7 ("Ist das Gesetz Sünde?") und 14,23 ("Alles, was nicht aus dem Glauben heraus ist, ist Sünde").

Das beschriebene Nebeneinander von Sing. und Plur. läßt sich durch die gesamte frühjüdische Literatur hindurch verfolgen - so z.B. auch in den Texten aus Qumran: alle seine Sünden entsühnt und gereinigt//seine Sünde gesühnt (1 QS III 6-8); die Menge der Schuld//eurer Sünden (1 QH I 32//IV 19); (alle) unsere Sünde(n) (4 Q 504,1-2 VI 2f); unsere bzw. ihre Sünde(n) und die Sünde(n) unserer bzw. ihrer Väter (Sing. 4 Q 504,1-2 VI 5f; AT: Lev 26,40 // Plur. Lev 26,40 LXX; Jes 65,7 - eine Kombination von beidem hat Jub 1,22: ihre Sünde und die Sünden ihrer Väter) - und findet sich auch im NT: In Joh 8 stehen "in eurer Sünde werdet ihr sterben" (V.21, vgl. Dtn 24,16; 2Kön 14,6; Jer 31,30; Ez 18,24) und "ihr werdet sterben in euren Sünden" (zweimal in V.24, vgl. 4Kg 14,6; Ez 18,24 LXX) nebeneinander, und es ist nicht zu erkennen, daß damit eine inhaltliche Differenz verbunden wäre: Der Sing. "die Sünde" steht für den Inbegriff der Einzelsünden; er ist - zumindest in diesem Fall - sogar älter als der Plur., denn dieser tritt erst ab LXX auf.

Kennzeichnend für Paulus ist also nicht der Gebrauch des Sing. als solcher, sondern seine gehäufte Verwendung in einem ganz bestimmten, eng umrissenen Zusammenhang (Gal 2-3; Röm 3+5-8). Untrennbar damit verbunden ist ein zweites grundlegendes Merkmal des paulin. Sündenbegriffs: sein absoluter Gebrauch.

---

2 Vgl. G.Bornkamm, Paulus 143, zum paulin. Sündenbegriff: "mehr ... als nur ein Sammelbegriff für ein Vielerlei von Tatsünden". - In diesem Sinne Unvereinbares verbindet M.Dibelius (Geisterwelt 120 zu Röm 6,7): "Der Artikel läßt die ἁμαρτία hier wohl als eine Zusammenfassung einzelner Sünden erscheinen und zwar als eine konkrete persönliche Macht..."

2. Der absolute Gebrauch

Ebenso grundlegend für den paulin. Sprachgebrauch ist es, den
Begriff "Sünde" gänzlich ohne Zusätze und Näherbestimmungen zu verwenden. Solche sind etwa: Adjektive (z.B. "alle Sünde"), Genitiv-
attribute (z.B. "die Sünde der Menschen"), Pronomina und Suffixe
(z.B. "meine Sünde"). Paulus gebraucht diese alle mit großer Selbst-
verständlichkeit in Verbindung mit Synonymbegriffen zu *hamartia*:
Röm 1,18 (alle Gottlosigkeit und Ungerechtigkeit der Menschen);
1,29 (allerlei Ungerechtigkeit); 3,5 (unsere Ungerechtigkeit);
5,14f.17f (die Übertretung Adams bzw. des "Einen"); 7,8 (alle Begierde) - seinem Verständnis von "Sünde" scheinen sie hingegen nicht
angemessen. Wichtig ist daran vor allem, daß mit der Konzentration
auf die absolute *"hamartia"* auch alle herkömmlichen Unterscheidun-
gen und Differenzierungen innerhalb des Sündenbegriffs (zumindest
für die theologische Reflexion) hinfällig geworden sind - ich nenne
nur die Unterscheidung von

- freiwilligen (vorsätzlichen) und unfreiwilligen (Num 15,27.30)
- eigenen und fremden (Stob Ecl III 597,4-7)
- heimlichen und öffentlichen (Demokrit: Diels Fragmente II 182,1)
- großen und kleinen (4Makk 5,19f)
- Wort- und Tat-Sünden (PythSent 26a, ed. H.Chadwick)
  sowie von
- Sünden gegen unterschiedliche Instanzen: den eigenen Leib
  (1Kor 6,18); die Brüder und damit Christus (1Kor 8,12) --

alle sind sie in den einen, umfassenden Begriff der *hamartia* hinein
aufgenommen worden.

Es verdient festgehalten zu werden, daß solche Klassifizierun-
gen neben und nach Paulus unvermindert weiterbestehen; siehe z.B.
1Tim 5,22 (Anteil haben an fremden Sünden); Hebr 7,27 (des Hohen-
priesters eigene Sünden, vgl. 5,3); 10,26 (mutwillig sündigen);
Mt 12,31 (jede Sünde - vergebbare/unvergebbare Sünde, vgl. 1Joh
5,16f); Lk 15,18.21 (gegen den Himmel); 1Klem 2,3 (unabsichtlich);
44,4; 47,4; Herm v 1,1,8; m 4,1,1.2.8; 5,2,4; s 8,10,1 (große/klei-
ne Sünden).[3]

Nun gibt es selbstverständlich auch für den absoluten Gebrauch
des Sündenbegriffs Vorbilder in AT und Frühjudentum. Besonders die
Weisheit ist als der Ort zu nennen, an dem die Sünde erstmals als
selbständige Größe ins Auge gefaßt wird; in vielen Sprüchen finden
wir deshalb den absoluten Begriff.

---

3 Zu 1Klem s. J.A.Fischer, Apost. Väter 14.

Beispiele: "Bei einer Menge von Worten bleibt Sünde nicht aus" (Spr 10,19). "Ein See von Übermut ist die Sünde" (Sir 10,13). "Wende dich zum Herrn und laß ab von der Sünde" (Sir 17,25). Siehe weiter: Spr 29,16; Sir 8,5; 23,10; Weish 1,4.

Aber auch in apokalyptischen Texten begegnet uns dieser absolut gebrauchte Sündenbegriff - ich nenne nur Hen 107,1 ("bis ... die Sünde von der Erde verschwindet") oder die Selbstbezeichnung der Qumran-Gemeinde "Von-Sünde-Umkehrende" (die Belege s.u. Teil II 2.7.1 ad 3).

Verfehlt wäre es, in jedem Fall eine starke Trennungslinie zu ziehen zwischen absolutem und durch Zusätze erweitertem Gebrauch. So ist es für unsere Untersuchung wichtig, die besondere Nähe der Verbindungen mit πᾶσ (alle, allerlei, jede Sünde) zum paulin. Sündenbegriff festzuhalten (s. bes. ApkMos 32): TestLev 18,9 (ed. M.de Jonge) zeigt, wie dieses Adjektiv leicht in den bestimmten Artikel übergehen (Hauptlesart: "Und unter seinem Priestertum wird *jede* Sünde aufhören"; Variante in c: "*die* Sünde") oder auch ganz wegbleiben kann (Lesart von h, i, j; vgl. Röm 5,13; 6,14 usw.). In PsSal 17,20 werden die Ausdrücke "in allerlei Sünde" und "in Sünde" parallel gebraucht.

Wiederum ergibt sich: Nicht der absolute Gebrauch als solcher ist kennzeichnend für Paulus, sondern seine Konzentration auf einen ganz bestimmten Zusammenhang, in dem die Sünde selbst zum Gegenstand einer intensiven Erörterung gemacht ist.

Die Frage stellt sich von selbst: Warum gerade *"hamartia"* und nicht eines der Synonyme?

3. Die Vorherrschaft der Wurzel *"hamart-"*

Der Sachverhalt ist klar: *"hamartia"* ist der Hauptbegriff des Paulus für "Sünde"; die Synonymbegriffe sind - statistisch gesehen - unbedeutend (sie sind es jedoch nicht für die Interpretation der *hamartia*: als Übertretung, Begierde usf.). Nicht geklärt ist jedoch bislang die Frage, woher diese Dominanz eigentlich rührt. Folgende Einflüsse sind denkbar:

1. Religiöse Volkssprache, wie sie uns in den lydisch-phrygischen Sühninschriften begegnet. "Gewöhnlich wird in den Inschriften, in denen die Schuld nicht genau beschrieben ist, der Fehltritt, welcher die Schuld in den Augen der Gottheit verursachte, allge-

mein durch irgend eine Wendung von ἁμαρτάνω ausgedrückt"[4]; ein
Einfluß auf Paulus wäre aufgrund der geographischen Herkunft des
Apostels immerhin denkbar.

2. Der ἁμάρτημα-Begriff in der Philosophie der Stoa. Er dient
dazu, die alle als gleich bewerteten Verfehlungen unter einem Oberbegriff zusammenzufassen. Beispiel (vArnim Fragmenta III 136,22-
24): "Verfehlungen (ἁμαρτήματα) aber seien das Unverständig-Sein,
das Zügellos-Sein, das Unrecht-Tun, das Sich-Betrüben, das Sich-
Fürchten, das Stehlen und überhaupt alles, was gegen die rechte
Vernunft gehandelt wird"[5] (zur Gleichheit aller Verfehlungen s.
vArnim Fragmenta III 141-142 passim). An 4Makk 5,19-21 erweist
sich, daß der Grundsatz ἴσα τὰ ἁμαρτήματα sehr wohl das hellenistische Judentum beeinflußt hat: "Denn in kleinen und großen Dingen gesetzwidrig zu handeln, wiegt gleich schwer (ἰσοδύναμόν
ἐστιν), wird doch in beiden Fällen das Gesetz gewissermaßen gleich
mißachtet" (VV.20f). Dieser Einfluß äußert sich jedoch nicht (bzw.
erst bei Paulus) in einer vereinheitlichten Sündenterminologie.

Als nicht zu übersehender Unterschied zu Paulus ist festzuhalten, daß die Stoa trotz technischen Gebrauchs ihres Verfehlungs-
terminus niemals zu dessen konsequenter Verwendung im (betonten)
Singular (s.o. Kap.1) gefunden hat.[6]

Dasselbe gilt auch für die durch die herkulaneischen Papyri be-
kanntgewordene definitionsähnliche Bestimmung Epikurs (De natura
28, Frgm. 4 III 6ff): "... weil jeder Fehler der Menschen (πᾶσα ἡ
ἁμ[α]ρτία ... τῶν ἀνθρώπων) keine andere Form hat als die in bezug
auf die Prolepseis entstehende und die Phainomena wegen der viel-
fachen Gebrauchsgewohnheiten der Wörter ..." (Text, Übersetzung
und Interpretation bei A.Manuwald[7]). Trotz des verallgemeinernden
Charakters der Aussage wird im Grunde jeder Fehler *einzeln* (unbe-
tonter Sing.!) in den Blick genommen, aber nicht deren Wesen (= Inbegriff alles Fehlermachens).

3. *"Hamartia"* und wurzelverwandte Wörter sind die mit Abstand
am häufigsten verwendeten Begriffe für "Sünde", "sündigen" usw.
in LXX. Dies ist zum einen auf die Vorherrschaft schon ihrer hebr.
Äquivalente im AT (bes. des Verbums חטא)[8], zum anderen aber auf

---

4 F.S.Steinleitner, Die Beicht 83.
5 Vgl. auch Marcus Aurelius XI 18,6: "ungerecht, hartherzig, gewinnsüchtig und
  überhaupt ἁμαρτητικόσ gegenüber den Mitmenschen".
6 S. dazu die Stellensammlung im Index zu vArnim Fragmenta, IV 14.
7 Die Prolepsislehre Epikurs 87f.99-102, speziell zum Charakter von "πᾶσα":
  101f.
8 S. dazu R.Knierim, THAT I 543 (Art. "חט' sich verfehlen").

einen Sachverhalt zurückzuführen, der in der Forschung bisher zu
wenig Beachtung gefunden hat: Stellt man die griech. Äquivalente
zu den drei atl. "Hauptbegriffen für Sünde" (R.Knierim) zusammen,
so ergeben sich für zwei von ihnen im wesentlichen Eins-zu-drei-
Entsprechungen[9]:

- *hamartia* (70x), *anomia* (63x) und *adikia* (50x) für עון
- *asebeia* (27x), *anomia* (20x) und *hamartia* (19x) für פשע.

Für חטאת und andere Nomina gleicher Wurzel gilt hingegen im wesentlichen die Eins-zu-eins-Entsprechung: *"Hamartia"* ist mit 276
Belegen gegenüber *"anomia"* (7x) und wenigen anderen absolut dominierend.

Ausgehend von dieser Basis einer unangefochtenen Äquivalenzbe-
ziehung mit dem atl. Hauptbegriff für "Sünde" (die in gleicher Weise auch für das Verbum gilt) hat sich die Wurzel *"hamart-"* weitere
Bereiche der atl. Begrifflichkeit für "Sünde" usw. erobern können
(parallele Phänomene in kleinerem Rahmen sind etwa die von G.Ber-
tram beobachtete Wiedergabe einer "Fülle von verschiedenartigen
Begriffen des Urtextes ... mit dem einen Wort 'kakos', 'böse'"[10]
durch den Spr-Übersetzer oder der Gebrauch von *anomos* als "eine(r)
Art von Sammelbegriff für verschiedene Wörter"[11] im griech. Jesaja): Neben den bereits genannten anderen atl. Hauptbegriffen ist
besonders das Vordringen auf das Gebiet von ἀσεβής zu erwähnen,
das in 141 Fällen[12] für das hebr. Nomen רשע ("gottlos", "Frevler")
steht und dem das griech. ἁμαρτωλός mit immerhin 72 Belegen starke
Konkurrenz macht (*anomos* 31x).[13]

Es trifft zwar zu, daß *adikia* und *anomia* wesentlich mehr atl.
Begriffe "neutralisiert"[14] haben als *hamartia* (36 bzw. 24 gegenüber 15 hebr. und aram. Äquivalenten), ihre gegenüber *hamartia*
relativ schwächere Position zeigt sich jedoch daran, daß sie nicht

---

9 Zur Terminologie s. W.Koller, Übersetzungswissenschaft 158ff; die Zahlen
   nach G.Quell und G.Bertram, ThWNT I 268f, d.h. ohne hebr. Sirach.
10 Vom Wesen der Septuaginta-Frömmigkeit 278; vgl. schon ThWNT III 479 f (Art.
   "kakos").
11 J.W.Wevers, Septuaginta-Forschungen, ThR 22 (1954), 182 im Anschluß an I.L.
   Seeligman.
12 Zählung nach Hatch/Redpath I 170f. Die Angabe "14mal" (ThWNT I 269, s.o.Anm.
   9) ist ein Druckfehler, die Zählung von E.C.Dos Santos (Hebrew Index for
   Hatch-Redpath 197: "121") offensichtlich irrig.
13 Zur Synonymität von ἁμαρτωλός und ἀσεβής s. das Beispiel bei E.Hatch, Essays
   in Biblical Greek 21 (Ps 36 LXX) sowie die Grabinschrift TAM (= Tituli Asiae
   Minoris) II Nr.213,Z.12.
14 Koller aaO. (s.o.Anm.9) 159 (Viele-zu-eins-Entsprechungen).

in nennenswertem Umfang in die Domäne dieses Begriffs (חטאת) ein-
zudringen vermögen (*anomia* 7x, *asebeia* 2x, *adikia* 1x). Es ist deshalb gefährlich einseitig, die Interpretation des Phänomens "Sünde" durch LXX nur in den Begriffen *"adikia"* und *"anomia"* zu finden
und die erweiterte Vormachtstellung der eigentlichen "Verfehlungs"-
begriffe geflissentlich zu übersehen (so z.B. C.H.Dodd, dessen Tendenz deutlich dahin geht, den LXX "growing legalism" zu unterstellen[15]).

Zwar ändert der dargestellte Befund nichts an der prinzipiellen
Pluralität der Sündenterminologie - vor allem besitzt *hamartia* in
LXX bei weitem noch nicht eine dem paulin. Sprachgebrauch vergleich-
bare Vorrangstellung -, er bedeutet aber doch eine Vermehrung der
Verfehlungsbegriffe von 595 Belegen im AT[16] auf 696 in der griech.
Übersetzung[17] - also um ca. 17 %. Paulus könnte in der Fortsetzung
dieser Begriffstradition stehen; allerdings erhebt sich dann die
Frage nach Zwischengliedern oder Analogien in der Literatur des
frühen Judentums.

4. Vereinzelt gibt es in der frühjüdischen sowie in der früh
judenchristlichen (und somit neben- und nachpaulinischen) Literatur Schriften, in denen die Wurzel *"hamart-"* eine mit dem Römerbrief vergleichbare Vorrangstellung besitzt. Zu nennen sind hier[18]:

			adik-		anom-		aseb-	
ApkMos	*(ex)hamart-*	16x	*adik-*	0	*anom-*	0	*aseb-*	0
ParJer	*hamart-*	13x	"	1x	"	0	"	0
TestAbr Rez. A	"	26x	"	0	"	0	"	0
Rez. B	"	20x	"	0	"	1x	"	0
grApkEsr	"	18x	"	0	"	1x	"	0
ApkSedr	*(an)hamart-*	20x	"	1x	"	0	"	1x.

Vielleicht ist es auch kein Zufall, daß wir gerade hier auf
apokalyptische Texte stoßen (bei des Paulus Zeitgenossen Philo und
Josephus sowie in der rabbinischen Literatur (Mischna) ist von
einer Vorherrschaft der Wurzel *"hamart-"* bzw. ihres hebr. Äquiva-
lents rein gar nichts zu spüren!), finden wir doch in ihnen erste
Ansätze zu einer geschlossenen thematischen Reflexion auf die Sün-

---

15 The Bible and the Greeks 80; ebd.: "The LXX version tended to stereotype
   this legalistic notion of sin in Hellenistic Judaism."
16 Knierim aaO. (s.o.Anm.8) 542 (nach der Tabelle nur "593" Belege!).
17 Diese Summe ergibt sich aus der Addition der von Quell und Bertram (s.o.Anm.9)
   genannten Zahlen (hinzu kommen dann natürlich noch die Vorkommen in den Apokryphen des AT).
18 S. die Indices bei Wahl-Bauer, Clavis Philologica; die Zahlen einschließlich
   der in Anführungsstriche gesetzten Belegstellen für abweichende Lesarten.

de, die von deren Entstehung (ApkMos 32; vgl. aber auch Sir 25,24)
über ihre endzeitliche Zunahme (s.u. Teil II 2.8.1) bis zu ihrem
Ende (TestLev 18,9 s.o.S.10) reicht (was die Ausbildung eines ein-
heitlichen Begriffs sicher begünstigt hat; strukturell vgl. Röm
5,12.20 - 7,13 - 8,3).

Daneben steht die gegenläufige Tendenz einer Häufung von synonymen Sündenbegriffen, etwa in Qumran (Beispiele: 1 QS XI 9; 1 QH
I 22) oder im Jubiläenbuch (z.B. 9,15). Wahrscheinlich brauchen
sich aber Vereinheitlichung und Vervielfältigung der Sündenbegriffe nicht gegenseitig auszuschließen, sondern stehen in einem inneren Zusammenhang miteinander und ergänzen sich; man vergleiche etwa grHen 10,20 (alle Unreinheit, alle Ungerechtigkeit, alle Sünde
und Gottlosigkeit, alle Unreinheiten; vgl. äthHen 91,6f) mit 107,1
("die" Schlechtigkeit und "die" Sünde; vgl. äthHen 92,5)[19], ferner
Jub 50,5 ("Sünde" als Oberbegriff für 5 weitere Begriffe). In jedem Fall zeigen diese Phänomene Entwicklungen an, an deren einem
Ende man sich auch gut die paulin. Terminologie mit ihrer Dominanz
der Wurzel "hamart-" als Ergebnis vorstellen kann.

Besonders bedeutsam für diese Linie scheint mir ApkMos 32 zu
sein: Nicht nur, daß es eine unmittelbare Parallele zu Röm 5,12
bietet[20] - mit seinem neunfachen (!) "ἥμαρτον" und darauffolgendem
"πᾶσα ἁμαρτία" im Rahmen eines Sündenbekenntnisses (*metanoia*) der
Eva stellt es in geradezu programmatischer Weise die Wurzel
"hamart-" in den Mittelpunkt des Redens von Sünde. Hinzu kommt,
daß ApkMos wie Paulus die *hamartia* mit Hilfe der Begriffe παράβασισ
(mit der Folge der Todesherrschaft, vgl. ApkMos 14 mit Röm 5,14)
und ἐπιθυμία (vgl. ApkMos 19 mit Röm 7,7) charakterisieren kann.[21]

Vielleicht darf man auch auf die in einigen Handschriften erfol-
gende Verdrängung der *adikia* in TestLev 2,3 (Visionsbericht) durch
die *hamartia* hinweisen.[22]

Überblickt man alle genannten möglichen Einflüsse auf Paulus,
so wird man den genuin atl.-frühjüdischen den Vorzug geben[23] (an

---

19 Auch in grHen ist trotz prinzipieller Pluralität der Sündenbegriffe das zah-
lenmäßige Schwergewicht zu *"hamartia"* und Wurzelverwandten hin verschoben.
Die Zahlen lauten: *hamart*- 53x; *adik*- 24x; *anom*- 10x; *aseb*- 15x.
20 S.u. Teil III 4.2 (bes. S.159f).
21 Zu weiteren Übereinstimmungen (und Unterschieden!) s.u. Teil II 3.3.2.
22 Vgl. den ganz analogen Fall einer Ersetzung des Ausdrucks "der Mensch der
Gesetzlosigkeit" in 2Thess 2,3 durch "der Mensch der Sünde" in der Mehrheit
der Handschriften (beachte im übrigen den "apokalyptischen" absolut gebrauchten Singular!).
23 Zu diesem methodischen Grundsatz s. Berger, Exegese 190f.

zweiter Stelle mag der stoische Einfluß stehen[24]). Exegetisch bedeutsam ist daran, daß es eine ungebrochene Begriffstradition von
der atl. חטאת zur paulin. ἁμαρτία gibt. Dies muß m.E. die Grundlage aller Erklärungsversuche zum Sündenbegriff von Röm 3+5-8 sein.

4. Der Tatcharakter der Sünde

Angesichts der dargestellten Zusammenhänge halte ich es für
voll gerechtfertigt, die Grundbestimmungen, die R.Knierim für die
hebr. Wurzel חטא gegeben hat[25], auf die paulin. *hamartia* anzuwenden. Demnach handelt es sich bei der "Sünde"
a) um einen Formalbegriff, der inhaltlich alles umfassen kann, was
es an Verfehlungen gibt;
b) um einen qualifizierenden Begriff, der die mit ihm bezeichneten Verfehlungen in einer bestimmten, negativen Weise bewertet;
c) um einen Tatbegriff, der diese Verfehlungen als jeweils immer
im einzelnen angebbare Handlungen von Menschen (oder auch des Teufels oder von Engeln: 1Joh 3,8; 2Petr 2,4) konkretisiert (dies
schließt sog. Wort- und Gedankensünden natürlich nicht aus).
R.Knierim faßt die atl. Seite folgendermaßen zusammen:
"ḥṭ' ist ein eine Tat formal disqualifizierender und das Disquali-
fizierte als Tat konkretisierender Begriff."[26]
In der Regel ist dieses Begriffsverständnis durch das Element
der vollen Verantwortlichkeit und Unentschuldbarkeit des Menschen
noch genauer bestimmt; Paulus liefert dazu mit der prinzipiell möglichen Erkenntnis des göttlichen Willens (Röm 1,18-21.32, vgl.
2,18) die traditionelle Begründung. Es gilt dabei zu beachten, daß
der Apostel im Unterschied zum AT nur ein einziges Mal eine bestimmte konkrete Einzelsünde vor Augen hat (2Kor 11,7), ansonsten
aber bei dem Sing. überwiegend an die Gesamtheit *aller* von *allen*
Menschen jemals begangenen Verfehlungen denkt (weiter dazu s.u.
Kap.5; anders z.B. 2Kor 5,21).
Die Tathaftigkeit der Sünde läßt sich nun aber nicht nur be-
griffsgeschichtlich, sondern auch aus dem Text des Römerbriefes
erweisen; entscheidende Bedeutung kommt hierbei den Versen 9-18
des 3. Kapitels zu.

---

24 Weiter dazu s.u. Teil II 3.2-3.
25 Zum Folgenden s. R.Knierim, Hauptbegriffe 58-60.
26 Ebd. 60.

Paulus stellt in Röm 1 und 2 die Sünde aller Menschen dar, ohne das Abstraktnomen ein einziges Mal zu verwenden. Erst in 3,9 faßt er zusammen, daß alle - Juden wie Heiden - unter der Sünde stehen, und hier fällt der Begriff zum ersten Male (*"hamart-"* vorher nur in 2,12 und 3,7). *"Hamartia"* blickt also zurück - der Bezug auf das Vorhergehende ist durch die Vorsilbe in προ - αιτιᾶσθαι gesichert - auf die in Kap. 1 und 2 im einzelnen aufgeführten Laster und Vergehen. Ebenso ist zu beachten, wie Paulus das Unter-der-Sünde-Stehen im Anschluß an 3,9 begründet: Er führt einen Schriftbeweis in Form einer auf Synonymität und Stichwortverbindung beruhenden Zitaten-Verkettung, in welcher nun wiederum der *hamartia*-Begriff nicht erscheint, sondern ausführlich die Universalität des Sündigens zur Sprache gebracht sowie die schlimme Verfassung der Menschen und ihre Bosheiten geschildert werden; vereinzelt scheinen auch Tatbegriffe im engeren Sinn auf (VV.12b.15).

In jedem Fall liefert der Text gerade an der Stelle, wo der Begriff *"hamartia"* im Römerbrief eingeführt wird, keinerlei Anhaltspunkte für den Machtbegriff - im Gegenteil: Die Zitaten-Kette spricht ausdrücklich für Tatcharakter. "The quotations show, not that man is under a demonic power, but that men do wicked and sinful things."[27] Ausschlaggebend für diese Interpretation des Sündenbegriffs ist die Einsicht, daß der in VV. 10-18 geschilderte Unheilszustand nicht die *Folge* einer als "Macht" verstandenen Sünde, sondern vielmehr *Explikation* des Unter-der-Sünde-Stehens selbst ist (V.10: "gleichwie"). Dies ist als das vorläufig wichtigste Ergebnis unserer Untersuchung festzuhalten.

Bleibt noch nachzutragen, daß sich auch aus dem paganen Bereich eindeutige Belege für den Tatcharakter der *hamartia* beibringen lassen. Am klarsten spricht sich darüber die pseudo-platonische Definition des Begriffs aus (Def 416 a 12, ed. J.Burnet V): ʿΑμαρτία πρᾶξισ παρὰ τὸν ὀρθὸν λογισμόν. Auf derselben Linie liegt auch der stoische Begriff der "Verfehlungen" (s.o.S.11 ad 2), auch wenn diese wesentlich in falschen Urteilen des Intellekts verankert werden.[28] Schließlich sei schon an dieser Stelle auf die wich-

---

27 Kaye aaO. (s.o. S.4 Anm.20).
28 S. dazu M.Pohlenz, Die Stoa 141ff. Soweit diese Verfehlungen aber von einem vernunftwidrigen Affekt veranlaßt sind, müssen sie dem atl. Verständnis von Tatsünde gegenübergestellt werden: Für die Entstehung der letzteren (und damit auch für ihre Folgen) ist der Mensch in der Regel voll verantwortlich, da sie nicht auf äußere Einwirkung, sondern auf eigenes, gottwidriges Handeln zurückzuführen ist.

tige Sentenz bei J.F.Boissonade, Anecdota Graeca I, S.125f hingewiesen (die Sünde, die in demjenigen bleibt, der sie getan hat;
ausführliche Besprechung s.u. in Teil III 4.3).

5. Die Universalität der Sünde

Die paulin. Aussage, daß alle Menschen unter der Sünde stehen,
war einer der wesentlichen Faktoren, die zur Einführung des Machtbegriffes in die Exegese geführt haben (man bezeichnet die Sünde
gern als kosmische, d.h. welt- bzw. menschheitsumspannende[29]
"Macht"). Demgegenüber gilt es daran festzuhalten, daß die Universalität der Sünde ihren fundamentalen Tatcharakter nicht aufhebt.
Überblicken wir kurz die einschlägigen Aussagen, Signalwort
dieses Komplexes ist das Nomen πᾶσ, welches an folgenden Stellen
mit *"hamart-"* oder Synonyma verbunden erscheint: Gal 3,22; Röm 3,
4.9.12.19.23 und 5,12. Die Inhalte sind traditionell - man vergleiche nur die LXX-Zitate in Röm 3,10-12; ferner: Sir 8,5; 1 QH IX
14f; Philo Fug 105, VitMos II 147; grApkEsr 5,26; 4Esr 3,35; 7,46.
68; 8,35.
Der Anfang von Röm 3,23 lautet kurz und prägnant: "Alle haben
sie gesündigt". Es heißt aber die Dinge beinahe auf den Kopf stellen, wenn A.van Dülmen zu dieser Stelle schreibt: "Sogar das zunächst immer das tätige Sündigen bezeichnende ἁμαρτάνειν hat Röm
3,23 den Sinn: 'unter der Sünde stehen'."[30] Auf diese Weise soll
der verbale Tatbegriff dem zu Röm 3,9 eingeführten Machtbegriff
logisch *gleich*geschaltet und damit erneut *unter*geordnet werden (vgl.
oben S.3).
Dies steht aber im Gegensatz zu der sonstigen Verwendung des
Verbums bzw. seiner Synonyma durch Paulus, insbesondere an der wichtigen Stelle Röm 5,12, für die doch gerade das Gegenüber von Substantiv und Verbum konstitutiv ist. Von dieser Stelle her muß man
es auch für Röm 3 bei diesem Gegenüber belassen, so daß man A.J.M.

---

29 Zu dieser Gleichsetzung von Welt und Menschheit s. z.B. C.E.B.Cranfield,
   Romans 274; K.Heim, Weltschöpfung und Weltende (2.Aufl.) 154. Rein auf den
   Begriff gesehen, könnte "kosmische(r) Hintergrund der Sünde" auch bedeuten,
   "daß diese nicht nur" - wie bei Paulus - "unter den Menschen vorhanden ist,
   sondern sich auch in der himmlischen Welt gezeigt hat, und daß böse Wesen von
   übermenschlicher Natur im Kosmos wirksam sind." (E.Sjöberg, Gott und die Sünder 248)
30 AaO. (s.o. S.2 Anm.4)160.

Wedderburns Feststellung zu 5,12, "alle haben gesündigt" sei "a reference to the responsible, active, individual sinning of all men"[31], ohne Einschränkung auch auf 3,23 anwenden kann. Für *"hamartia"* in 3,9 legt sich dann - in Übereinstimmung mit dem oben S.15f zu 3,9-18 Gesagten - folgendes Verständnis nahe: Inbegriff alles tätigen Sündigens, das jemals von Menschen begangen wurde (diese Auffassung liegt bereits Gal 3,22 zugrunde).

Allein in dieser sehr konkreten Weise tritt die Sünde in der Welt in Erscheinung, und allein daran wird auch ihre kosmische Dimension sichtbar.

6. Schlußbemerkung

Wir haben in Teil I grundlegende Merkmale des paulin. Sündenbegriffs dargestellt:
- thematisch und absolut gebrauchter Singular
- Vorherrschaft der Wurzel *"hamart-"*
- Tatcharakter und Universalität.

Es ist klar, daß wir damit ein wesentliches und entscheidendes Merkmal bisher nicht genannt haben, welches ein ebenso gewichtiger Anlaß für die Einführung des Machtbegriffes war wie die Universalität der Sünde: die Tatsache, daß *"hamartia"* in Röm 5-7 in einer Vielzahl von Aussagen als handelndes Subjekt auftritt. Bevor wir dieses nicht erklärt haben, können wir auch den Machtbegriff nicht präzisieren (wenn wir ihn denn überhaupt beibehalten wollen). Dieser Frage wird der ganze Teil III unserer Untersuchung gewidmet sein. Ich halte es aber für wesentlich, daß die in Teil I genannten Grundbestimmungen (insbesondere der Tatcharakter der Sünde) für den Teil III als maßgeblich festgehalten werden.

In Teil II wenden wir uns nun wie angekündigt (s.o.S.5) dem weiten Feld der antiken Sündenmetaphorik zu, um auf diese Weise einen neuen Zugang zu den die Auslegung des paulin. Sündenverständnisses beschäftigenden Fragen zu gewinnen. Dazu habe ich umfangreiches Material aufbereitet, welches uns nicht zuletzt einen Eindruck von der ungeheuren Mannigfaltigkeit antiker Sündenvorstellungen verschaffen soll.

---

31 The Theological Structure of Romans V. 12, 351.

TEIL II

METAPHORIK DER SÜNDE

1. Theoretische Vorüberlegungen

In der Einleitung (s.o.S.5) habe ich bereits dargelegt, warum
ich es für methodisch sinnvoll erachte, nicht nur die paulinischen,
sondern zuvor auch einige der wichtigen anderen antiken Sündenmetaphern ausführlich darzustellen. Man könnte als Ziel der nachfolgenden Einzelstudien auch formulieren, daß es darum gehe, der Metaphorik der *hamartia* in Röm 5-7 ihren Platz im Gesamten griechischer
und atl.-jüdischer Vorstellungen (und deren Zusammenwirken) von
Sünde und Verfehlung anzuweisen.

Am Beginn dieses Teiles sollen jedoch grundlegende metaphern-
theoretische Aspekte genannt und kurz diskutiert werden, die uns
im Laufe der Einzeluntersuchungen immer wieder beschäftigen und
für die Beurteilung der paulin. Metaphern von großer Bedeutung
sein werden.

1.1. Zur Bildfeldtheorie H.Weinrichs

Wir betrachten die einzelnen Metaphern nicht isoliert, sondern
im Rahmen sog. Bildfelder. Ich gebrauche diese Bezeichnung - trotz
bestehender Bedenken gegen den Terminus "Bild"[1] - im Anschluß an
H.Weinrich, Sprache in Texten (1976), S.276-290 und 325f. Dort bestimmt er den Bildfeld-Begriff "in Analogie zu dem in der Linguistik bekannten Begriff des Wortfeldes" (283)[2] und bezeichnet es
als "Aufgabe der synchronischen Metaphorik", die Stellung einer
Metapher "in einem festgefügten Bildfeld" aufzuzeigen (282). "Im
Maße, wie das Einzelwort in der Sprache keine isolierte Existenz

---

1 S. dazu G.Kurz, Metapher, Allegorie, Symbol 22ff; I.A.Richards, Die Metapher,
  in: A.Haverkamp (ed.), Theorie der Metapher, 38.
2 Mit diesem Begriff von "Wortfeld" sind im Unterschied zum "semantischen Feld"
  (s.o. S.5 Anm.22) nur die Wörter eines ganz bestimmten, im voraus festgelegten
  Ausschnitts der Wirklichkeit (dem sog. Sinnbezirk) gemeint (Darstellung und
  Kritik bei Berger, Exegese 157ff).

hat, gehört auch die Einzelmetapher in den Zusammenhang ihres Bildfeldes. Sie ist eine Stelle im Bildfeld." (283)

Mit Weinrich übernehmen wir auch die von J.Trier geprägten Ausdrücke "bildspendendes" und "bildempfangendes Feld" für die beiden in einem Bildfeld miteinander gekoppelten sprachlichen "Sinnbezirke" (ebd. 283f[3]).

Weinrich hat die Leistungsfähigkeit dieser Unterscheidung ein-
drucksvoll am Beispiel der Bildfelder "Wortmünze" und "Seelenland-
schaft" nachgewiesen (aaO.). Im Fall der "Wortmünze" etwa ist die
Sprache das bildempfangende, der Bereich des Finanzwesens das bildspendende Feld (ebd. 282.284);   beide zusammen konstituieren das
Bildfeld (Beispiel für eine Einzelmetapher: "Wortschatz"). - Weniger glücklich ist hingegen die traditionelle Unterscheidung zwischen einer Sach- und einer Bildhälfte.[4]

Anfragen an Weinrichs Theorie ergeben sich in zweierlei Hinsicht:

1. Nach Weinrich sind im Bildfeld zahlreiche Feldelemente miteinander verbunden und darin auf eine sog. "Zentralmetapher" (ebd.
284) - die dem Bildfeld seinen Namen gibt ("Wortmünze", "Seelen-
landschaft") - bezogen. Bei näherer Prüfung zeigt sich jedoch, daß
es Bildfelder gibt, in denen eine Zentralmetapher des genannten Typs
nicht nur nicht (oder nur schwach) belegt ist, sondern einfach nicht
existiert.[5] Nehmen wir als Beispiel die Metapher "Sünden aufschreiben" (s.u. 2.3); als "Zentralmetapher" kämen etwa "Sündeneintrag",
"Sündenregister" u.ä. in Betracht. In diesem Fall existiert kein
eigentlicher "Bildspender", der auf die Sünde als "Bildempfänger"
projiziert würde, denn die Sünde kann prinzipiell immer nur als
Objekt des Bildfeldes, niemals jedoch selbst als Gegenstand der
Verbildlichung in Erscheinung treten.

Diese gedankliche Schwierigkeit in Weinrichs Konzeption nehmen
wir zum Anlaß, über ein Theoriemodell nachzudenken, das die Bildfeld-Betrachtung zu ergänzen vermag (s.u. 2.3.2 ad 1).

2. Weinrich hat bei seinen Bildfeld-Untersuchungen die abend-
ländischen Sprachen im Blick und gelangt von daher zu der These,
Bildfelder gehörten "zum sprachlichen Weltbild eines Kulturkreises"(aaO. 287). "Das Abendland ist eine Bildfeldgemeinschaft" (ebd.).
Diese an sich richtige Feststellung wird jedoch problematisch, wenn

---

3 Vgl. Kurz aaO. 21-24.
4 S. dazu Berger, Formgeschichte 35.
5 Zu dieser Kritik an Weinrich vgl. H.Henel, Metaphor and Meaning 107f.111ff.

wir sie auf den östlichen Mittelmeerraum als den geographischen
Rahmen der vorliegenden Untersuchung sowie den uns interessierenden
Bereich der Sündenmetaphorik anzuwenden suchen. Es ist nämlich damit zu rechnen, daß es im griechischen und im semitischen Sprach-
raum ganz *analoge* Sündenvorstellungen gibt, die durchaus eine
"Bildfeldgemeinschaft" zu begründen vermögen und somit als "kulturkreisübergreifend" anzusprechen wären. Ebenso darf man annehmen, daß
viele dieser Bildfelder nicht nur kulturkreis-, sondern menschheits-
übergreifend sind (z.B. Reinheitsmetaphorik) und also auch im Abendland ihre Wurzeln nicht nur in biblischer Tradition haben.

Von diesen beiden Korrekturen abgesehen ist Weinrichs Theorie
hervorragend geeignet, Ordnung in die Fülle der Einzelmetaphern
zu bringen. Von den paulin. Sündenvorstellungen eignet sich am besten die Herr-Sklave-Metaphorik für eine Bildfeld-Betrachtung
(s.u. 3.2).

1.2. Zur Unübersetzbarkeit und/oder Unvermeidlichkeit von Meta-
     phern

Wir werden auf diese Problematik im Laufe der Arbeit nicht mehr
eigens zurückkommen; da sie jedoch jedem Versuch einer Interpretation von Metaphern gewissermaßen inhärent ist, sei sie an dieser
Stelle kurz angesprochen.

In Aufnahme der oben (1.1) vorgeschlagenen Terminologie können wir formulieren: Bildempfangendes Feld ist im Falle unseres
Themas ein bestimmter, negativ qualifizierter Bereich religiös-
sittlicher Wirklichkeitserfahrung (Sünde und Verfehlung). Allein
schon diese Formulierung macht deutlich, worum es im folgenden Abschnitt geht: wie notwendig, ja unvermeidlich die Verwendung von
Metaphern in manchen Bereichen ist, um überhaupt sinnvoll darüber
reflektieren und kommunizieren zu können. B.Kedar äußert sich in
diesem Sinne über atl. Metaphern: "Die Sprache paßt sich nur zö-
gernd unseren zunehmend abstrakten Vorstellungen und Begriffen an;
der hebräische Dichter - volens -, der hebräische Denker - nolens -
bedient sich einer sinnlich-anschaulichen Ausdrucksweise, auch wo
er einem Gedanken von hohem Abstraktionsgrad Ausdruck verleihen
möchte."[6]

---

6 Biblische Semantik 179.

Zu ergänzen wäre der Hinweis, "daß auch die alltägliche Redeweise
voll von Metaphern ist."[7]

Für religiöse Rede im besonderen bedeuten Metaphern eine Möglichkeit und Chance der Artikulation von Erfahrungen, die die sichtbare Vorfindlichkeit übersteigen. Ich möchte von daher auch auf
die systematisch-theologische Bedeutung der in diesem und im nächsten Abschnitt(1.3) verhandelten Grundfragen hinweisen, und die
vorliegende Arbeit will auch unter diesem Aspekt gelesen werden.

Von diesem Gesichtspunkt der Unvermeidlichkeit kann die Frage
nach der Übersetzbarkeit von Metaphern in nichtmetaphorische Sprache zumindest in einer gewissen Weise unterschieden werden. Ist
es in der Praxis notwendig und sinnvoll, Metaphern zu gebrauchen,
so ist damit noch nicht unbedingt etwas über ihre *prinzipielle*
Unvermeidlichkeit (und damit Unübersetzbarkeit) gesagt. Ich möchte
in dieser Frage einen mittleren Weg zwischen zwei so dezidierten
Positionen wie derjenigen von P.Ricoeur auf der einen ("Wahre Metaphern sind unübersetzbar"[8]) und K.Berger auf der anderen Seite
(prinzipielle Übersetzbarkeit in Worte, mit denen die Konnotatio-
nen der Metaphern eingefangen, "die metaphorischen Ausdrücke gewissermaßen umzingelt" werden können[9]) gehen.

Grundsätzlich stimme ich Feststellungen wie den folgenden zu:
"... no sentence can ever descriptively mean *exactly* what another
suggests." - "There is no such thing as giving an exact translation
of a metaphor into nonmetaphorical terms."[10] In der Praxis erweist
sich jedoch die Umschreibung mit nichtmetaphorischen Ausdrücken -
und natürlich auch die Verwendung von anderen, "analogen" Metaphern
(ein Beispiel s.u. 2.8) - als nahezu uneingeschränkt möglich. Angesichts der unbestreitbaren Erklärungskraft solcher Umschreibun-
gen erscheint mir der Streit darüber müßig, ob diese denn nun im
vollen Sinne "adäquate" Wiedergaben von Metaphern seien oder nicht.

Man könnte in diesem Zusammenhang auch an die Unterscheidung
von (übersetzbaren) Substitutions- und Vergleichsmetaphern und
(unübersetzbaren) Interaktionsmetaphern bei M.Black[11] erinnern;

---

7 Kurz aaO. 8.
8 Zitiert nach W.Harnisch (ed.), Neutestamentliche Gleichnisforschung, 288
  (im Orig. kursiv).
9 Berger, Formgeschichte 33. Die gewählten Formulierungen sind übrigens selbst
  wieder metaphorisch!
10 Ch.L.Stevenson, Ethics and Language 74.
11 Bei Haverkamp aaO. (s.o.Anm.1) 76-79.

hilfreicher jedoch erscheinen mir die Überlegungen von P.Henle zu
diesem Thema[12], wenngleich er das Verhältnis von Theorie und Praxis
eher umgekehrt sieht, als ich es hier dargestellt habe. Henle formuliert, "daß außer der Wirkung einer Metapher" (eine Einschränkung
wird also gemacht!) "es im Prinzip kein Hindernis gibt, eine Metapher adäquat zu paraphrasieren, wenngleich die Schwierigkeiten in
der Praxis sehr groß sein können."[13]

Ich meine, daß diese kurze Skizze, wenn sie auch nicht alle Probleme löst, so doch eine ausreichende theoretische Grundlage und
Rechtfertigung bietet für die exegetische Beschreibung und Interpretation des semantischen Gehalts von Metaphern.

1.3. Zum Wirklichkeitswert von Metaphern

Von zentraler Bedeutung für die Rekonstruktion des religiösen
Weltbildes der Antike ist die Frage nach der Erkenntnisleistung
und dem Wirklichkeitswert von Metaphern und Bildern, zu denen die
Antike im Rahmen ihres mythischen Denkens ein prinzipiell anderes
Verhältnis hat als die Moderne. Es könnte nämlich sein, daß das,
was wir heutigen Betrachter - durchaus zu Recht - als "metaphorisch"
bezeichnen, für den antiken Menschen die Beschreibung einer elementaren Realität darstellt - mit z.T. ebenso realen Folgen (z.B.
dem Tod im Falle einer "Sündenlast", s.u. 2.1) -, daß also die für
die Definition der Metapher ansonsten konstitutive "semantische
Inkongruenz"[14] bzw. "Abweichung von der Regel des Gebrauchs"[15]
gänzlich oder nahezu aufgehoben erscheint (auch die Unterscheidung
in Bildspender und -empfänger würde im Grunde gegenstandslos,
da die beiden "Sinnbezirke" zumindest tendenziell deckungsgleich
wären: Die "Sündenlast" ist eben eine - wenn auch unsichtbare, so
doch nicht weniger als real empfundene - "Traglast" wie jede andere
auch); man vergleiche dazu die in vielem ähnlichen Überlegungen
von W.Köller[16] und O.Barfield[17].

---

12 Ebd. 102-105.
13 Ebd. 105.
14 Berger, Formgeschichte 32. Vgl. den Hinweis E.Raus auf "die Widersprüchlichkeit der Beziehung..., die zwischen Bildspender und Bildempfänger besteht"
   (Jesu Kunst 74): Die Sünde ist, und die Sünde ist nicht... (z.B. ein Herr
   über Sklaven, eine Krankheit etc.).
15 Kurz aaO. 14.
16 Semiotik und Metapher 222ff (zum "Metaphernproblem im mythischen Denken",
   bes. 229).
17 Poetic Diction 77-82.85-89. Ferner: H.-J.Hermisson, Sprache und Ritus 148-
   150.

Gerade hier wird es jedoch auf sorgfältige Differenzierung zwischen den einzelnen Bildfeldern und Metaphern einerseits sowie den
verschiedenen Vorkommen ein und derselben Metapher andererseits
ankommen. Dies soll die folgende Überlegung zeigen:

In den Hauptkapiteln dieses Teiles werden Belege aus einem Zeitraum von mehr als einem Jahrtausend zur Darstellung gelangen. Zunächst wird sich dabei die Konstanz von Bildfeldern auch in dia-
chronischer Hinsicht erweisen (dem dient die mitunter lexikonar-
tige Darstellung der Belege ohne Rücksicht auf ihre zeitliche Einordnung); andererseits müssen wir jedoch mit erheblichen Wandlun-
gen in der religiösen Weltsicht zumindest bei einem Teil der Menschen innerhalb dieses Zeitraums rechnen. So hat dann z.B. das Bildfeld "Sündenlast" einen völlig anderen Wirklichkeitswert, wenn es
aus seinem ursprünglichen dynamistischen Realitätshintergrund (s.u.
2.1.1) gelöst und zur Gebrauchsmetaphorik ("usuell") geworden ist.
Die Feldelemente haben in diesem Fall eine längere Geschichte hinter sich: von der "lebendigen" bzw. "wirklichen" oder "wahren" zur
"abgestorbenen" bzw. "verblaßten" oder "lexikalisierten" Metapher.[18]
In letzterer Gestalt existieren sie bis zum heutigen Tage; auch
im Deutschen sprechen wir - ohne daß uns die Metaphorik zu Bewußtsein kommt - von "schweren" und "leichten" Verfehlungen und Vergehen. - Umgekehrt wird man auch der ursprünglichen, "ganzheitlichen"
Wirklichkeitserfahrung ihren "Sitz im Leben" bis in unsere Gegenwart hinein zubilligen müssen.

Für diejenigen Metaphern mit maximalem Realitätsgehalt (= Wirklichkeitswert) werde ich in dieser Arbeit die Bezeichnung *"Weltanschauungsmetaphern"* verwenden (und gleichzeitig zur Diskussion
stellen); ebenso sinnvoll ist es aber auch, von "lebendigen" Metaphern zu sprechen - wenngleich diese im vorliegenden Fall - wie
ich darzulegen versucht habe - die herkömmlichen Begriffsdefini-
tionen sprengen.

Aus den obigen Überlegungen ergibt sich eigentlich von selbst,
daß die Übergänge zwischen den einzelnen Intensitätsgraden einer
Metapher fließend sind. Die Zwischenformen werden als "konventio-
nalisierte" Metapher oder "Klischee" bezeichnet[19], bei ihnen kann
ein Bewußtsein der ursprünglichen Lebendigkeit einer Metapher durch-

---

18 Zur Terminologie s. B.Kedar, Biblische Semantik 166f; Kurz aaO. 17ff; P.Ri-
   coeur, bei Harnisch aaO. (s.o.Anm.8), 288.
19 Kurz aaO. 19.

aus (noch) vorhanden sein. Nicht so bei den usuell gewordenen Metaphern: Ihnen ist jeglicher Erlebniswert verlorengegangen.

Usuell gewordene Metaphern erkennt man primär an der Häufigkeit ihres Vorkommens; dieses Kriterium ist allgemein anerkannt.[20] Umso mehr ist es geeignet, noch einmal die besondere Eigenart der Weltanschauungsmetaphern deutlich zu machen:

Bei diesen ist es gerade der häufige und wie selbstverständliche Gebrauch, der als Zeichen ihrer *Lebendigkeit* innerhalb des vorausgesetzten Wirklichkeitszusammenhangs angesehen werden kann; und auch die Bezeichnungen "kreativ" oder "innovativ" - ansonsten gleichbedeutend mit "lebendig" -[21] treffen hier nicht den wahren Sachverhalt - die Weltanschauungsmetapher ist ja keineswegs besonders originell oder neu, sondern vielmehr (wie ihr Name sagt) Ausdruck einer lebendigen Weltanschauung und in diesem Sinne (also mit umgekehrten Vorzeichen) "usuell". Warum wir gleichwohl für diese "widerspenstige" Erscheinung am Begriff der Metapher festhalten, liegt darin begründet, daß auch hier die sichtbare Vorfindlichkeit übersteigende Wirklichkeit mit empirisch erfahrbarer Wirklichkeit (z.B. aufschreiben, eine Last tragen) zu einer Einheit verbunden wird. In der darin erreichten Beschreibung einer besonderen Dimension von Wirklichkeit erblicke ich die eigentliche Leistung von Metaphern (insbesondere religiösen, vgl. oben S.22).

Deuteten wir bezüglich der Termini "Bildspender" und "Bildempfänger" bereits oben (S.23) an, daß sie nicht ohne weiteres auf Weltanschauungsmetaphern Anwendung finden können, so muß jetzt noch eine Einschränkung hinsichtlich der Kategorien "sichtbar" und "unsichtbar" angefügt werden. Sie betrifft die apokalyptischen Visionen (bzw. entsprechende volkstümliche Vorstellungen). Deren Bilder sind zwar nur für einen kleinen Kreis von Offenbarungsempfängern tatsächlich, *potentiell* aber für jedermann durchaus "sichtbar" - insofern und soweit sie die himmlische Welt mit ihrem gesamten "Inventar" (Thron Gottes, Engel, Gerichtsbücher usw.) und die darin ablaufenden Vorgänge (z.B. das Gericht) darstellen, an deren unmittelbarer Erfahrbarkeit und Realexistenz niemandem damals zu zweifeln eingefallen wäre.

Will man gleichwohl an den beanstandeten metapherntheoretischen Kategorien festhalten, so muß man sich wenigstens darüber im klaren

---

20 S. z.B. Keaar aaO. 174f ("Metaphernwörter").
21 Kurz aaO. 19.

sein, daß man sich hier bereits eines im Kern *"hermeneutischen"*
Verfahrens bedient, um die damaligen Vorstellungen einem *heutigen*
Verständnis besser zu erschließen, nicht aber historisch-exegeti-
scher Kategorien im strengen Sinne; das heißt, jene müssen nicht
unbedingt dem Bewußtsein des antiken Menschen entsprechen, oder
anders ausgedrückt: Antike Rhetoriktheorie hätte die hier zur Diskussion stehenden Vorstellungs- und Redeformen niemals als "metaphorisch" bezeichnet. Von eigentlich *historischen* Methoden aber
wird genau dieses erwartet, daß sie das *Selbstverständnis* der antiken Texte zu erheben und zu beschreiben suchen. Von daher ist
es völlig klar, daß auch die ansonsten hilfreiche und sinnvolle
Charakterisierung der Metapher als "experimentelle Interpretation"
bzw. "Hypothese der Wirklichkeit gegenüber"[22] im Falle der Weltanschauungsmetapher an ihre Grenze stoßen muß. Die Vorstellung etwa,
daß die Taten der Menschen im Himmel aufgeschrieben werden, besitzt
keinerlei "hypothetischen" Charakter (weiter dazu s.u. 2.3)!

Abschließend sei darauf hingewiesen, was die skizzierten Überlegungen zum Realitätsgehalt von Metaphern für die Erforschung des
paulin. Sündenverständnisses austragen könnten. Ich meine, daß der
dargestellte Ansatz zur Lösung der immer noch ungeklärten Frage
führen könnte, was denn bei der "persönliche(n) Fassung" der *ha-*
martia in Röm 5-7 "konkrete Vorstellung von einem 'Dämon Sünde'
(Dibelius) ist, der in R 6f geradezu an die Stelle des hier überhaupt nicht genannten Satans träte, was dagegen nur poetische Bild-
haftigkeit (Feine)"[23], oder aber zu der Erkenntnis, daß dies eine
falsche Alternative sei. Diese ganze Problematik ist zweifellos
völlig *identisch* mit der Frage nach dem Wirklichkeitswert der paulin. Sündenmetaphorik.

1.4. Sonstige metapherntheoretische Kategorien

Bereits vorab soll an dieser Stelle eine Übersicht über weitere
metaphorologische Kategorien gegeben werden, die im Laufe der Arbeit anhand konkreter Beispiele ermittelt und vorgeführt werden:
1. a) Metaphernsubstitution (S.31): Im Prozeß der Traditionsgeschichte kann eine ehemals lebendige, allmählich jedoch verblas-

---

22 T.Aurelio, Disclosures in den Gleichnissen Jesu 50f.
23 G.Stählin, ThWNT I 298 (Art. *"hamartanō"* etc.).

sende Metapher durch eine andere, mehr oder weniger verwandte ersetzt werden.

b) Entmetaphorisierung (S.78): Im Prozeß der Traditionsgeschichte kann eine Metapher allmählich nichtmetaphorisch interpretiert
und durch entsprechende Ausdrücke verdrängt werden.

Beide Erscheinungen sind für den Exegeten besonders gut anhand
von Zitaten und beim Übersetzungsvorgang (LXX, Targume) zu beobachten.

2. Re-Metaphorisierung (S.35): Durch "entsprechende Kontextualisie-
rung" (rhetorisch-poetische Mittel) können erstarrte Metaphern jederzeit "von neuem metaphorisiert werden."[23a]

3. a) "Verformelungstendenzen" liegen dort vor, wo ein lebendiger
religiös-metaphorischer Grundvorgang allmählich zu einer bloßen
sprachlichen Formel erstarrt.

b) Die "Verflachung des Bildgehalts" bei konventionalisierten
Metaphern wird durch eine Zweierkombination solcher Metaphern in
der Regel noch verstärkt (S.102).

c) Lebendigkeit, Verformelung, Ent- und Re-Metaphorisierung
(s.o.) eines Bildfeldes können beständig miteinander verschränkt
sein (S.39).

4. "Visualisierung" einer Metapher (S.57): Im Prozeß der Tradi-
tions- bzw. Religionsgeschichte kann eine Metapher allmählich in
den Zusammenhang visionärer Erfahrungen und Texte einbezogen werden.

5. Eine "Verschmelzung" von Bildfeldern kann da stattfinden, wo
ein Bestand an gemeinsamen oder zumindest ähnlichen Metaphern vorhanden ist (S.52,90,111-113).

6. Über die kulturkreisübergreifenden Vorstellungen hinaus bezeich-
ne ich solche Metaphern als "analog" bzw. "teilanalog", die in
ihrer Erkenntnisleistung übereinstimmen bzw. einander nahestehen
(S.62,98).

7. Schließlich meine ich auch auf die traditionelle Unterscheidung
von "sinnlich-konkreten Grundbedeutungen" und deren sekundärer Metaphorisierung zumindest in bestimmten Bereichen nicht verzichten
zu können (S.70f).

23a J.Nieraad, "Bildgesegnet und bildverflucht" 47.

1.5. Zum Verhältnis von "Sünde" und "Verfehlung"

Eher am Rande unseres Interesses steht eine weitergehende Fragestellung, die sich an die bisherigen Überlegungen anschließen
läßt:
Seit langem ist die These von der grundsätzlichen Verschiedenheit von jüdisch-christlichem Sündenverständnis und griechisch-
hellenistischem Verfehlungsbegriff allgemein anerkannt. Ein Zitat
stehe für viele: "... nirgends tritt dieser Kontrast zwischen Hei-
dentum und Christentum schärfer zutage, als in der Auffassung von
ἁμαρτία."[24]
Wir können die Erforschung der Metaphern auch unter dem Gesichtspunkt einer kritischen Überprüfung und evtl. Modifizierung dieser
These betreiben. Konkret wäre jedoch im Hinblick auf mögliche Pa-
rallelitäten und Übereinstimmungen in der Auffassung von "Sünde"
und "Verfehlung" sowie im Umgang damit vor allem nach Gemeinsam-
keiten und Ähnlichkeiten zu fragen, die über die eigentlichen
Metaphern-Analogien hinausgehen (die z.B. die Rolle Gottes in bezug auf die Sünde betreffen), und hier allerdings wird man auch
signifikante Unterschiede erwarten dürfen.
Im Rahmen der vorliegenden Arbeit können diese Fragen jeweils
nur angesprochen, aber nicht umfassend abgehandelt werden. Eine
abschließende Verhältnisbestimmung von "Sünde" und "Verfehlung"
und deren Bewältigung ist nicht intendiert.

---

24 Steinleitner aaO. (s.o. S.11 Anm.4) 85; zustimmend zitiert von Stählin aaO.
(s.o.Anm.23) 297 Anm. 86. Vgl. auch Grundmann ebd. 319f.

2. Darstellung ausgewählter Bildfelder und Metaphern

Die in 1.1-1.4 entwickelten grundsätzlichen Überlegungen sollen
nun in einem zweiten Schritt (2.1-2.8) in die Praxis umgesetzt und
auf eine Reihe nichtpaulin. Sündenmetaphern angewandt werden, d.h.
die Beschäftigung mit den Quellen steht ab sofort wieder im Vordergrund der Arbeit.

Dabei habe ich für jedes Kapitel (ausgenommen 2.5) etwa denselben Aufbau gewählt, ohne daß sich Material-Darbietung und theore-
tischer Ertrag immer genau auf "Darstellung" und "Auswertung" hätten verteilen lassen.

Stichwortartig seien die wichtigsten theoretischen Gesichts-
punkte noch einmal genannt:
- Bildfeld (1.1)
- Metaphern-Analogie (S.21, vgl. auch S.28)
- Weltanschauungsmetapher und Wirklichkeitswert (1.3).

2.1.   Die Sünde als Last

2.1.1. Darstellung der Geschichte des Bildfeldes in der Antike

Ich setze ein mit der im hebr. AT vielfach und auch in Texten
aus Qumran belegten Formel   נשא חטאת/עון.[25]   R.Knierim schreibt dazu: "Die Formel 'er soll seine Verfehlung tragen' zeigt zunächst,
daß ein Täter die Folgen seiner Verfehlung zu tragen hat, und zwar
als eine Last, die ihn unter Umständen zu Tode bringt. Dahinter
scheint ein dynamistisches Wirklichkeitsverständnis, eine Elemen-
tarbeobachtung zu stehen, derzufolge eine Untat als lebenszerstö-
rende Macht wirksam bleibt und ihre Wirkungskraft erst dann verliert, wenn sie sich am Täter in einem dem Umfang und *Gewicht* der
Tat entsprechenden Maße (weithin im Tode) ausgewirkt, erfüllt hat."[26]
(Hervorhebungen von mir, G.R.)

---

25 Zu den Versuchen, zwischen den einzelnen Begriffen der Wurzel ḥṭ' "bedeu-
   tungsmäßige Sinndifferenzierungen" vorzunehmen, s. K.Koch, ThWAT II 861f.
   864f (Art. "ḥāṭā'").
26 Hauptbegriffe 52; zum Begriff "dynamistisch" s. ebd. 81 Anm. 164.

Demzufolge haben wir in den Begriffen "Last" und "tragen" Metaphern vor uns, die einen maximalen, weltanschaulichen Stellenwert besitzen: Im Rahmen eines dynamistischen Wirklichkeitsverständnisses bringen sie eine elementare Realität zum Ausdruck, die
von den Betroffenen in ebenso unmittelbarer Weise erlebt wird. Zu-
treffend ist deshalb auch die Verbesserung, die Knierim in einem
Zitat von O.Procksch vorgenommen hat: "'Die Schuld liegt wie...' -
man sage richtiger: 'als' - 'eine Last auf dem Menschen'"[27] (vgl.
Ps 38,5).

Andererseits hat Knierim im Hinblick auf den Vorgang des "Tragens" der Sünde mit Recht bemerkt, daß es "tatsächlich Stellen geben (mag), in denen nur noch formelhaft der Wortgebrauch vorliegt,
aber nicht mehr der Vorgang gesehen ist"[28]; man vergleiche nur den
hinter Lev 16,21f und Tempelrolle Kol. 26,12f stehenden altertüm-
lichen Ritus ("auf den Kopf geben", "auf sich tragen"[29]) oder den
Ausruf Kains in Gen 4,13 einerseits mit einer Stelle in der sog.
Damaskusschrift, wo *nś'* parallel und teilsynonym zu "sühnen" gebraucht ist (CD III 18: "vergeben"), oder der Formel "nicht seinet-
wegen Sünde auf sich laden" (Lev 19,17; 1 QS V 26f; CD IX 8) andererseits (siehe weiter: Jub 21,10; 49,9). Man erkennt hier deutli-
che Tendenzen einer verblassenden Metaphorik.

Der eigentliche Einschnitt erfolgt jedoch in der Septuaginta,
wo die Übersetzer den Grundvorgang des "Tragens" nahezu vollständig eliminiert haben: An der überwiegenden Mehrzahl der Stellen
ist *nś'* in Verbindung mit "Sünde"[30] durch das sehr blasse λαμβάνειν
wiedergegeben, obwohl doch mit φέρειν und αἴρειν durchaus treffen-
dere, wenn auch ihrerseits verblaßte bzw. von jeher formelhafte
Äquivalente zur Verfügung gestanden hätten (so lediglich Ex 28,38;
Lev 20,19; 1Sam 15,25; 25,28 vgl. Joh 1,29; Jes 53,(4.)12; Mi 7,18;
vgl. noch Jes 53,11 für *sbl*. Das ebenfalls treffende βαστάζειν[31]
findet sich nur Mt 8,17, in Verbindung mit "Krankheiten"). Die -
den Sprachbrauchern sicherlich weitgehend unbewußte - Tendenz dieser Übersetzungspraxis besteht darin, daß *lambanein* den Akzent der
Aussage auf den *Beginn* jenes Prozesses legt, an dessen Ende nach
atl. Auffassung notwendigerweise das Verderben steht (so auch

---

27 Ebd. 221 Anm. 89.
28 Ebd. 222.
29 Dieselben Verben auch in Ez 23,49.
30 Vgl. die Übersichten bei Knierim aaO. 50.114.117.219.
31 Vgl. aber L.Rydbeck, Fachprosa 161-166, der eher der Bedeutung "wegnehmen"
   zuneigt.

anapherein: Jes 53,11f[32]; *hyposchein* für *sbl*: Klgl 5,7; im hebr.
AT nur ein einziges Mal: Num 12,11; vgl. aber Lev 16,21f (s.o.)
und Ez 23,49); hinzu kommt noch, daß *lambanein* im Unterschied zu
den anderen Äquivalenten auch kaum mehr die Metapher "Last" impliziert, sondern nahezu aus dem Bildfeld wie überhaupt aus jeglicher
noch einigermaßen wahrgenommenen Metaphorik herausfällt.

Daraus kann gefolgert werden, daß der im Hebr. zum Ausdruck ge-
brachte und selbst noch im formelhaften Sprachgebrauch bewahrte
Grundvorgang des Tragens samt der zugrundeliegenden Weltanschauung
für die LXX-Übersetzer zumeist jegliche Bedeutung verloren hat.
Dies kann man auch noch an anderen Stellen beobachten:

- Die sehr "schwere" Sünde Sodoms und Gomorras (Gen 18,20) ist
  in LXX zu sehr "großen" Sünden geworden.
- Der Ausdruck "beladen mit Sünde" (Jes 1,4) ist durch die
  (gleichfalls formelhafte) Metapher "voller Sünden" ersetzt
  worden.

Eine solche *"Metaphernsubstitution"* wie in diesen Beispielen tritt
auch im Zusammenhang mit dem stellvertretenden Tragen der Sünde
durch Gott auf. Die diesbezüglichen doxologischen Wendungen[33] (Ps
99,8; Ex 34,7; Num 14,18; Mi 7,18; 1 QH XVI 16; Maas.Merk. §4 (G.
Scholem 105,Z.3)) sind zwar ihrerseits schon weithin zur reinen
Formel erstarrt, doch gehen die LXX-Übersetzer noch einen Schritt
weiter: Ihre Wiedergabe der AT-Stellen ist keineswegs "formelhaft",
sondern durchaus uneinheitlich; mit Ausnahme von Mi 7,18 trifft
keiner den ursprünglich gemeinten Grundvorgang (vgl. auch noch Sir
2,11), im Gegenteil: Ex 34,7 und Num 14,18 kommt ein anderer, wenn
auch semantisch verwandter metaphorischer Grundvorgang ins Spiel:
das "Wegnehmen" der Sünden (weiter dazu s.u. 2.4.2.1).

All dies zeigt, wie sehr die dynamistische Grunderfahrung und
damit der weltanschauliche Wirklichkeitswert des zugehörigen Bildfeldes im Bewußtsein hellenistischer Juden zurücktreten konnte.
Daraus ergibt sich ganz von selbst die Frage nach der Geschichte
des Bildfeldes im griech. Bereich, genauer: nach analogen Entwicklungen dort. Solche sind von vornherein sehr wahrscheinlich, weil
die dynamistische oder eine ähnliche Wirklichkeitsauffassung sich
nicht nur im semitischen Raum findet, sondern praktisch wohl über
die ganze Erde verbreitet ist.

---

32 Justin hat deshalb in Apol 50,2 das ἀνήνεγκε von Jes 53,12 - welches er Apol
   51,5 und Dial 13,7 korrekt wiedergibt - unwillkürlich in εἴληφε abgeändert.
33 Vgl. dazu Knierim aaO. 117 mit Anm. 13.

Für einen Vergleich besonders ergiebig sind die Tetralogien des
Antiphon von Rhamnus (5.Jh.v.Chr.; ed. L.Gernet). Viermal findet
sich in den Verteidigungsreden der 2. Tetralogie eine der hebr.
Formel analoge Wortverbindung: τὰσ ἁμαρτίασ φέρειν (Antiphon III
2,10.11; 4,8.9), zweimal (in der 1. und in der 3. Tetralogie) eine
Verbindung von ἀσέβημα mit ἀναθεῖναι (II 1,11; IV 2,9). Alle diese
Wendungen machen einen sehr formelhaften Eindruck, sie stehen
gleichsam abrufbereit und werden auch nur eher beiläufig verwendet. Dennoch werfen sie die Frage nach ihrem ursprünglichen Vorstellungshintergrund auf.

A. *"Tragen"*

In den Anklage- und Verteidigungsreden der 2. Tetralogie geht
es um den Fall einer unvorsätzlichen Tötung beim Speerwerfen. Obwohl der Sachverhalt der Nichtvorsätzlichkeit von beiden Seiten
anerkannt wird (anders nur in III 2,9, wo sogar dieses in Abrede
gestellt wird), muß in der Verhandlung trotzdem geklärt werden,
auf wessen Seite die *hamartia* liegt, wer somit der eigentliche Täter ist (2,6): der Speerwerfer, der Junge, der ihm in den Weg lief,
oder - so der Ankläger in 3,10 - beide gemeinsam. Nur im Falle,
daß das Opfer selbst die Verfehlung begangen hat und (im Tode)
"trägt", wird es kein *prostropaion* (ed. K.J.Maidment 113: "nothing
that calls for atonement")[34] hinterlassen (4,9). Andernfalls muß
der Speerwerfer mit seinem eigenen Leben Sühne schaffen für das
vergossene Blut. In jedem Falle gilt auch hier der Grundsatz, daß
"ein Täter die Folgen seiner Verfehlung zu tragen hat".[35] Nur so
kann die "Befleckung" (zu dieser Metapher s.u. 2.2) des Täters und
mit ihm des ganzen Gemeinwesens (1,2 vgl. II 1,3) beseitigt werden.
Wir haben es hier also mit Vorstellungen zu tun, die denen des
AT durchaus vergleichbar sind und in welchen eine Grunderfahrung
bzw. Begrifflichkeit des "Verfehlung-Tragens" unauflöslich mit
einer solchen des "Befleckt-Seins" verbunden ist (so ja auch in
Lev 16 und CD III 17f; siehe weiter: 4Esr 7,68; TestIsaak 4,24-
26). Wie etwa in Qumran, so auch schon bei Antiphon scheint jedoch
die Unreinheitserfahrung stärker und für den Gesamtkontext von grö-
ßerer Bedeutung zu sein als die Lasterfahrung. Beim Griechen wirkt
die "Trageformel" wie eine völlig selbstverständliche juristische
Formulierung; die sie umgebenden religiösen Vorstellungen legen

---

34 Vgl. auch R.Parker, Miasma 108 mit Anm. 13.
35 Knierim aaO. 52 (s.o.S.29).

es jedoch nahe, in ihr denselben ursprünglichen Gehalt zu vermuten
wie bei ihrem atl. Gegenstück.

Eine Betrachtung von Analogien muß aber auch den bestehenden
Unterschieden ihre Aufmerksamkeit widmen. Im Hinblick auf die Trageformel bei Antiphon und im AT ist dazu folgendes zu bemerken:

a) Der Gedanke der Stellvertretung bzw. Vergebung scheint bei
Antiphon ausgeschlossen; wird der Täter nicht bestraft, so gehen
die Folgen seiner Verfehlung auf die für das Ausbleiben der Bestrafung Verantwortlichen (Ankläger oder Richter) über.[36]

b) Während die griech. Formel durchweg den Plural gebraucht
(vgl. aber unter B. die Stelle IV 2,9), ist im AT ebenso konsequent
der Singular verwendet (vgl. das Nebeneinander von Sing. und Plur.
im NT: Joh 1,29; 1Joh 3,5[37]).

c) Auf den ersten Blick scheint es, als bestehe zwischen der
III 4,8 genannten Maxime: "Es ist genug für ihn, seine eigenen Verfehlungen zu tragen" und Ez 18,20: "Ein Sohn soll nicht die Sünde
des Vaters und ein Vater nicht die Sünde des Sohnes tragen" eine
weitgehende Übereinstimmung. Man muß jedoch die unterschiedliche
Stoßrichtung der beiden Aussagen beachten: Geht es dem atl. Propheten um die Überwindung des Prinzips der Generationenhaftung[38], so
dem griech. Redner um die Vermeidung eines Justizirrtums (und nicht
um einen Angriff auf das Ganzheitsdenken).

Wir sehen also, daß es bei aller Analogie in der Grunderfahrung
doch beträchtliche Unterschiede im Einzelnen gibt, die nicht außer
acht gelassen werden dürfen.

B. *"Auflegen"*

Unsere Vermutung einer fundamentalen Metaphern-Analogie wird
bestärkt, wenn wir die andere obengenannte Wortverbindung betrachten: "Jemandem seine Freveltaten auflegen" (II 1,11) formuliert
denselben Sachverhalt wie die unter A. besprochene Trageformel aus
der Perspektive der Richter, legt dabei - wie *lambanein* in LXX
(s.o.S.30) - den Akzent auf den Beginn des Unheilszusammenhangs
und kommt in beidem Num 12,11 außerordentlich nahe: Dort ist es
Mose, der die Sünde auf die Täter legen kann. - IV 2,9 bezeichnet
dieselbe Wendung eine Implikation des richtigen Gerichtsurteils:

---

36 S. dazu Parker aaO. (s.o.Anm.34) 110.
37 Dieselbe Wortverbindung (mit Plur.) auch in der "Paraphrase des Sem": NHC
   VII 37,25. Dort wird dem Taufwasser die Fähigkeit bestritten, die Sünden
   wegzunehmen.
38 S. Knierim aaO. 108ff.

Mit einer richtigen Entscheidung legen die Richter zugleich den
falschen Anklägern ihre Gottlosigkeit (Sing.!) zum Tragen auf -
wobei dann offenbleibt, worin die schlimmen Folgen für die Ankläger bestehen (keine Blutschuld).

Es ist deutlich, daß beide Stellen auf die gleiche Grundvor-
stellung verweisen wie die Trageformel (Sünde und Verfehlungen als
"Last"). Besonders bemerkenswert finde ich die Parallele zwischen
Antiphon II 1,11 und Num 12,11 - nicht zuletzt wegen des religiösen Sündenbegriffs, der beiden Stellen zugrundeliegt.

C. *"Zuschieben"*

Noch mehr verblaßt ist die Lastmetaphorik in der ebenfalls schon
bei Antiphon (V 89, vgl. VI 6) sowie bei Euripides (Or 76; Ba 29)
als feste Formel belegten Wortverbindung (ἐσ)...ἀναφέρειν τὴν
ἁμαρτίαν. "Jemand (anderem) die Schuld zuschieben" oder sie "auf
ihn abwälzen" sind (bis ins heutige Deutsch hinein) gängige Formulierungen für den *verbalen* Akt des Beschuldigens anderer und darum
von den bisher besprochenen Elementen des Bildfeldes noch einmal
deutlich abzusetzen. Daß sie aber letztlich auf dieselbe elementare Lasterfahrung zurückgehen, steht außer Frage. Deutlich erkennt
man hinter der Gebrauchsmetaphorik in Or 75f noch religiöse Vorstellungen, die denjenigen der Tetralogien Antiphons sehr ähnlich
sind: Hat ein anderer (Phoibos) die Sünde des Muttermordes an Kly-
taimnestra zu tragen, geht von dem Täter (Orestes) und seiner Schwester (Elektra) keine Gefahr der Befleckung mehr aus.

Alle diese Beobachtungen (A.-C.) belegen übereinstimmend, daß
das griech. Bildfeld "Sündenlast" bereits im 5.Jh.v.Chr. weitgehend "lexikalisiert" und seiner ursprünglichen religiös-metaphori-
schen Kraft beraubt ist.

Dies zeigt sich auch an einer anderen tiefgreifenden Wandlung,
die sich innerhalb des Bildfeldes vollzogen hat: Man hat angefan-
gen, die einzelnen Verfehlungen zu "wiegen" und in "schwere" und
"leichte" zu differenzieren; die Lastmetapher ist als *Gewicht*smeta-
pher interpretiert worden. Dies bedeutet auch, daß der unaufhalt-
same Unheils-, ja Todeszusammenhang, der mit der Trageformel gesetzt war, aufgehoben ist zugunsten einer isolierten Betrachtung
der Sünde selbst - ohne also zugleich die Sünden*folge* mitzudenken
und in Absehung vom Täter (= "Träger"). Hier erscheint das Ganz-

heitsdenken[39] an einer Stelle durchbrochen (gleichsam "verkürzt"),
die Metapher ihrer Lebendigkeit beraubt. Schon bei Plato in den
"Gesetzen" finden wir deshalb den festgeprägten Terminus κοῦφα
ἁμαρτήματα (Leg IX 863 c). Den Charakter der verblaßten Metapher
erkennt man hier zudem sehr leicht am zugehörigen Oppositionsbegriff "große und rohe Verfehlungen", welcher ja eigentlich nicht
der Gewichtsmetapher korrespondiert. Eine stereotype Opposition
bildet das Begriffspaar κουφότερον / βαρύτερον ἁμάρτημα dann etwa
bei Philo (Sacr 54; vgl. Mut 238-243, Post 11, SpecLeg III 64),
und Bartholomäus stellt in einem nach ihm benannten apokryphen Evangelium (ed. N.Bonwetsch, Gött.Gel.Nachr. 1897) Jesus die Frage,
welche Sünde schwerer (βαρυτέρα) sei als alle Sünden (5,1).

Innerhalb des durch diese Texte abgesteckten zeitlichen Rahmens
ließen sich die Beispiele beliebig vermehren. Sie zeigen, wie fest
die "Nachfahren" eines dynamistischen Weltverständnisses im Sprach-
schatz aller Jahrhunderte verankert waren - und wir dürfen hinzufügen: bis heute sind. Genannt sei hier noch - als besonders schönes Beispiel für eine lexikalisierte Metapher - die Vokabel ἀφόρητόσ
("unerträglich") in Verbindung mit einem Verfehlungsbegriff, z.B.
bei Philo,Spec Leg I 100; vgl. Dionysius v. Antiochien, 41.Brief,
Z.3 (ed. R.Hercher, 266).

Wir haben uns bisher nur mit den "Erstarrungstendenzen" unseres
Bildfeldes beschäftigt; daraus könnte der Eindruck entstanden sein,
hier finde eine allumfassende Entwicklung in nur einer Richtung
statt. Tatsächlich jedoch handelt es sich dabei um Teilaspekte,
denn das Ganzheitsdenken ist durch die ganze Antike hindurch lebendig geblieben und auch im 20.Jh. noch in bestimmten Fällen anzutreffen. Es ist also kein schichtenspezifisches Phänomen - etwa:
die Metapher als "elementare Realität" im unterschicht-spezifischen
Sprachbewußtsein/in der Volksfrömmigkeit, hingegen als "reine Flos-
kel" in der "aufgeklärten" Oberschicht -, sondern eher an typische
Lebensbeobachtungen gebunden und äußert sich v.a. in Sprichwörtern
und sprichwörtlichen Redensarten (weiter dazu s.u. Teil III 3).

Weiterhin kann man beobachten, wie ein Sprecher es unternimmt,
mit Hilfe von rhetorisch-poetischen Mitteln eine erstarrte Metapher wieder neu lebendig werden zu lassen (Prozeß der Re-Metaphorisierung[40]). Dies sollen die folgenden Beispiele zeigen:

---

39 Eine ausführliche Darstellung dieses Ganzheitsdenkens nach seiner atl. Seite
   hin bietet Knierim ebd. 97ff. Die vorliegende altgriech. Unterscheidung geht
   jedoch über die Angriffe auf das Ganzheitsdenken im AT noch hinaus!
40 Vgl. J.Nieraad, "Bildgesegnet und bildverflucht" 47.

- 4Esr 7,68: Denn alle, die geboren wurden, sind von Sünden befleckt (commixti iniquitatibus)[41], sind voll von Fehlern (pleni
peccatorum)[42] und von Schuld belastet (gravati delictis).
Zunächst handelt es sich hier um eine Zusammenstellung von sehr
häufigen und - jede für sich genommen - weitgehend verblaßten Sündenmetaphern, zwischen denen infolgedessen Synonymität besteht.
In ihrer Kombination jedoch verleihen sie sich wechselseitig Pro-
fil und veranlassen den Leser, auf ihre jeweilige Besonderheit zu
achten (Reduktion auf Teilsynonymität, "Kontrast in Synonymitäts-
verhältnissen"[43]). Dabei gibt es zwei Möglichkeiten, diesen Text
aufzufassen:
    a) als rhetorisch gelungene Darstellung der totalen Sündigkeit
aller Menschen ("außen", "innen" und "oben");
    b) als Ausdruck nach wie vor lebendiger dynamistischer Grunder-
fahrungen (z.B. "Sündenlast").

Die Aussage berührt sich einerseits eng mit Röm 3,23 - und ist
doch zugleich grundverschieden von dem kurzen und knappen, nichtmetaphorischen "alle haben sie gesündigt" (vgl. oben Teil I 5).
- Jes 24,20b ist die durch den apokalyptischen Kontext inspirier-
te Anwendung des anthropomorphen Bildes vom "Fallen unter der
Last der Sünde" auf die ganze Erde und daher wohl eher "poetischer"Natur (zur Poetizität des Textes vgl. die formale Gestal-
tung in V.19 und die Vergleiche in V.20a). Die Metaphorik besitzt
jedoch m.E. einen so hohen Wirklichkeitswert, daß sie ebensogut
aus visionärer Schau hervorgegangen sein kann (vgl. besonders
V.1).
Am deutlichsten zeigt ein Vergleich zwischen Justin, Dial 86,6 und
Ps-Philo, De Jona 11 den grundlegenden Unterschied zwischen rheto-
risch-poetischer und Weltanschauungsmetapher. Nicht immer läßt sich
so klar entscheiden - die beiden obigen Beispiele haben es gezeigt-,
welche Art von Metapher jeweils vorliegt:
- Dial 86,6 wird die überaus lebendige, fast kühne Metapher "von
  den sehr schweren Sünden untergetaucht" aus der allegorischen
  Auslegung von 2Kön 6,5f gleichsam "kreiert" (kreative Metapher).
- Dasselbe Bildfeldelement erscheint De Jona 11 zusammen mit dem
  Lastbegriff als Weltanschauungsmetapher: Das Bild von der Sünde
  als Last ist in massiv dynamistischer Weise aufgenommen da, wo
  die Seeleute die Befürchtung äußern, Jona, der selbst nur "eine

---

41 Weiter dazu s.u.S.40.
42 Siehe weiter: Jes 1,4 LXX; 4Esr 4,38; AssMos 7,7.
43 Berger, Formgeschichte 36.

geringe Last für das Schiff" ist, könne so schwer von vergangenen Taten - die weiter oben als "Sünden" bezeichnet werden - belastet sein, daß er das Schiff zum Sinken bringe! Denn hier ist
die Lastmetapher in solchem Maße realistisch verstanden, daß es
sogar auf das genaue Gewicht von Jonas Sünden ankommt: Es darf
das "zulässige Gesamtgewicht" nicht überschreiten, sonst geht
das Schiff unter.[44]

Die beiden Texte demonstrieren also unser doppeltes Verständnis
von "lebendiger" Metaphorik: einmal die gängige (und auch meistens
zutreffende) Auffassung (Dial), zum andern ihr Verständnis im Sinne der sog. Weltanschauungsmetaphorik (Jona). Während der Wirklichkeitswert im ersten Fall vom Autor des Textes - bzw. dem Urheber
der Metapher, welcher nicht unbedingt mit Justin identisch zu sein
braucht - erst erzeugt wird, kann er im zweiten Fall vom Homileten
einfach vorausgesetzt und abgerufen werden. Im ersten Fall herrscht
semantische Inkongruenz, im zweiten Fall mythische Unmittelbarkeit
(gewissermaßen "semantische Kongruenz").[45]

   Um das Bild zu vervollständigen, sei abschließend noch eine Auswahl weiterer Belege - v.a. aus dem jüdisch-christlichen Bereich -
geboten, die die Bedeutung dieses Vorstellungskomplexes noch einmal nachdrücklich unterstreichen sollen.
- Ganz im Sinne von C. (s.o.S.34) verwendet Josephus eine Verbindung von ἁμαρτίαι und ἀνατιθέναι: "den Römern die eigenen Sünden
  aufbürden" (Bell 6,101; vgl. noch Ant 17,144), während die ähnliche Wortwahl in Ant 13,69 ("Sie (sc. Ptolemäus und Kleopatra)
  legten die Sünde und Gesetzesübertretung auf das Haupt des Onias")
  an B. (s.o.S.33f) erinnert (allerdings geschieht dies hier durch
  einen Brief!). Vgl. schließlich Philo, Conf 179: Die Sünden des
  Menschen sollen nicht auf Gott, sondern auf seine Untergebenen
  zurückgeführt werden (ἀναφέρεσθαι).
- Bisher nicht genannte Bildfeldelemente sind: das Verbum (ἐπι)
  κουφίζειν (1/3Esr 8,83; Philo, Imm 21, bzw. 4Esr 7,138: allevari
  de iniquitatibus), die Bezeichnung des Almosengebens als κούφισμα
  ἁμαρτίασ (2Klem 16,4) sowie die Metaphorik in Hebr 12,1, der da-

---

44 Davon zunächst einmal grundsätzlich zu unterscheiden ist eine zweite Möglichkeit, zwischen der Bedrohung des Schiffes und den Sünden des Jona einen
   Zusammenhang herzustellen: der Gedanke der göttlichen Strafe (De Jona 10),
   durch welchen eine Zwischeninstanz eingeschaltet wird, die die Folgen der
   Sünde herbeiführt.
45 Zur (ebenfalls "weltanschaulichen") Wägemetaphorik s.u. den "Exkurs" auf
   S.53.

zu auffordert, "alles Beschwerliche (ὄγκοσ) und auch die leicht
bestrickende Sünde" abzulegen (ἀποθέσθαι).

- Ergänzend zu bereits oben behandelten Metaphern seien noch folgende Stellen genannt: Herm s 9,28,6 (Eure Sünden haben euch nie-
dergedrückt); TestIsaak 4,26 (Jetzt drücken meine Sünden schwer);
Epistula Apostolorum 47 (Hennecke/Schneemelcher I 153: "Wenn aber
einer seine Last d.i. die Sünde ... tragend fällt").
- Eine Parallele zu Antiphon III 4,8 (s.o.S.33) stellt der 2. Ausspruch des Agesipolis II. dar: "Es ist gut, daß wir selbst unsere Verfehlungen tragen (τὰσ αὐτῶν ἁμαρτίασ φέρειν)" (Plutarch,
Moralia 215 B). Im NT vgl. noch Gal 6,5: "Ein jeder wird die eigene Last tragen" (futurisch-eschatologisch-juridisch).

Erwähnt sei auch noch die literarisch wohl reizvollste Verarbeitung unseres Bildfeldes durch Lucianus im 10. seiner "Totengesprä-
che" ("Charon und Hermes"). Unter dem "Gepäck", das die Toten vor
Betreten der Fähre Charons ablegen (mehrere Komposita mit ἀπο-)
müssen, befinden sich neben gegenständlichen (z.B. Reisesack, Sie-
geszeichen) und körperlichen (z.B. Schönheit, Bart) Dingen auch
die Erinnerung an vergangenen Reichtum (6) sowie zahlreiche Untu-
genden - und hier erscheinen dann ganze Lasterkataloge (4.8)!
Zu beachten ist allerdings, daß es nach der Logik des Bildes zunächst einmal nur um die Ermöglichung einer gefahrlosen Überfahrt
über den Unterweltsfluß geht; ein eigentlicher Straf- oder dynamistisch verstandener Unheilszusammenhang wie in De Jona 10f ist
hier nicht im Blick.

2.1.2. Auswertung

1. Wir haben ein deutlich strukturiertes Bildfeld mit zahlreichen Elementen vor uns. "Zentrale Metapher" ist der Vorgang des
"Tragens", während die eigentliche "Zentralmetapher" (im Sinne
Weinrichs, s.o.S.20) - "Sündenlast" - selbst nur wenig belegt ist
(z.B. Ps 38,5; Epistula Apostolorum 47).
2. Trotz bestehender Unterschiede zwischen der hebr. und der
griech. Seite kann man doch mit Fug und Recht von einer Analogie
der zentralen Metapher und damit von einem kulturkreisübergreifenden Bildfeld sprechen. Dies zeigt sich auch daran, daß beide Strän-
ge im hellenistischen Judentum problemlos ineinanderfließen.
3. Es liegt ein hervorragendes Beispiel für spezielle Weltanschauungsmetaphorik vor. Auch wenn sich in bestimmten Bereichen

schon sehr früh starke "Verformelungstendenzen" zeigen und z.T.
(etwa in LXX) sogar eine Preisgabe der zentralen Metapher erfolgt,
muß man aufs Ganze gesehen ein bleibendes Nebeneinander von reli-
giös-weltanschaulicher, formelhaft erstarrter und von neuem beleb-
ter Metaphorik annehmen.

4. Nimmt man die oben (1.3) angestellten Überlegungen zum Wirklichkeitswert von Weltanschauungsmetaphern ernst, so verbietet es
sich im vorliegenden Falle eigentlich, nach einer (primären) konkret-anschaulichen *Grund*bedeutung zu fragen, welche (sekundär) in
einen anderen Wirklichkeitsbereich *übertragen* worden wäre. Man
kann allenfalls *entsprechende* Wendungen im Bereich der sichtbar
vorfindlichen Wirklichkeit zu ermitteln suchen, und hier stoßen
wir im Falle der "Sündenlast" ganz deutlich auf die in der Antike
sozial äußerst bedeutsame "niedere" Tätigkeit des Lasten-Tragens.
Als biblische Beispiele seien genannt: Gen 40,16f; Num 4,47; 10,17;
Jes 52,11; Mk 14,13. Aus der Gen-Stelle geht in Verbindung mit Ps
38,5 sowie verwandten Vorstellungen im Zusammenhang mit Bluttaten
(2Sam 3,29; 1Kön 2,32f; vgl. Apg 18,6) überdies hervor, daß bei
der Lastmetapher wohl in erster Linie an den Kopf des Menschen zu
denken ist, über welchem sich die Sünde zusammenballt und auf den
sie zu liegen kommt.[46]

5. Die Beobachtungen zur Verkürzung der ganzheitlichen Perspektive (s.o.S.34f) müssen für eine Theorie der Personifikation im
Auge behalten werden (s.u. Teil III 3.2 - 3.3).

2.2.   Die Sünde als Schmutz und Befleckung

2.2.1. Darstellung der Geschichte des Bildfeldes in der Antike

Wir haben bereits oben (S.32) eine bisweilen sehr enge Verbindung dieses Vorstellungskomplexes mit der Lastmetaphorik festgestellt. Dies gilt z.B. für die Reden Antiphons, und es kann auch
hier wieder für die griech. Seite von den Tetralogien ausgegangen
werden, da in ihnen sehr alte und z.T. sehr lebendige religiöse

---

46 Siehe weiter: Obd 15; Ps 7,17 (s.u.S.145) sowie Jos Ant 13,69 (s.o.S.37) und
   zum Ganzen H.Christ, Blutvergießen im Alten Testament 105f; K.Koch, Die israelitische Auffassung vom vergossenen Blut, in: ders. (ed.), Um das Prinzip
   der Vergeltung in Religion und Recht des Alten Testaments, 443f mit Anm. 16.

Metaphorik begegnet. Vor allem kann man in ihnen eine enge Zusammengehörigkeit der Begriffe ἁμαρτία, ἀσέβημα und μίασμα (mit ihren
jeweiligen wurzelverwandten Wörtern: Antiphon II 1,9-11; III 3,8-
12; IV 3,4-7)[47] erkennen. *Miasma* wird mit καθαρόσ als Gegenbegriff
verbunden und kann außerdem als κηλίσ ("Fleck": III 3,11) bezeichnet werden.

Uns interessieren hier nicht die mancherlei Vorstellungen, die
sich im einzelnen mit der Befleckungsmetapher verbinden können -
so hat R.Parker[48] gezeigt, daß es in den Tetralogien der Zorn des
Opfers oder von dessen Rachegeistern ist, der den Täter "befleckt" -,
sondern eine Art von Grunderfahrung, die sich aus mancherlei Einzel-
vorstellungen ableiten läßt und ihnen letztlich auch zugrundeliegt.
Man erkennt sie z.B. in einer Formulierung wie Antiphon III 3,8:
θεία κηλίσ τῷ δράσαντι προσπίπτει ἀσεβοῦντι (Eine göttliche Beflek-
kung liegt auf dem Täter wegen eines Frevels, genauer: ..."als einem
Frevelnden", "indem er frevelt(e)"). Dies läßt sich so verstehen,
daß der Akt (bzw. eine Mehrzahl von Akten) des Sündigens[49] mit dem
Vorgang der Befleckung sachlich identisch ist und im Ergebnis zur
Folge hat, daß "Sündenschmutz" am Täter haftet.[50] Ich wähle diese
Bezeichnung, weil sie die bleibende Zuständlichkeit der Befleckung
am besten zum Ausdruck bringt ("Unreinheit" ist bereits selbst wieder eine nach unseren Begriffen völlig verblaßte Metapher).

Den ältesten Beleg für diese Vorstellung liefert das homerische
Adjektiv μιαιφόνοσ[51]. Vor allem bringt es jene entscheidende Identität von Bluttat und Befleckungsvorgang zum Ausdruck und wird deshalb richtig mit "one who kills in a polluting way"[52] wiedergegeben - wobei es eben diese Tat selber ist, mit der sich der Täter
befleckt (Identifikationsleistung der Metapher). Biblisch sind zu
vergleichen: Jes 59,3 (Finger mit Sünde befleckt); Hebr 9,14 (Gewissen reinigen von toten Werken), vgl. 10,2 (ein für allemal gereinigt, sc. von Sünden). Siehe weiter: 4Esr 7,68 (s.o.S.36); syrApkBar

---

47 S. dazu K.J.Maidment, Minor Attic Orators, Vol. I, 38.40.
48 AaO. (s.o.Anm.34) 106ff.
49 Ein solcher kann selbst dann vorliegen, wenn für heutiges Empfinden "eine
   Verschuldung in manchen Fällen persönlicher Verunreinigung unerfindlich ist"
   (F.Maass, THAT I 648 (Art. "ṭhr rein sein"); ein Beispiel ebd.: Num 6,11
   "Versündigung durch einen plötzlichen Todesfall"). Vgl. ferner das Sündigen
   der Erde in Jub 21,19; 23,14.
50 Ergänzend dazu F.W.Dillistone, Christianity and Symbolism 193: "In general,
   the impurity ... was regarded as in some way affecting the *body* though indeed
   there was no clear-cut distinction between body and soul in early society."
51 Ilias 5,31.844 u.ö. (Epitheton für Ares).
52 Parker aaO. 134.

60,2 (verunreinigt durch Sünden); 85,15 (besudelt mit Sünden) sowie
die zahlreichen Belegstellen zur "Reinigung von der Sünde" im AT
(Lev 16,30; Jos 22,17; Ps 51,4) und den Texten aus Qumran[53]: Überall ist Sünde im Prinzip als "Schmutz" vorgestellt, der den Menschen
"verunreinigt" und den es "abzuwaschen" (Ps 51) gilt.

Solange die Metaphorik religiös-weltanschaulich lebendig ist,
sind die "Beschmutzung" sowie alle sich anschließenden Reinigungs-
vorgänge massiv "stofflich" zu denken.[54] Für die Reinigung kommen
in Frage:

- Wasser (Tauchbad, Waschung oder Besprengung)
- Feuer (Num 31,23; vgl. alle Vorstellungen von einem jensei-
  tigen Läuterungsfeuer!)
- Blut: Ferkelblut (Apoll Rhod IV 693ff), Stierblut (Tauro-
  bolium); biblisch vgl. Hebr 9,22; Apk 7,14.[55]
- Öl (Lev 14,15ff)
- Honig (Porphyrius, Antr 15).

In allen Fällen handelt es sich um Elementarbeobachtungen und -er-
fahrungen, die unmittelbar auf den applizierten Stoff bezogen sind
und erst sekundär einer "geistigen" oder "geistlichen" Interpretation unterzogen werden.

Das neben der Zentralmetapher häufigste Element des Bildfeldes
sind also die Angehörigen der Wortgruppe καθαίρειν (hebr. Äquivalent: טהר). Wichtig daran ist, daß - anders als bei der Lastvorstellung - das Schwergewicht *dieses* Bildfeldes nicht auf den Folgen
der Verfehlung, sondern (neben ihrem schmutzigen "Wesen") auf ihrer
Bewältigung liegt. Damit mag es zusammenhängen, daß dieses Bildfeld
auch im NT wieder eine größere Bedeutung erlangt hat.

Doch gerade hier stellt sich die Frage nach dem Wirklichkeitswert der Metaphorik besonders dringend: Die Reinigung durch das
Blut Christi (Hebr 9,14; 10,22; 1Joh 1,7) ist sicherlich nicht in
derselben Weise zu verstehen wie eine tatsächliche Blutapplikation
(darauf beruht ja nach dem Hebräerbrief gerade ihre Überlegenheit
gegenüber dem Alten Bund!), vielmehr steht diese Anschauung in einer

---

53 Beispiele: 1 QS III 7f; 1 QH III 21; VII 30; XI 10. In abgekürzter Sprechweise kann die Reinigung auch direkt auf die Sünde (statt auf den/die zu Reini-
genden) bezogen werden (vgl. unten Anm.108); Beispiele: TestHiob 43,17 (s.u.
S.62); Philo, SpecLeg I 228 ("die Sünden ... werden gereinigt"); Hebr 1,3;
2Petr 1,9.
54 F.Hauck, ThWNT III 417 (Art. *"katharos"* etc.): Unreinheit ist "etwas stofflich
Anhaftendes". - Zum Unterschied von "dinglich" und "stofflich" s. S.Wefing,
Untersuchungen zum Entsühnungsritual 124.
55 Solche Praktiken sind offensichtlich darauf zurückzuführen, daß Blut, mit welchem ein Täter besudelt ist, auch wiederum nur mit Blut (oder einer anderen
"Flüssigkeit": Wasser) abgewaschen werden kann ("similia similibus").

langen Reihe von Neu- und Uminterpretationen der uralten Weltanschauungsmetaphorik von Rein und Unrein.

Verfolgen wir diese Entwicklung bei den griech. Philosophen.
Wenn Gorgias von Leontinoi seinen Palamedes sagen läßt, seine ver-
gangene Lebensführung sei "durchweg fehlerlos" und "rein von aller
Schuld" (Diels Fragmente II 301, 14-16), so liegt zweifellos eine
"moralisch-ethische" Interpretation der Reinheitsmetaphorik vor
(so übrigens auch bei den nächsten Synonymen zu $ṭhr$[56]; frühjüdisch
vgl. z.B. Tob 3,14f). Ein anderes Beispiel bietet Plato in seiner
Grundlegung eines zweifachen Reinigungsbegriffs (Soph 226d-227c).
Die Einführung einer - moralisch verstandenen - Katharsis für die
Seele signalisiert, daß auch hier ein höheres Reflexionsniveau erreicht ist: die unmittelbare Wirklichkeitserfahrung des "Reinen" -
oft als "primitiv" oder "vorrational" abqualifiziert - ist der philosophischen Metaphorik gewichen.[57] Das Bildfeld hat damit den Status von konventionalisierten Metaphern eingenommen, d.h. es wird
aufgrund seiner einstigen Lebendigkeit weithin nicht als semantisch
abweichend empfunden, trägt jedoch diese Möglichkeit nunmehr in
sich und kann entsprechend rhetorisch-poetisch genutzt werden.

Als Beispiel dafür greife ich - stellvertretend für zahllose
andere Texte - einen moralphilosophischen Traktat des Plutarch heraus ("Quomodo quis suos in virtute sentiat profectus", Moralia
75A-86A), der sich ebenfalls unseres Bildfeldes bedient, und stelle
auch hier die Frage nach dem Wirklichkeitswert der Metaphorik: Von
demjenigen, der in der Tugend fortschreitet, heißt es, daß er sich
"durch den Tadel reinigen" lasse (vgl. Plato, Soph 230d; frühjüdisch PsSal 10,1f) und durch seine beständige sittliche Wachsamkeit
zeige, daß er dabei sei, sich einige Reinigkeit zu erwerben, und
auch nicht im geringsten beschmutzt werden (ῥυπαίνεσθαι) wolle
(82C, 85E-F). - Diese Metaphorik ist insgesamt keineswegs blaß und
formelhaft, sondern rhetorisch ganz gezielt eingesetzt, und entgeht
daher nicht der Aufmerksamkeit des Lesers.

Auf derselben Ebene dürfte der Wirklichkeitswert unseres Bildfeldes weithin auch im hellenistischen Judentum (s. bes. Philo,
SpecLeg I 257ff) und im NT liegen. Was speziell Paulus betrifft,

---

56 S. Maass aaO. (s.o.Anm. 49) 648.
57 Zum Zusammenhang mit einem elementaren und ganzheitlichen "sakralen Reinheits-
   begriff", wie er besonders von den Pythagoreern aufgegriffen und gepflegt wurde und auch bei Plato trotz aller philosophischen Weiterentwicklung deutlich
   spürbar ist, s. F.Wehrli, Ethik und Medizin, bes. 59-61.

so sind an dieser Stelle 1Kor 6,11 (Taufe); 8,7 (Befleckung des
Gewissens) und 2Kor 7,1 (reinigen von jeder Befleckung des Fleisches und des Geistes) zu nennen.

An dieser Stelle muß auf eine metapherntheoretisch recht bedeutsame Tatsache eingegangen werden, die sich im vorliegenden Bildfeld
beobachten läßt:

Die Wortgruppe "rein" z.B. hat das Frei-Sein bzw. -Werden von
Sünde, Schuld und Lastern wie überhaupt von jeglicher Art von "Befleckung" als semantisches Merkmal in sich aufgenommen, so daß es
einer Beziehung auf die genannten Größen im grammatikalischen Sinne
nicht bedarf und *"katharos"* als ein Synonym für "fehlerlos" bzw.
"sündlos" und ähnliche Begriffe verwendet werden kann (Beispiele:
Hi 33,9 LXX; Plut Moral 404C; SentSext 36). Entsprechendes gilt
für alle anderen Elemente des Bildfeldes: Auch hier kann der Bildspender jeweils für sich alleine stehen und seinen Bildempfänger
gewissermaßen in sich enthalten. Man könnte auch sagen: Das bildspendende Feld ist in der Lage, das Bildfeld als Ganzes zu reprä-
sentieren. Im Falle der Zentralmetapher zeigt sich dies daran,

a) daß die Zahl der Stellen, in denen Bildspender (Schmutz, Befleckung) und Bildempfänger (Sünde) in *einem* Ausdruck miteinander
verbunden sind (Sündenschmutz, Befleckung der Sünde), vergleichs-
weise gering ist (s. noch Jub 20,6; Mart. Andreae prius 4: Lipsius-
Bonnet II 1, S.48,Z.13; Acta Thomae 66: ib. II 2, S.183,Z.15);

b) daß der Bildempfänger so weit zurücktreten kann, daß der Bildspender sich gewissermaßen verselbständigt und dann *von neuem* mit
dem Sündenbegriff verbunden werden kann: entweder mit diesem als
Oberbegriff (Jub 50,5: Sünde der ... Unreinheit und Befleckung)
oder als Parallelausdruck (Sach 13,1: Sünde/Unreinheit; Barn 11,11:
voll von Sünden und Schmutz; TestIsaak 4,24: Ich kenne meinen
Schmutz/meine Sünden).

Selbstverständlich setzt auch diese Erscheinung einen Gesamtkontext voraus, durch den der metaphorische Charakter der Beflek-
kungsterminologie gesichert ist (s. noch "abwaschen" in Jes 1,16;
1Kor 6,(9-)11 sowie "Unreinheit" in Röm 6,19).

Die folgende Sammlung weiterer Belegstellen kann die vielfäl-
tigen Bezüge nur andeuten, in welchen das vorliegende Bildfeld steht
und in denen es Anwendung finden kann. Dabei wollen wir uns auf
Quellen aus dem jüdisch-christlichen Bereich beschränken:
- "sich wälzen in Sünde(n)": Sir 23,12b; CD III 17; 1 QH VI 22;
  XVII 19 - eine religiös-sittliche Metapher.

- Religiös-philosophische und (z.T. in diesem Sinne umgedeutete)
  religiös-kultische Metaphorik finden wir etwa bei Philo in seinen Auslegungen zu Einzelgesetzen der Tora: SpecLeg III 89 stellt
  er unschuldigen Menschen, denen es gleichwohl nicht gestattet
  ist, den Tempel zu betreten, bevor sie sich gereinigt haben[58],
  die Mörder gegenüber, die nicht wegwaschbarer Befleckungen schul-
  dig sind, und verwendet in diesem Zusammenhang folgende Bildfeld-
  elemente: ἀπολούεσθαι, περιρρανάμενοι καθαρθῆναι τοῖσ καθαρσίοισ,
  ἀνέκπλυτα ἄγη, τὰ μιάσματα ἀπονίζειν (vgl. auch ib. I 261).

  SpecLeg I 259 ist im Zusammenhang mit der Reinigung der Seele die Rede vom ἐκνίζειν der Fehler und der κηλῖδεσ (vgl. Jer
  2,22 LXX), die man sich im Laufe des Lebens "eingeprägt" hat.

- Religiös-kultische Weltanschauungsmetaphorik dürfen wir im Bereich der altkirchlichen Sakramentsfrömmigkeit erwarten; ich
  nenne nur die fast magische (und sicherlich nicht spezifisch
  gnostische!) Vorstellung in Acta Thomae 133, wo dem eucharisti-
  schen Brotsegen die Kraft zugeschrieben wird, die Seelen von
  ihren Sünden abzuwaschen (zu dieser eigenartigen Umkehrung der
  gewöhnlichen Betrachtungsweise - "die Sünden von jemandem abwaschen": Apg 22,16 - vgl. Apk 1,5 v.l.).[59]

- Eine doppelte Hypostasierung[60] des Sündenbegriffs liegt Sach
  3,4 (und Justin, Dial 116,3, wo diese Stelle zitiert wird) vor:
  "schmutzige Kleider" - wobei die Identifizierung mit der Sünde
  bei Justin sprachlich noch direkter vollzogen wird: "die schmutzigen Kleider τοῦτ' ἔστι die Sünden". In diesem Fall würde man
  jedoch besser von einem "Symbol" bzw. bei dem Ausziehen der Kleider von einer "symbolischen Handlung" als von einer Metapher
  sprechen.[61]

- Einblick in einen speziellen Aspekt der Weltsicht apokalyptischer Gruppen, der die Auswirkungen der menschlichen Bosheit
  auf den Kosmos betrifft, gibt uns grApkBar 8,4f. Dort wird dem
  Visionär offenbart, daß die Krone der Sonne während ihres Laufes

---

58 Anders z.B. das heidnische Epigramm Anthologia Graeca XIV 74: "Guten öffnen
   die Götter das Tor ihres Tempels; hier braucht es keiner Entsühnung, denn
   Schuld haftet der Tugend nicht an." In der Fortsetzung ist sich der Text mit
   Philo einig: "... niemals spült die Waschung des Leibs Flecken der Seele hinweg."
59 Ganz im Gegensatz dazu stehen etwa die betont philosophisch-distanzierten Interpretationen der Taufbad-Metaphorik bei Justin (Apol 61,3-13; Dial 13,1;
   14,1f; vgl. schon Eph 5,26; 1Petr 3,21).
60 Zu diesem Terminus s.u. Teil III 7 (zu Sach 3,4 bes. S.174 zu 1b).
61 S. dazu Kurz aaO. (s.o.Anm.1) 72; Hermisson aaO. (s.o.Anm.17) 91.

die Gesetzlosigkeiten und die Ungerechtigkeiten der Menschen sieht
(folgt: Lasterkatalog) und durch diese befleckt wird, so daß sie
täglich erneuert werden muß.[62]

Die slavische Version dieser Stelle (Übers. W.Hage 29) lautet
zunächst ebenfalls sehr direkt: Die Krone der Sonne "ist befleckt
durch die Erde und die irdischen Sünden". Dann jedoch schließt
sich eine etwas andere, nicht weniger "stoffliche" Deutung des
Vorgangs an, die die Befleckung nicht durch die Sünden selber
geschehen, sondern durch die Tränen der Sonne vermittelt sein
läßt: "Und wenn die Sonne unter dem Himmel dahinzieht, erträgt
sie (es) nicht, alle Gesetzlosigkeit auf Erden zu sehen: Morde
und Ehebrüche. Und sie weint und befleckt nun ihre Krone. Deshalb
wird sie gereinigt beim Throne Gottes."
(Bestritten wird diese Vorstellung in den "Lehren des Silvanus"
NHC VII 101,31f= Diog Laert VI 63: "... the sun (shines) on every
impure place, and yet it is not defiled.")

Zwei charakteristische Merkmale dieser Tradition (die von allgemeiner Bedeutung sind) seien hier besonders herausgestellt:

a) die Übertragbarkeit der Befleckung (S.Wefing: "essentielle
Transponierbarkeit"[63], einfacher ausgedrückt: Befleckung ist an-
steckend[64]);

b) die "dingliche" Befleckungsvorstellung, nach der die Sünde
"den Lebensbereich... auch in seiner dinglichen Komponente" belastet[65] und die hier sogar die Sonnenkrone umgreift und also kosmische Dimensionen annimmt.

Auch hier zeigt sich wieder die enorme Lebendigkeit einer Weltanschauung, welche die Sünde der Menschen und die Verschmutzung
der Sonne unmittelbar aufeinanderprojiziert, ohne daß auch nur die
leiseste Ahnung einer semantischen Inkongruenz dadurch hervorgeru-
fen wird. Dies gilt ganz entsprechend auch für die visionären Rei-

---

62 Vgl. schon Hab 1,13 und dazu Hermisson aaO. 94: "Gottes Reinheit ist... bereits durch das Erblicken des Unreinen gefährdet; das Unreine ist hier konkret: daß der Frevler den Gerechten verschlingt." Dasselbe Targum PsJ Gen 49,12
vom Messias (Übers. J.W.Etheridge 331): "How beautiful are the eyes of the
king Meshiha, as the pure wine! He cannot look upon what is unclean, nor on
the shedding of the blood of the innocent."
63 AaO. (s.o.Anm.54) 88 im Anschluß an Hermisson aaO. 88.
64 S. z.B. K.Latte, Schuld und Sünde 8f. - Falsch ist natürlich Wefings Behauptung, die Transponierbarkeit sei "das spezifisch Israelitische dieses Phänomens" (aaO. 88); vielmehr sind wir ihr oben (S.32) schon als einem wesentlichen Faktor in den Antiphonschen Tetralogien begegnet, und wir finden sie
durchgehend in der griech. Religion.
65 Wefing aaO. 93.

nigungsriten (siehe weiter: Jes 6,5-7; Sach 3,4), die exakt denselben Realitätsgehalt und Erlebniswert besitzen wie wirkliche Kult-
handlungen[66] (Weiteres zu den Visionen s.u. 2.3).
- In dieser Hinsicht aufschlußreich ist auch, was hebrHen 44,5f
  über das Aussehen der Seelen von Verstorbenen gesagt ist. Der
  Visionär sieht die Seelen der "Mittleren" (hebr. *benonim*), d.h.
  derjenigen Menschen, die weder vollkommen gerecht noch vollkommen schlecht waren, als "like pale grey on account of their
  deeds, for there are stains upon them until they have become
  cleaned from their iniquity in the fire", wohingegen die Farbe
  der Frevler "was like the bottom of a pot on account of the
  wickedness of their doings." (Übers. H.Odeberg)
Zugrunde liegt die - bis heute geläufige - Vorstellung einer ursprünglich reinen und weißen Seele, die dann durch die Sünden des
Menschen im Leben befleckt wird - beim einen weniger, beim anderen
mehr ("schwarze Seele").[67]

Wir können hier abbrechen: Die wichtigsten Bildfeldelemente sind
zur Sprache gekommen, ihre elementare Bedeutung für antike Sündenvorstellungen dürfte deutlich geworden sein.

2.2.2. Auswertung

1. Wir haben ein reichhaltiges Bildfeld vor uns, in welchem die
Zentralmetapher "Sündenschmutz" und das Element "von der Sünde
reinigen" die Hauptrolle spielen. Dabei besitzt das bildspendende
Feld eine so große Verweisungskraft, daß es prinzipiell "absolut",
d.h. ohne *direkte* Beziehung auf den bildempfangenden Bereich gebraucht werden kann (*miasma* und *akatharsia* als Synonyma zu *hamartia*,
nicht nur als Bildspender!).
2. Es liegt wieder ein kulturkreisübergreifendes Bildfeld vor,
das sicherlich weit über den östlichen Mittelmeerraum hinaus verbreitet ist.
3. Wie die Lastmetaphorik, so zeigt auch dieses Bildfeld die
ganze Palette der Metaphernintensität von "weltanschaulich" über
"rhetorisch-poetisch" und "konventionalisiert" bis "lexikalisiert"

---

66 Vgl. dazu Hermisson aaO. 89f.
67 S. H.Odeberg, 3 Enoch 137 (6).

in einer kaum mehr überschaubaren Fülle konkreter Verwendungsmög-
lichkeiten.

4. Fragen wir auch hier nach entsprechenden Wendungen im Bereich
der sichtbar vorfindlichen Wirklichkeit, so ist ganz allgemein auf
die alltägliche Erfahrung und den Umgang mit Unrat und Schmutz hinzuweisen. Dies reicht jedoch im vorliegenden Fall nicht aus; genauer geht es hier um eine besondere Art von Verschmutzung: die Besu-
delung der Hände eines Mörders mit Blut.

a) "Mit Blut besudeln" ist Beschreibung eines sichtbaren Vorgangs
(nichtmetaphorische Rede); die blutbefleckten Hände eines Mörders
kann man sehen, sie befinden sich in einem äußerlich sichtbaren
Zustand der Verschmutzung.

b) Eine Bluttat ist mit dem Abwischen oder Vertrocknen des Blutes
nicht beseitigt. Vielmehr entsteht zusammen mit der (sichtbaren)
Blut*tat* die (unsichtbare) Blut*schuld*; Blut und Tat (= Sünde, Verfehlung) bleiben unsichtbar am Täter haften (metaphorische Rede).
Da das Blut somit selbst gewissermaßen auf die Seite des "Bildemp-
fängers" zu stehen kommt, kann für den "Bildspender" nur auf die
allgemeineren Kategorien von "Schmutz", "Unreinheit" usw. zurückge-
griffen werden.

c) Im Unterschied zur Lastvorstellung ist bei der Befleckungsmetapher in erster Linie an die Hände des Menschen zu denken, an die
die Sünde sich haftet und die durch sie verunreinigt werden. Als
Belege seien genannt: Aesch Ag 209f, Eum 280.317; Jes 1,15; 59,3;
Mt 27,24; Apk 19,2.[67a] Von den Händen geht die Befleckung dann auf
den ganzen Menschen über, so daß dieser insgesamt für "unrein" angesehen wird (bzw. seine Seele).

5. Da nach 4b Blut- und Schuldbefleckung zusammengehören, ist
es oft nicht möglich, den Übergang von der sichtbaren in die unsichtbare Sphäre genau zu bestimmen; so sagt z.B. R.Thomas sehr richtig
von dem Adjektiv *"katharos"* bei Aeschylus: "Wo es bei ihm Reinheit
von Blutschuld bezeichnet, ist die Vorstellung von körperlicher
Reinheit nicht ausgeschlossen..."[68] Deswegen halte ich die Ausführungen P.Ricoeurs zur "Symbolik" der Befleckung für im Ansatz problematisch:

"Tatsächlich war die Befleckung nie wörtlich ein Flecken; das Unreine war nie wörtlich das Schmutzige, das Unsaubere..."[69] - "... die

---

67a Hingegen legt Apg 18,6 eher eine Verbindung dieser Metaphorik mit dem Kopfe
    nahe (ein babylonischer Beleg bei K.van der Toorn, Sin and Sanction 15 mit
    Anm.50).
68 Zur historischen Entwicklung der Metapher im Griechischen 44.
69 Symbolik des Bösen 44.

Befleckung ist kein Flecken, sondern wie ein Flecken; sie ist ein
symbolischer Flecken."[70]
Kritikwürdig sind diese Aussagen m.E. auch deshalb, weil sie dem
Realitätsgehalt dessen, was ich mit dem Begriff "Weltanschauungsmetapher" bezeichnet habe, nicht gerecht werden. Eine genauere Erörterung des Verhältnisses von Symbol und Metapher müssen wir uns
jedoch im Zusammenhang der vorliegenden Arbeit versagen.

    6. Deutlicher noch als bei der Lastvorstellung ist im vorliegen-
den Fall die weitgehende Verwurzelung der Metaphorik im kultischen
Bereich. Greifbar wird dies - wie nicht anders zu erwarten - in
den Kultpraktiken zur Bewältigung von Sünde und Verfehlung (Reini-
gungsriten; vgl. das Wegtragen der Sünden durch einen Ziegenbock
in Lev 16). Wahrscheinlich aus dieser Beziehung zum Kultischen erklärt sich die überragende Bedeutung der dargestellten Bildfelder
für Sündenvorstellungen in der Antike.

    Diese gemeinsame Beziehung zum Kult ist wohl auch der Grund für
die oben (S.32) beobachtete Affinität von Last- und Befleckungsmetaphorik.

2.3.   Das Aufschreiben der Sünde (im Himmel)

2.3.1. Darstellung des Bild- und Wortfeldes

    Im Unterschied zu den beiden vorangegangenen Bildfeldern ist
das nunmehr folgende Material ganz und ausschließlich auf die göttliche *Reaktion* auf menschliche Sünde bezogen. Nicht die Sünde selbst,
ihre Folgen oder ihre Bewältigung werden metaphorisch zu erfassen
gesucht, sondern eine (himmlische) Szenenfolge wird entworfen, in
welcher die Sünde selbst lediglich in Gestalt eines Eintrags in
ein irgendwie geartetes "Sündenregister" in Erscheinung tritt.

    Die folgende Tabelle (s.S.49) soll uns einen Überblick verschaf-
fen über alle metaphorischen und nichtmetaphorischen Elemente des
einschlägigen Bild- und Wortfeldes[71]; dabei zeigt sich eine unauf-
lösliche Zusammengehörigkeit mit anderen Metaphern wie z.B. Gott

---

70 Ebd. 45.
71 Beachte: Bild- und Wortfeld stehen nach unseren Definitionen nicht in Analogie zueinander (s.o. S.5 Anm.22 sowie S.19 mit Anm.2; "semantisches Feld" ist
   hier gleich "Wortfeld")!

Weitere Belegstellen zur Tabelle s.u. S. 54 a) – d).

	Sünde	Eintrag	Schreiber	Dokument	Einsicht-nahme	Gericht/ Strafe	Ort des Eintrags (bei Gott)	Zeitpunkt des Eintrags	Universa-lität
Aesch Eum 269–275	ἀλιτεῖν, ἀσεβεῖν	-γράφος	Hades	δελτο-(φρήν)		ἔχειν τῆς δίκης ἐπάξια, εὔθυνος	ἔνερθε χθονός, Ἀΐδης		ἕκαστος, πάντα
Aesch Frauen von Aitna-Frgm.	τἀπλα-κήματα	[γράφειν]	Dike	δέλτος, πίναξ	ἀναπτύσσειν	Tag (des Gerichts)	Zeus		μάταιοι, κακοί (als Gruppe)
Eur Melanippe-Frgm.	τἀδικήματα, αἳ βροτῶν ἁμαρτία	πηδᾶν εἰς θεούς + γράφειν	„τις"	δέλτος	εἰσορᾶν	δικάζειν, (Δίκη), πέμ-πειν ζημίαν	Zeus		ἕκαστος
Babrius 127	[ἁμαρτίαι], ἀδικεῖν	[ἐγγράψαι]	[Ἑρμῆς]	ὄστρακα		τὰς δίκας ἀναπράττειν, εὐθύνειν	Zeus, [αὑτοῦ πλησίος]		ἕκαστος
Jes 65,6f.	ihre Sünden und die Sün-den ihrer Väter	aufge-schrieben				heimzahlen	vor mir (sc. Jahwe)		
äth Hen 98,7f.	Sünde	aufgeschrie-ben werden (vgl. 104,7)		vgl. 81,4: Buch	vgl. 97,6: vorgelesen werden	Gerichtstag	vor dem Höchsten	täglich (vgl. 104,7: jeden Tag)	jede Sünde (vgl. 104,7: alle eure Sünden)
gr	τὰ ἀδικήμα-τα ὑμῶν	ἀπο-γράφεσθαι				κρίσις	ἐνώπιον τοῦ ὑψίστου	ἡμέραν ἐξ ἡμέρας	πάντα τὰ ἀδι-κήματα ὑμῶν
slavHen 52f.	Sünden	auf-schreiben	Henoch	Bücher		Tag des großen Gerichts	Gott		alle Werke eines jeden Menschen
hebrHen 44,7–9	sündigen, Übertre-tungen	„niederge-schrieben" (zu erg. nach Chag 15a)	Metatron? (vgl. Chag 15a')	Bücher	nehmen und lesen	Knecht-schaft unter den Heiden	der Heilige		
Setnaroman	Sünden	schreiben	Thoth	(Waage)	(nur Proto-kollsitua-tion)	Gericht der Unterwelts-bewohner	Totenreich, Osiris	Toten-gericht	„der, welcher"
Test Abr 12f. (Rez. A)	ἁμαρτίαι	ἀπο-γράφεσθαι,	δύο ἄγγελοι	βιβλίον, βίβλος (+ ζυγός)	ἀνοιγνύναι	ἡ κρίσις καὶ ἀνταπόδοσις	zwischen den zwei Pforten	Toten-gericht (Teil-tradition)	πᾶσα ἡ κτίσις, τὰ πάντα
Test Abr 10f. (Rez. B)		γράφειν	Henoch	τὰ ὑπομνή-ματα = βιβλία δύο	ἀνα-πτύσσειν	κρίνειν	„ἐνταῦθα"		ἕκαστος (+ alle mei-ne Sünden)
kopt anonym Apk 3,13– 4,13+10,19ff.	die Sünden der Menschen	nach-schreiben	die Engel des Anklä-gers	Schrift-rolle	öffnen und lesen (11,2f.) + alle meine Sünden	anklagen	Pforte des Himmels		alle Sünden der Menschen
Jub 39,6	Unzucht-sünde (Joseph und Potiphars Frau)	hinauf-gebracht werden		Bücher		Urteil des Todes	vor dem Herrn		
Ant Bibl 58,3f.	peccatum Saul	scribi				scandalum	in conspectu meo		
ANHANG: Jer 17,1–4	ἁμαρτία Ἰούδα	γεγράφθαι		στῆθος, πλάξ		Ankündi-gung der Strafe			
Jub 30,17–23	Gerechtig-keit	aufgeschrie-ben w., hin-aufgebracht w.: Schrift steigt zum Himmel		Tafeln des Himmels		Segen	vor dem Gott aller	am Tage der Tat	

Siehe dazu H. Odeberg, 3 Enoch 140 (9)!

als "Richter" oder der himmlischen "Geographie" (man beachte die
räumlichen Komponenten "vor Gott", "zwischen den zwei Pforten"
u.ä.), so daß sich ein großes, geordnetes Bildganzes ergibt, von
dem unser eigentliches Bildfeld nur einen Ausschnitt darstellt.

Die Bildfeld-Elemente ("schreiben/Schreiber", "Buch" o.ä. und
"öffnen" + Synonyma) empfangen ihren spezifischen Gehalt aus dem
Zusammenhang von Sünde und Gericht/Strafe, so daß sich ihre Erkenntnisleistung etwa folgendermaßen wiedergeben läßt: Die Sünden und
Verfehlungen sind nicht vergessen, und die Menschen haben keine
Möglichkeit, der Konfrontation mit ihnen zu entgehen. Dabei spielt
es keine Rolle, ob Gericht und Strafe vorgestellt sind als
a) je schon immer und also auch aktuell und in Zukunft sich vollzie-
hend (wobei die Bestrafung im Diesseits erfolgt): Aeschylus Frgm.
195 Werner, Z.19-23 (aus: "Frauen von Aitna"); Euripides Frgm. 506
Nauck (aus: "Melanippe"); Babrius 127 (B.E.Perry, Aesopica, Fab.
Gr. 313); Jes 65, 6f; hebrHen 44,7-9; AntBibl 58,3f - oder als
b) eschatologisches Geschehen (wobei dann Gericht und Bestrafung
am jenseitigen Ort stattfinden): Aeschylus, Eum 269-275, sowie die
apokalyptischen Texte.

Jub 39,6 scheint sowohl an a) als auch an b) gedacht zu sein.
Und auch in AntBibl 58,3 klingt b) deutlich an. Damit haben wir
zugleich zwei Texte aus der Gruppe der Paränesen und Scheltreden[72]
genannt, zu der aus unserer Tabelle noch die Belege aus äth, gr
und slavHen gehören und die überhaupt die wesentliche Intention des
vorliegenden Bildfeldes zum Ausdruck bringen: die Menschen sittlich
zu ermahnen und sie vor dem bevorstehenden Gericht zu warnen. Für
die Lebendigkeit der damit verbundenen Vorstellungen ist es dabei
ohne Belang, ob es sich um wirkliche Visionsschilderungen, davon
abgeleitete Mahnreden oder um alte volkstümliche Überlieferungen
handelt: In jedem Fall ist man sich der unmittelbaren Realität der
transzendenten Überwelt (bzw. Unterwelt) bewußt.

Auch in anderer Hinsicht bestehen erhebliche Unterschiede zwischen den einzelnen Texten, was nur umso nachdrücklicher die feste
Prägung unseres Bildfeldes selbst unterstreicht. So werden z.B.
in hebrHen 44 die Bücher nur zu dem Zweck gelesen, die fortdauernde
Knechtschaft Israels unter den Heiden und die Verzögerung der Königsherrschaft Gottes zu begründen (Theodizee), während es der kopt

---

72 Vgl. dazu E.Rau, Kosmologie, Eschatologie und die Lehrautorität Henochs
   336ff.

anonym Apk in 10,19ff - wie E.Rau gezeigt hat - um die "Artikulation des Sündenbewußtseins des Gerechten"[73] geht.

Wir müssen aber noch einen Schritt weitergehen und sagen, daß die Elemente unseres Bildfeldes nicht einmal mit der Sünde fest verbunden sind, sondern daß an deren Stelle auch das Heil oder ein Geschichtsausblick treten können (so bei den himmlischen Tafeln des äthHen[74]; vgl. Jub 30 im "Anhang" unserer Tabelle), ohne daß sich an den Komponenten "Eintrag", "Dokument" und "Einsichtnahme" etwas ändert. Es ist deshalb für die in unserer Tabelle belegte Vorstellung (einschl. des Aufschreibens der/zur Gerechtigkeit in Jub 30) von konstitutiver Bedeutung, daß die Aufzeichnung *nach* und nicht - gleichsam wie in einem "Textbuch"[75] - *vor* dem Ereignis (Sünde oder Rechttat) stattfindet.[76]

Eine Sonderstellung unter allen Texten nimmt TestAbr ein. Hier müssen wir im Hinblick auf die Schreibe- und die Buchmetapher folgende Differenzierung vornehmen: Eine Aufzeichnung erfolgt sowohl im Anschluß an die Tat selber (so auch - zumeist implizit - bei den anderen Belegen) als auch im Totengericht (s. die Rubrik "Zeitpunkt des Eintrags"). Im ersten Fall soll damit der Tatbestand der Sünde festgehalten werden bis zum Tag des Gerichts und der Eintrag dort als Beweismittel dienen (bes. deutlich z.B. in äthHen 89,63); im andern Fall handelt es sich um die Protokollierung des Ergebnisses des Gerichtsverfahrens selber, welchem die Seele nach dem Tode unterzogen wird. In diesem Fall haben das Aufschreiben der Sünden und das (Rez. A) verwendete Buch eine ganz andere Funktion für den Vollzug des Gerichts als im ersten Fall; mit Beziehung auf dieses Buch kann auch nicht von "Einsichtnahme" geredet werden (die in der Tabelle genannten Verben gehören zur anderen Teiltradition).

Nun hat R.Heiligenthal kürzlich gezeigt, daß es sich bei der "Protokollierung des Prüfergebnisses menschlicher Werke durch Schreiberengel" bzw. durch Henoch, wie sie in TestAbr dargestellt wird, um eine Tradition sui generis handelt, die "fest mit der Vorstellung der Gerichtswaage verbunden und gemeinsam mit dieser aus der Vorstellungswelt der ägyptischen Religion übernommen" ist.[77] Die

---

73 Ebd. 332.
74 Ebd. 345-351.
75 A.Demandt, Metaphern für Geschichte 379 (im Orig. kursiv).
76 Beispiele für letzteres bei E.R.Curtius, Schrift- und Buchmetaphorik in der Weltliteratur 370 (Nr. 37). 391 (Nr. 107). 404 (*vor* Nr. 133). Zum Ganzen s. Demandt aaO. 380f.
77 Werke als Zeichen 239, der ausführliche Nachweis 248-260.

Sonderstellung unseres Textes (v.a. der Rez. A) erklärt sich aus
dieser Übernahme und Angleichung ursprünglich ägyptischer Vorstellungen in einem jüdischen Kontext und ermöglicht uns damit ein weiteres Mal die Beobachtung der diachronischen Konstanz eines Bildfeldes (s.o.S.24).

   Ich zitiere den entscheidenden Passus aus dem hellenistisch-
ägyptischen Setna-Roman (Übers. H.Brunner[78]): "... während ... die
Waage in der Mitte von ihnen (sc. Anubis und Thoth) aufgestellt
war und sie *die Sünden* gegen die guten Taten abwogen, indessen
Thoth, der große Gott, *schrieb* und Anubis seinem Gefährten (sc.
Thoth) Angaben machte..." (Hervorhebungen von mir, G.R.)

   Man erkennt: 1) Die Dokument-Metapher ist nicht ausdrücklich
erwähnt, aber natürlich mit der Schreibemetapher implizit gegeben;
das Buch in TestAbr 12 (Rez. A) besetzt diesen Platz mit einer jüdischen Metapher (Vorstellung von den himmlischen Tatenbüchern[79],
hier interpretiert als Protokollakte).

   2) Das Schreiben ist nicht in derselben, direkter Weise auf die
Sünden bezogen wie bei den griechischen und jüdischen Belegen einschließlich TestAbr. Es ist vielmehr charakteristische Tätigkeit
des Gottes Thoth als des Erfinders der Schrift und der Sprache und
Schutzgottes aller Schreiber[80], dem von daher auch die Aufzeichnung
des im Totengericht erzielten Prüfergebnisses obliegt. Die spezi-
fische Formulierung "die Sünden aufschreiben" in TestAbr verdankt
sich wohl wiederum dem Einfluß der anderen Teiltradition.

   Daraus folgt: In TestAbr verschmilzt dasjenige Bildfeld, welches
durch unsere Tabelle repräsentiert wird, mit einer ägyptischen Variante desselben Feldes zu einer Einheit. Obwohl es sich um zwei
völlig verschiedene Traditionen handelt, sind die verwendeten Metaphern doch weitgehend dieselben.

   Besonders auffällig ist diese Verschmelzung am Schluß von TestAbr
11 (Rez. B): "... daß du die Sünden aufschreibst" meint eindeutig
die Protokollfunktion Henochs im Gericht, während die Aussage "du

---

78 Die religiöse Wertung 337.
79 Vgl. dazu Rau aaO. (s.o.Anm.72) 312-336; R.Heiligenthal aaO. (s.o.Anm.77)
   237ff. - Weitere jüdische Spezifika kommen hinzu: Die heidnischen Götter werden durch zwei Engel ersetzt. An die Stelle des in der Mitte thronenden Osi-
   ris ist als Richter Abel, der Sohn Adams, getreten (nach TestAbr 13 (Rez. A)
   vollzieht sich das Gericht in drei Stufen: Abel, die zwölf Stämme, Gott).
   Hierher gehört wohl auch die Lokalisierung des Szenariums im Himmel statt in
   der Unterwelt.
80 S. A.Rusch, Pauly/Wissowa VI A 1, 356.358-360 (Art. "Thot").

wirst ihre Sünden aufgeschrieben finden" doch wohl zu der Vorstellung von beim Gericht bereits fertig vorliegenden Sündenregistern
gehört (vgl. bes. den synonymen Ausdruck zu βιβλία δύο: τὰ
ὑπομνήματα in Kap. 10 ders. Rez. und dazu wieder Mal 3,16 LXX).
Dies bringt inhaltlich eine gewisse Unausgeglichenheit in den Text,
zeigt aber andererseits das intensive Bestreben und eine mögliche
Art und Weise der Verbindung der beiden Teiltraditionen: Die eine
Wendung ist auf die begnadigte, die andere auf die nicht begnadigte
und unbußfertige Seele bezogen.

Exkurs zur Wägemetaphorik:

Wird die Sünde auf einer Waage "gewogen", so stellt sich im Unterschied zum "Aufgeschrieben-Werden" das visuelle Bild eines "Ge-
wichts(stücks)" ein, das in einer Waagschale liegt. Diese Vorstellung ist nicht einfach gleichzusetzen mit der oben S.34 dargestellten Gewichtsmetapher, unterscheidet sich vielmehr von dieser sowohl
hinsichtlich ihres Wirklichkeitswertes (Weltanschauungsmetapher)
als auch im Hinblick auf ihre Erkenntnisleistung (keine Differenzierung in schwere und leichte Verfehlungen). Möglicherweise ist
in ihr die ursprüngliche Lastmetaphorik (2.1.1) in den Zusammenhang
jenseitiger Gerichtsvorstellungen übernommen: Zahl und *Gesamt*gewicht
der Sünden entscheiden im Gegenüber zu Zahl und Gesamtgewicht der
guten Taten über Unheil und Heil eines Menschen (Setna-Roman; TestAbr
12 (Rez. A); kopt anonym Apk 13,13f). Wahrscheinlicher jedoch handelt es sich um eine völlig selbständige Metaphorik (Gerichtswaage),
denn im Unterschied zu allen oben (2.1.1) besprochenen Last- und
Gewichtsmetaphern kann die vorliegende *auch auf die guten Taten*
angewendet werden. Als Gemeinsamkeit bleibt in jedem Fall bestehen,
daß es um die Verwirklichung des Zusammenhangs von Tun und Ergehen
geht - sei er nun "dynamistisch" oder "juristisch" gedacht. Dies
gilt schließlich auch für die Stelle 4Esr 3,34f, wo Gott sein Handeln durch ein vergleichendes Wägen der Sünden Israels und der Welt-
bewohner (die guten Taten als "Gegengewicht" spielen dabei keine
Rolle!) überprüfen und so der vermeintlich gestörte Sünde-Unheil-
Zusammenhang wiederhergestellt werden soll.

Wenden wir uns wieder unserer Tabelle zu: Verben für die Einsichtnahme in die himmlischen Dokumente finden sich nicht nur in den
Schilderungen und Androhungen eines allgemeinen Gerichts (vgl. noch
Dan 7,10; Apk 20,12; 4Esr 6,20; syrApkBar 24,1), sondern auch da,
wo dem Visionär Einblick in sie gewährt wird (hebrHen 44) bzw. ihm
selbst oder einer anderen Einzelseele das Gericht droht (kopt ano-

nym Apk 11,3f: "ich fand alle meine Sünden..."; ebd. 7f u.ö.: "meine Schriftrolle") oder an ihr schon vollzogen wird (das individuel-
le Totengericht in TestAbr). Abermals bestätigt sich (s.o.S.50f),
daß das Bildfeld-Element selbst von solchen kontextuellen Verschie-
bungen (Universalität/Individualität) völlig unberührt bleibt (vgl.
ferner das Betrachten der himmlischen Tafeln in äthHen 81,1f).

Eine ablehnende Bewertung erfährt unsere Tradition im Euripides-
Fragment (Nr. 506 Nauck), wo die Möglichkeit des Aufschreibens der
Sünden mit der Bemerkung als naiv bestritten wird, das ganze Firma-
ment reiche dafür nicht aus, und stattdessen auf Dike verwiesen
wird, die immer nahe sei. Gegenüber Jub ("hinaufgebracht werden")
erscheint der Vorgang der Eintragung zerlegt in einen Flug der hypo-
stasierten Sünden zu den Göttern und das Aufschreiben selbst. (Jub
30,23 ist es die Eintragung selbst ("eine Schrift"), die zum Himmel
steigt.) Diese Vorstellungen beantworten die Frage, wie denn die
auf Erden vollbrachten Taten überhaupt an den Ort ihrer Eintragung gelangen, und müssen wiederum ganz realistisch verstanden werden.

Ein motivgeschichtlicher Zusammenhang besteht sicherlich auch
mit Jer 17,1-4. Der Abschnitt fehlt leider in LXX; man vergleiche
aber die anderen griech. Versionen in Origenes' Hexapla (ed. F.
Field, II 616f; s. im "Anhang" unserer Tabelle). Wir finden bereits
die entscheidenden Elemente unseres Bildfeldes (wenn auch mit der
"Tafel" diejenige des Herzens gemeint ist); auch die Dauerhaftig-
keit des Geschriebenen ist eindringlich formuliert ("eiserner Grif-
fel"; vgl. noch slavHen 53: "niemand kann vernichten" sowie AntBibl
58,3: "per omnes dies"). Schließlich handelt es sich formgeschicht-
lich um eine "begründete Unheilsankündigung"[81] (Gericht/Strafe).

Bevor wir uns nun verstärkt der metapherntheoretischen Bewältigung des skizzierten Vorstellungskomplexes zuwenden, sollen abschließend ein paar weitere Belegstellen unseres Bildfeldes nur
noch kurz genannt sein; auch muß nach seiner Bedeutung für den Apostel Paulus gefragt werden.

a) Pagan-griechische Belege: H.Thesleff (ed.), Pythagorean Texts
S.145,Z.14ff (Periktione, De mul. harm. 2); Anthologia Graeca V
254,5ff (Paulos Silentiarios). b) Lateinisch-römischer Beleg: Plau-
tus, Rudens 9-30 (Prolog des Sterns Arcturus). c) Jüdisch-christli-
che Belege: Abot II 1; Herm v 1,2,1; hebrHen 27,1f; ApkZef 10-12
und viele andere apokalyptische Texte. d) Bei Paulus finden wir

---

81 S. dazu L.Markert, Struktur und Bezeichnung des Scheltworts 220ff.

eine Spur unseres Bildfeldes in Röm 5,13b: "Sünde wird aber nicht
angerechnet, wo kein Gesetz ist." H. Räisänen schreibt dazu: "It
is clear that ἐλλογεῖν is a term which has here to do with heavenly
book-keeping."[82] Und zwar ist es hier das Gesetz, welches diese -
eschatologisch verstandene - Anrechnung überhaupt erst ermöglicht
und bewirkt. Man könnte sagen: "Anrechnen" ist eine qualifizierte
Metapher des Sündeneintrags, welche Sinn und Zweck dieses Vorgangs
noch stärker zum Ausdruck bringt als bloßes "Aufgeschrieben-Werden"
(zum Bildspender vgl. noch Phlm 18). Das Passivum zeigt in jedem
Fall die himmlisch-göttliche Reaktion auf Sünde an.

2.3.2. Auswertung

1. Wie bereits in den theoretischen Vorüberlegungen angedeutet
(s.o. 1.1), gehört das vorliegende Bildfeld zu denjenigen Fällen,
in denen eine Zentralmetapher vom Typ "Wortmünze" oder "Seelenland-
schaft" nicht existiert (eine metaphorische Identifikation von Sünde und Aufschreiben ist nicht möglich). Dies läßt sich auch daran
erkennen, daß die eigentlichen Bildfeld-Elemente im Rahmen ihres
(größeren) semantischen Feldes auch mit anderen "typischen Objek-
ten"[83] als "Sünde" verbunden werden können. Wenn somit also diese
Objekte strenggenommen außerhalb der stereotypen Elemente des Bildfeldes liegen, ist es sinnvoll, nach einem theoretischen Konzept
Ausschau zu halten, das Bild- und Wortfeld zu umgreifen vermag.
Dieses Konzept geht von der begründeten Vermutung aus, daß uns
hinter dem durch unsere Tabelle repräsentierten Bild- und Wortfeld
ein bestimmter geordneter Bereich der sichtbaren Wirklichkeit begegnet (zur Problematik der Begriffe "sichtbar" und "Bildspender"
s.o. 1.3), in dem es um Garantie und Herstellung des Zusammenhangs
von Vergehen und Strafe geht (man könnte ihn in Anlehnung an die
von K.Berger[84] gegebene Aufzählung und in Überschneidung mit dem
dort genannten Zusammenhang von Tun und Ergehen "die Organisation
des Rechts" nennen). Im einzelnen handelt es sich dabei um die Er-
stellung der Beweismittel (schriftliche Aufzeichnungen über die
Vergehen) - G. Friedrich denkt im Hinblick auf Röm 5,13b speziell

---

82 Paul and the Law 145 (wohl im Anschluß an G.Friedrich, doch ohne diesen zu
   nennen).
83 Zum Begriff s. Berger, Exegese 145 (zu d).
84 Formgeschichte 35f.

an das "elogium" des römischen Strafverfahrens[85], E.Rau formuliert
treffend: "Die Bücher garantieren, daß das, was der Mensch tut,
Grundlage des Gerichts ist"[86] (wobei er bereits die himmlischen
Tatenbücher im Auge hat) - sowie um die Durchführung des Prozesses
und die Bestrafung des Täters. K.Berger hat auf die große Bedeutung
solcher "umfassenderen Modelle" für das biblische Denken hingewiesen[87], welche "weite Bereiche der unsichtbaren und sichtbaren Wirklichkeit zu deuten versuchen."[88]

Entscheidend ist dabei folgendes: Das strafrechtliche Modell
erscheint in der volkstümlichen Vorstellung und in der apokalyptischen Vision teilweise oder ganz umgesetzt in "zusammenhängende
Bilder"[89] eines jenseitigen Geschehensablaufs. Vorliegendes Bildfeld, dessen empirische Entsprechung vor allem in dem Gegenstand
"Schreibdokument" (Buch usw.) und seiner Verwendung liegt, stellt
daraus nur einen kleinen Ausschnitt dar, denn zur inneren Logik
dieses jenseitigen Wirklichkeitsbereichs gehören auch noch andere
Bildfelder und Metaphern (z.B. "Gericht") sowie - über die eigentlichen "Bilder" hinaus - ästhetisch nicht beschriebene Größen wie
z.B. die Sünde (bei einer strengen Fassung der Grenzen des Bildfeldes; vgl. aber die Vorstellungen vom "Flug" und "Hinaufgebracht-
Werden" der Sünden sowie von den Gewichtsstücken in der Gerichtswaage!) oder Angaben über zeitliche Sachverhalte, die selbst ebenfalls keine Bilder sind, sondern den Charakter von "Zusatzinforma-
tionen" zu den Bildern haben (ebenso das Wortfeld-Element "Universalität").

2. Wenden wir uns der apokalyptischen Schreibemetapher im besonderen zu, so ist folgende wichtige Beobachtung festzuhalten:
Der Vorgang des Aufschreibens selber ist nur in wenigen Texten Gegenstand der visionären Schau (kopt anonym Apk 3f; s. bes. äthHen
89,68.70 mit der ausführlichen Anweisung für den Schreiberengel
in VV.61-64); zumeist liegen die Verfehlungen bereits als geschrie-
ben vor (sprachlich erkennbar am Ptz.Pass.: Jes 65,6; TestAbr 11
(Rez. B) (Teiltradition); kopt anonym Apk 11; ApkZef 11f; vgl. Jer
17,1; hebrHen 44,9). Auch von daher bestätigt sich die These E.Raus,
daß aus dem Motiv der "Öffnung" der Bücher "die der Gerichtsszene
vorangestellte Erzählung vom Aufschreiben der Sünde allererst ent-

---

85 Ἁμαρτία οὐκ ἐλλογεῖται 525f.
86 AaO. (s.o.Anm.72) 333.
87 Formgeschichte 36.
88 Ebd. 35.
89 Ebd. 36.

wickelt (wurde)"[90]; man kann aber wegen der geringen Zahl der Texte nur bedingt von einem zunehmenden Interesse an dem Vorgang des
Aufschreibens selber sprechen und darf dieses schon gar nicht traditionsgeschichtlich mit TestAbr in Zusammenhang sehen.[91] Zwar ist
in dessen (aus der ägyptischen Religion stammender) Teiltradition
das Aufschreiben ein Gegenstand der Vision, doch ergibt sich dies
aus der geschilderten Protokollsituation im Totengericht von selbst.

Im übrigen fügt sich die Gerichtsvorstellung des Setna-Romans
ausgezeichnet in das oben (ad 1) dargestellte Wirklichkeitsmodell
"Organisation des Rechts" (ausführliche Beschreibung der Durchführung des Prozesses).

3. Überblickt man die Entwicklung der atl.-jüdischen Schreibemetapher insgesamt, so ist man zunächst versucht, von einer Umset-
zung der prophetischen Metapher (Jer, Jes) in die charismatisch-
mantische Dimension (apokalyptische Schilderung, Vision) zu sprechen - vergleichbar mit Phänomenen, wie wir sie ähnlich auch aus
dem Neuen Testament kennen: als "Zusammenhänge zwischen Gleichnistradition und apokalyptischer Überlieferung"[92] oder als "innere
Verzahnung von visionärem Bild und Metapher" in Apk[93]. Besondere
Beachtung verdient in diesem Zusammenhang, daß unsere Metapher auch
weiterhin außerhalb des Kontextes visionärer Erfahrung belegt ist;
genannt seien TestJud 20,3f (Werke ins Herz eingeschrieben) und
1 QS X 11 ("meine Sünde sei mir vor Augen wie ein eingegrabenes
Gesetz", Übers. E.Lohse).[94]

Die Beziehung zwischen der nicht-visionären und der apokalyptischen Metapher ist jedoch nicht so eindeutig und eng, wie es für
die Behauptung einer Analogie zum NT nötig wäre. Wir müssen uns
deshalb damit begnügen, eine atl. Vor- und spätere "Neben"-Geschich-
te unserer Metapher anzunehmen, die in der Apokalyptik eine neue
Dimension erhält. Wichtig ist für diesen Zusammenhang die Beobachtung, daß die Visualisierung der Metapher sich bereits im AT deutlich ankündigt: Jes 65,6 wird eingeleitet mit "siehe"[95], und Mal
3,16 stellt als Teil einer apokalyptischen Schilderung ebenfalls
bereits den Übergang in die Visualisierung des Geschriebenen dar.

---

90 AaO. 316f.
91 Mit Heiligenthal (s.o.Anm.77) gegen Rau aaO. 333f.
92 W.Popkes, Funktion der Sendschreiben 100-105, das Zitat auf S. 101.
93 Berger, Formgeschichte 38.
94 Letzteres ist besonders Jer 17,1b (vgl. oben S.54) an die Seite zu stellen;
   pagan-griechisch vgl. Anthologia Graeca V 254,5f (s.o.54): χαράσσειν.
95 Vgl. dazu D.Vetter, THAT I 506 (Art. "hinnē siehe"): "In das prophetische Ge-
   richtswort gelangte *hinnē* wohl aus dem prophetischen Visionsbericht".

Will man schon eine Analogie zwischen visionärer Erfahrung und
ntl. Gleichnistradition sehen, so besteht sie zwischen den visionären "Weltanschauungsmetaphern" und den usuellen Gleichnismetaphern
einerseits (geläufige, ohne weiteres verständliche Bilder) sowie
den symbolhaft verschlüsselten Visionen und der allegorischen Gleich-
nisauffassung andererseits (neue, auslegungsbedürftige Bilder; vgl.
oben S.44 Sach 3,4, siehe weiter: Sach 5,5ff).

    4. Visionäre Metaphern sind der beste Beweis für das besondere
Verhältnis der Antike zu bildhaft-anschaulicher Vorstellungsweise.
Die in der modernen Metapherndiskussion verhandelte Frage, "ob und
inwieweit bildhafte Vorstellungen beim Verstehen von Metaphern eine
Rolle spielen"[96], stellt sich hier erst gar nicht. Visionäre Metaphern vermögen zudem hervorragende Beispiele für "Weltanschauungsmetaphorik" zu liefern, da die charismatisch-mantische Erfahrung
eine religiöse Elementarerfahrung darstellt, deren Metaphern vielfach denselben maximalen Wirklichkeitswert besitzen wie die oben
(2.1, 2.2) vorgeführten Bildfelder an vielen Stellen. Ebenso wie
diese sind visionäre Metaphern in besonderer Weise auf das mythische Weltbild der Antike bezogen.

    5. Auch außerhalb des apokalyptischen Judentums wie des Juden-
tums überhaupt findet sich die genannte selbstverständliche Gleichsetzung von Bild und Realität. Dafür besonders aufschlußreich ist
die herbe Kritik des Euripides-Fragments an einer derartigen volkstümlichen Vorstellung, die jedoch bekanntlich ungeachtet solcher
und anderer "rationalistischer" Einwände bis in unsere Gegenwart
hinein (nicht nur im sog. Kinderglauben!) lebendig geblieben ist.
Wir haben also ein besonders schönes Beispiel eines zeit- und kulturkreisübergreifenden Wirklichkeitsmodells vor uns. Eigens hingewiesen sei noch einmal auf die paganen Belege, die in der Diskussion meist zu wenig Beachtung finden.

---

96 Kurz aaO. 85 Anm. 32.

2.4.   Metaphern der Sündenbewältigung: Das Wegnehmen
und das Lösen

2.4.1. Vorbemerkung

Aus den vorangegangenen Untersuchungen mag der Eindruck entstanden sein, nur (einstmals) wirklich lebendige Metaphern könnten im Hinblick auf ihren Bedeutungsinhalt ausgewertet werden. Daß dem nicht so ist, soll das folgende Kapitel zeigen: Auch im Falle gänzlich blasser Metaphern können Vorstellungen vorsichtig erschlossen und semantische Gehalte näherungsweise rekonstruiert werden.

Als besonders geeignete Beispiele bieten sich im Zusammenhang von Sünde und Verfehlung "wegnehmen" (in seinem Verhältnis zu "tragen") und "lösen" (mit seiner doppelten Verwendungsweise) an. In beiden Fällen ist nirgendwo eine ursprüngliche Lebendigkeit zu erkennen, und somit ist auch das Problem der sinnlich-konkreten Grundbedeutung (s.o. 2.1.2 ad 4) von neuem gestellt.

2.4.2.   Darstellung des Materials

2.4.2.1. Das Wegnehmen der Sünde

Die Metapher "wegnehmen" ist uns bereits oben (S.31) als LXX-Wiedergabe von "tragen" begegnet (Ex 34,7 par. Num 14,18; dasselbe Lev 10,17); wir bezeichneten diesen Befund als einen Fall von "Metaphernsubstitution".

Einen weiteren Beleg für unsere Metapher bildet 1Chr 21,8b: Bei mit 2Sam 24,10b identischem Urtext hat der LXX-Übersetzer von Chr alle Begriffe dieses Halbverses anders wiedergegeben als sein "Kollege" von Sam:

(Sam:)   παραβίβασον δὴ τὴν ἀνομίαν τοῦ δούλου σου, ὅτι
         ἐμωράνθην σφόδρα.

(Chr:)   περίελε   δὴ τὴν κακίαν   παιδόσ σου, ὅτι
         ἐματαιώθην σφόδρα.

Während παραβιβάζειν (vgl. noch 2Sam 12,13 und zur Erklärung des Ausdrucks: G.Gerleman, Schuld und Sühne, FS Zimmerli, 134f) dem hebr. העביר sehr genau entspricht - es scheint eigens zu diesem Zweck gebildet worden zu sein[97] -, ersetzt περιαιρεῖν - durchaus

_____

97 Vgl. Liddell/Scott s.v. (1305, Suppl. 114).

sachgemäß - den Grundvorgang des Vorübergehen-Machens, der dem hebr.
Metaphorwort zugrundeliegt, durch den Grundvorgang des Wegnehmens
(geändertes Bewegungssubjekt); ebenso Sach 3,4 und Sir 47,11 LXX.[98]
Auch hier ist die eine Metapher durch die andere, semantisch verwandte Metapher "substituiert".

Die Anzahl der LXX-Belege ist relativ gering (siehe weiter: Ex
34,9; Jes 6,7; 27,9 zweimal). Nimmt man hinzu, daß sich diese wenigen Belege auf nicht weniger als fünf (metaphorische und nichtmetaphorische) hebr. Äquivalente verteilen (zu den genannten kommen
hinzu: *slḥ*, *sūr* und *kpr*), so ist klar, daß es sich bei dem "Wegnehmen der Verfehlung" um eine genuin griech. Metapher handelt - zumindest um eine im Zuge der griech. Übersetzung des AT entstandene
neue jüdische Metapher für göttliches Handeln. Zef 3,15a hat diese
ihren Einfluß sogar gegen den hebr. Urtext[99] geltend gemacht (wahrscheinlich von V.11b her). So kommt es im Zusammenhang zu einer
etwas stärkeren Betonung der eschatologischen Sündlosigkeit.

Der dargestellte Befund ist umso erstaunlicher, als "wegnehmen"
keine besonders farbige Metapher ist, sondern einen hohen Grad an
Allgemeinheit und Unbestimmtheit besitzt und von daher eigentlich
auch im semitischen Bereich (und darüber hinaus) zu erwarten wäre.
Bei diesem Urteil ist jedoch die teilweise Konvergenz in Rechnung
zu stellen, die zwischen dem Wegnehmen und dem Last-Tragen (s.o.)
besteht und die jenen Befund teilweise zu erklären vermag. Anders
gesagt: Als Metapher für göttliches Handeln wird "wegnehmen" (*lqḥ*)
im AT im Grunde nicht gebraucht; es wird stattdessen vom stellvertretenden "Tragen" gesprochen.

R.Knierim hat jedoch durchaus etwas Richtiges gesehen, wenn er
zu Ps 25,18 die Lesart "nimm hinweg meine Verfehlungen" vorschlägt
und diese mit der Lastmetaphorik in Zusammenhang bringt[100] (zur
semantischen Verwandtschaft von *nś'* und *lqḥ* vgl. auch Jes 57,13):
Beide Metaphern beinhalten die Vorstellung eines irgendwie umrissenen, in sich abgeschlossenen Gegenstandes, der letztlich nicht fest
mit dem Menschen verbunden ist, sondern von ihm getrennt werden
kann (anders z.B. die im nächsten Kapitel zu besprechende Metapher
"Krankheit der Seele"). Von daher ergibt sich eine weitere teilwei-

---

98 So übrigens auch Gesenius/Buhl 560, wenn sie zu Sach 3,4 die Übers. "die Sünde jem. wegnehmen" vorschlagen.
99 Zu den textkritischen Problemen dieses Halbverses s. W.Rudolph, Komm. zum AT
XIII 3 (Micha bis Zephanja) z.St. (S.292f).
100 Man beachte, daß *lqḥ* hebr.Äquivalent zu *lambanein* (s.o.S.30) ist!

se Analogie der griech. Metapher zu atl. Vorstellungen, nämlich zu der Wortverbindung "die Sünde(n) weg-, fortwerfen" (hebr. שׁלךְ hi.): Jes 38,17; Mich 7,19 (von Gott); Ez 18,31 (von Menschen). Siehe weiter: 1 QH XVII 15; 4 Q 504,1-2 VI 2. Die semantische Verwandtschaft mit "wegnehmen" ist zweifellos sehr eng. Der Präpositionalausdruck "weg von *auf*..." (Ez, 4 Q) seinerseits läßt den Zusammenhang mit der Lastvorstellung erkennen.

Den ältesten Beleg für unsere Metapher habe ich bei Plato gefunden: Charm 172 a. Der Gen.abs. ἁμαρτίασ ἐξῃρημένησ nennt - zusammen mit seiner logischen Folge ὀρθότητοσ ἡγουμένησ - die Bedingung für ein schönes und gutes, und d.h."glückseliges" Leben. Unter dem Einfluß der LXX (s.o.) findet sich die Wortverbindung dann auch in der hellenistisch-jüdischen Literatur. Der pagane Einfluß besteht v.a. darin, daß jetzt stärker auch vom Menschen gesagt wird, er könne Sünde "wegnehmen".

Philo, All II 63 spricht in Auslegung von Num 30,4-9 den vernünftigen Erwägungen die Aufgabe und die Fähigkeit zu, die Verfehlung der Seele "wegzunehmen"[101]. QuaestGen 13 fordert dazu auf, die in der Seele verschanzte große Gottlosigkeit "wegzunehmen" bzw. "zu zerstören" (καθέλωμεν). Diese Stelle - wie auch ein Blick in die Wörterbücher - zeigt, daß es möglich ist, durch Bildung bestimmter Komposita eine Bedeutungsspezialisierung und dadurch zugleich eine Verlebendigung der Simplex-Metapher zu erreichen (s. auch Mut 72: "Zerstörung, Beseitigung" von Lust).

Aufmerksamkeit verdienen auch zwei Belege aus TestHiob, die wieder ganz auf das Handeln Gottes abheben:
- 42,4-8: Gott fordert in einer Rede an Eliphas Hiobs Freunde auf, diesen schleunigst zu veranlassen, Opfer für sie darzubringen, damit ihre Sünde weggenommen werde. Das Ergebnis ist die Annahme des Opfers durch Gott und der Erlaß der Sünde (par. Hi 42,10 LXX).

Es besteht also Synonymität zwischen ἀφαιρεῖν und ἀφιέναι der Sünde. Insbesondere letzteres wird jedoch überhaupt nicht als Metapher empfunden, so daß man nur ganz allgemein sagen kann: Es geht hier um die (kultische) "Beseitigung, Bewältigung" von Sünde.

---

101 I.Heinemann (bei L.Cohn u.a. (ed.), Philo von Alexandria. Die Werke in deutscher Übersetzung, III 71) übersetzt "verhindern", was die Auffassung von Sobr 42.48.50 voraussetzt, nur der vollbrachten Tat komme die Bezeichnung *hamart-* zu (was hier nicht zutrifft, s. All II 61: das ἁμάρτημα im Bereich und Hause der Seele).

- 43,4: Weggenommen sind unsere Sünden, und begraben unsere Ge-
          setzlosigkeit.
  43,17: Aufgehoben ist unsere Sünde, gereinigt unsere Gesetzlo-
          sigkeit.

(Man beachte den Sing. in der genuin atl. - vgl. Ps 32,1 - und den
Plur. in der genuin pagan-griech. Metapher; vgl. dazu oben S.33
unter b). Die Bewältigung der Sünde(n) wird hier in rhetorisch-
poetisch ebenso eindringlicher Weise ausgesagt wie die totale Sündigkeit in 4Esr 7,68 (s.o.S.36). Für das Verhältnis der einzelnen
Metaphern zueinander gilt cum grano salis das dort Gesagte. Darüber
hinaus zeigen diese Verse erneut, daß das Wegnehmen und die Lastvorstellung (V.17 "aufgehoben/getragen") gegeneinander konvergieren
können und dann so etwas wie teilanaloge Metaphern darstellen. Diese Konvergenz ist auch bedeutsam für das Verständnis von Joh 1,29
(s.u. 2.4.2.1.1).

Im NT finden wir unsere Metapher nur in dem Zitat Röm 11,27 (Jes
27,9 LXX) sowie in Hebr 10,4.11, wo es im Unterschied zu TestHiob
42,6 gerade um die Unmöglichkeit einer kultischen Sündenbeseitigung
geht. Subjekt der Metapher sind unmittelbar das Blut (V.4) und die
Opfer (V.11) selbst (TestHiob: Pass. divinum).

Bei den Apostolischen Vätern bietet Herm s 9,28,3 folgenden Beleg: Die Sünden aller derer, die wegen des Namens Christi gelitten
haben, wurden wegen und kraft dieses Leidens (vgl. 1Petr 4,1) "weggenommen".

Die Gestalt Henochs scheint auch diese Metaphorik an sich gezo-
gen zu haben. Ich zitiere dazu slavHen 64,4(5) (A.Vaillant: Kap.
XVI) nach den beiden Redaktionen (Übers. G.N.Bonwetsch. Zu den Redaktionen und Handschriften s. ebd. V-VII.XIIIf):

Red. A (Vaillant: R): ... denn dich hat der Herr erwählt ...
und dich gesetzt zum Aufschreibenden seiner Kreaturen ... und zum
Wegnehmer der Sünden der Menschen und zum Helfer deiner Hauskinder.

Red. B (Text Vaillant): ... weil dich der Herr erwählt hat und
dich gesetzt hat zu einem, der wegnimmt unsere Sünden. (Hs. U: ...
weil dich der Herr erwählt hat zum Ankündiger, wegzunehmen unsere
Sünden.)[102]

---

102 Auch Morfill-Charles, die in ihrem Text noch "avenger" lesen, räumen ein,
    "one who removes" sei möglicherweise die richtige Lesart (Book of the Secrets
    of Enoch 79 Anm. zu 64,5).

Bonwetsch weist zu dieser Stelle auf Joh 1,29 ("das Gotteslamm, das die Sünde der Welt aufhebt/trägt/wegnimmt") hin, und dies nehmen wir zum Anlaß, beide Stellen gemeinsam ins Auge zu fassen, um sodann nach Konsequenzen für das Verständnis von Joh 1,29 zu fragen.

2.4.2.1.1. Beobachtungen zu Joh 1,29 im Lichte von
            slavHen 64,4

Die Zusammenschau der beiden Stellen erscheint nach unseren obigen Beobachtungen zu TestHiob 43 (s.o.S.62) semantisch ausreichend gerechtfertigt (Konvergenz und Bedeutungsüberschneidung der Metaphern "wegnehmen" und "aufheben"). Hinzu kommt ein Zweites, das zugleich von grundsätzlicher Bedeutung ist: Schon mehrfach sind wir im Laufe unserer Untersuchung der jeweiligen Metapher in Gestalt einer göttlichen Prädikation bzw. eines Hoheitstitels begegnet. Ich erinnere an die doxologischen Formeln vom "tragenden" Gott (s.o. S.31) und die Bezeichnung Henochs als "Schreiber" (s.o.S.51f). In diese Reihe fügen sich auch slavHen 64 und Joh 1 ein.

Inhaltlich besteht die Gemeinsamkeit darin, daß ein von Gott kommender bzw. erwählter "Mittler" für die Welt bzw. die Menschen in Funktion tritt und deren Sünde(n) beseitigt. Wie und auf welche Weise dies allerdings geschieht, kann in beiden Fällen nicht mit letzter Sicherheit gesagt werden. Für Joh 1 muß man den Gedanken des stellvertretenden Sühnetodes erwägen, für slavHen scheidet dieser Hintergrund wohl aus.

Bereits A.Vaillant hat die biblisch-griechische Herkunft der Henoch-Prädikation erkannt, wenn er (Anm. 17 zu Kap. XVI) auf Ex 34,9 LXX verweist. Aus dieser Stelle - wie auch aus den meisten anderen oben (S.59f) genannten bibl. Belegen - geht klar hervor, daß in slavHen 64 (analog Lev 10,17) eine ursprünglich göttliche Aktivität auf einen besonderen Menschen übertragen ist. Dies hilft uns jedoch für das inhaltliche Verständnis kaum weiter (Lev 10,17 geschieht die Wegnahme durch das Sündopfer).

Das Nächstliegende scheint mir zu sein, eine Vorstellung aus slavHen selbst zur Erklärung heranzuziehen: 53,1 ist der Gedanke der wirksamen Fürbitte des Gerechten für andere[103] ausgesprochen

---

103 S. K.Berger, TRE XII 54f (Art. "Gebet IV. Neues Testament"). - Die Fürbitte ist in ihrer Wirksamkeit davon unabhängig, ob sie der Gerechte auf Erden oder schon im Himmel bei Gott leistet. So ist also z.B. Joh 1,29 - vorausgesetzt, unsere Deutung ist richtig - sowohl vom irdischen Jesus als auch vom erhöhten Christus gesagt.

("losbitten von Sünden", hier von Henoch erwartet), und dies ist
sicher eine mögliche Deutung von 64,4 ebenso wie von Joh 1,29. Auch
1Joh 3,5 ("damit er die Sünden aufhöbe") fügte sich von 2,1 her
(Jesus Christus, der Gerechte, als Fürsprecher bei dem Vater, wenn
einer sündigt) gut in diese Deutung ("Sünde ist nicht in ihm" ist
ein Kennzeichen des Gerechten!).

P.Rießlers Wiedergabe der Henoch-Prädikation mit "Erlöser"[104]
ist in jedem Fall abzulehnen, da sie (auf dem Wege einer Metaphernsubstitution) einen zu stark vorbelasteten Begriff in die Übersetzung einbringt und dadurch die Interpretation in die Irre führt.

Die Auffassung, daß in Joh 1,29 der Sühnetod Christi angesprochen sei, hängt wesentlich an der Metapher des Lammes. W.Grundmann
gibt wohl den exegetischen Konsens wieder, wenn er im Zusammenhang
mit Joh 1,29 von "dem ans Opfer gemahnenden und thematische Bedeutung besitzenden Bild vom Lamm" spricht (ThWNT I 308). Diese Asso-
ziation ist jedoch keineswegs zwingend; das Bild des Lammes kommt
auch in ganz anderen Zusammenhängen vor:
- In Mt 25,32ff stehen die Schafe für "die Gesegneten meines Vaters", d.h. die Gerechten (VV.37.46). (Zur Synonymität von
  probaton und *amnos* s. Jes 53,7 LXX = Apg 8,32; dort allerdings
  geht es um das Schlachttier.)
- Verwandt ist die Konzeption des Lammes als eines Bildes für die
  Unschuld der Frommen inmitten der Übeltäter: PsSal 8,23 (+
  "schlachten": Jer 11,19 ; zur Verbindung von *hosios* und *akakia*
  vgl. Hebr 7,26).
- Auf völlig andere Zusammenhänge als den Opfertod führt auch die
  nächste Formparallele zu Joh 1,29.36 (Christustitel, Gen.verbin-
  dung, "identifikatorische Akklamation"[105]): "Du bist der Heilige
  Gottes" (Joh 6,69).
- Selbst im kultischen Kontext muß das Bild des Lammes nicht unbedingt auf Schlachtung und Tod abzielen, sondern es kann auch
  um Untadeligkeit und Reinheit gehen: 1Petr 1,19 (zur Wortverbindung vgl. noch 2Petr 3,14).

Die Fürbitte Christi als des gerechten, heiligen und reinen Lammes
Gottes ist nach alledem eine zwar originelle, aber ernstzunehmende
Interpretationsmöglichkeit der Metapher des "Wegnehmens der Sünde"
in Joh 1,29. Die Sünde selbst erscheint dabei als (gleichsam gegenständlich erfaßter) Inbegriff aller verfehlten Einzeltaten der Menschen, die durch die wirksame Fürbitte des Gotteslammes aus der
Welt fortgeschafft werden.

(Für 1Joh 3,5 wird die Entscheidung zwischen Sühnetod und Fürbitte vom Verständnis des *hilasmos*-Begriffes in 2,2 und 4,10 abhän-
gen; am einleuchtendsten erscheint mir hier aber eine Verbindung
beider Möglichkeiten: Christi Fürsprache beim Vater ist dadurch

---

104 Altjüdisches Schrifttum 472.
105 Berger, Formgeschichte 233.

wirksam und nimmt die Sünden weg, indem sie ständig auf den erlittenen Sühnetod verweist, den wiederum nur der Gerechte und Sündlose auf sich nehmen konnte.)

Ich möchte den Teil über die Metapher des "Wegnehmens der Sünde" beschließen mit je einem Beleg aus dem jüdisch- und aus dem pagan-hellenistischen Bereich:

- Die Erzählung von Davids Ehebruch in TestSal D I schließt nach Davids Selbsterkenntnis und Gebet mit der Bemerkung: "Und Gott der Herr nahm alsdann das Vergehen weg" (V.11). Subjekt der Metapher ist also wieder Gott selbst (vgl. 2Sam 12,13 und oben S.60).
- Philostratus rühmt in seinen "Sophistenleben" dem Polemon nach, er sei seiner Heimatstadt von großem Nutzen gewesen, indem er ihre Fehler in öffentlichen Angelegenheiten tadelte, und er habe in gleicher Weise Hybris und frechen Übermut aus ihr "weggenommen" (ἐξῄρει, VitSoph 531fin).

Bemerkenswert an dieser Stelle ist zweierlei: Zum einen übernimmt auch hier ein besonders hervorragender Mensch für eine andere Gruppe von Menschen (Joh 1,29: die ganze Welt) die Funktion des "Wegnehmens" von Verfehlung (hier: durch tadelnde Zurechtweisung). Zum andern weist das griech. Impf. darauf hin, daß es sich dabei um einen Vorgang von längerer Dauer handelte (durativer Aspekt). Dies könnte ein weiteres Indiz dafür sein, das Ptz.Präs. "aufhebend" in Joh 1,29 nicht auf das einmalige Ereignis des Sühnetodes Jesu, sondern auf das fortdauernde, auf Erden wie im Himmel stattfindende Eintreten des Gotteslammes vor Gott für alle Menschen zu beziehen.

2.4.2.2.   Das Lösen (von) der Sünde

2.4.2.2.1. Grundstruktur I: "jemanden von der Sünde lösen"

Zunächst wird man bei dieser Metapher an die Erlösung der Menschen von ihren Sünden denken, wie sie seit ältester Zeit zum christlichen Bekenntnis gehört. Während die Basis an ntl. Belegen relativ schmal ist (Tit 2,14; 1Petr 1,18; Apk 1,5) - ob man von einem "für das NT entscheidenden Begriff" sprechen sollte[106], erscheint mir

---

106 So F.Büchsel, ThWNT IV 352 (Art. "lýō" etc.). Anders äußert er sich ebd. 358f.

daher sehr fraglich (selbst wenn man Mt 1,21 "erretten/erlösen von
Sünden" hinzunimmt) -, wird die Metapher später zum festen Topos
kirchlicher Lehre (s. z.B. im 4. Jh. Alexander Lycopolitanus (ed.
A.Brinkmann) 36,5f). Sie besitzt aber eine lange Vorgeschichte im
paganen juristischen Bereich - von Antiphon (z.B. III 3,10: "freisprechen") bis zu den ptolemäischen Amnestie-Erlassen (z.B. PapTebt
III 1,739,43; PapColl Youtie 12,12-16; vgl. ÄgU IV 1185,6 App.) -
sowie (sicherlich davon beeinflußt) in der religiösen Sprache des
hellenistischen Judentums (Jos Ant 6,128; 2Makk 12,45). Im AT (hebr.
Äquivalent: *pdh*) ist sie nur ein einziges Mal belegt (Ps 130,7f) -
im rabbinischen Schrifttum, soweit ich sehe, überhaupt nicht -,
so daß hier die Frage der Metaphern-Analogie besonders sorgfältig
geprüft werden muß.

Vergleichen wir die genannten Belegstellen mit den neutestamentlichen (weitere Belege s. gleich), so fällt für das NT die bevor-
zugte Verwendung der Wurzel *lytr*- auf (Bedeutungselement des Gel-
des; vermehrt auch schon in LXX[107]). Die Grundstruktur der Aussage
ist jedoch in allen Fällen gleich: Irgend jemand (in der Regel eine
dazu besonders autorisierte Instanz: Gott bzw. Christus, König,
Richter) "löst" ein personales Objekt im Akkusativ (bzw. das nomi-
nativisch genannte Objekt in einer Passivkonstruktion "wird gelöst")
von Sünde oder Verfehlung (wobei das "von" entweder durch das Kom-
positum mit *apo*- oder durch eine entsprechende Präposition, z.B.
ek, ausgedrückt wird[108]). Wie z.B. in die Wortgruppe "rein" (s.o.
S.43), so ist hier - vor allem im NT - die Sünde in die Semantik
des Metaphorworts "Erlösung" eingegangen, so daß die grammatikalische Beziehung auf den Sündenbegriff entfallen kann: Röm 3,24; Eph
1,7; Kol 1,14; Hebr 9,12. Dieser Erlösungsbegriff konnte aber (seit
dem AT) auch die Befreiung von Not und Tod umschließen - und das
ebenfalls ohne ausdrückliche Nennung derselben (im NT s. z.B. Lk
1,68; 24,21; Röm 8,23; Eph 1,14[109]) - und wurde schließlich aufgrund
seiner Überschneidung mit der Metapher des Loskaufs (Lösegeld, Mk
10,45) mit dem Redemptionsbegriff gleichgesetzt.[110] Beispiel: Die

---

107 S. dazu O.Procksch, ThWNT IV 330ff.
108 In abgekürzter Sprechweise auch mit direkter Beziehung auf das Präpositio-
nalobjekt, vgl. Hebr 9,15 und dazu Büchsel aaO. 357. - Derselben Grundstruktur folgt auch ῥύεσθαι + "Sünde": Weish 10,13; JosAs 13,10; 1Klem 60,3 (vgl.
auch Röm 7,24; Mt 1,21; 6,13).
109 An den drei zuletzt genannten Stellen ist die Erlösung als noch ausstehend
gedacht.
110 So W.Elert, Redemptio ab hostibus 265.

lat. und die griech. Version von Passio Bartholomaei 7 (Lipsius-
Bonnet II 1, S.144, Z.10 redimere. Z.23 λυτρῶσαι; Weiteres zu dieser Stelle s.u. 3.2.4 ad 4).

Die Entwicklung der Grundstruktur I läßt sich unter theoreti-
schem Gesichtspunkt wie folgt rekonstruieren: Am Anfang steht das
sinnlich-konkret wahrnehmbare Geschehen einer Befreiung bzw. Freilassung von Gefangenen: "jemanden *von seinen Fesseln lösen*".
Dazu fügt sich auch die - im pagan-griechischen Bereich nicht
nachweisbare - alternative Formulierung in Hi 42,9 LXX: "lösen" +
"Sünde" im Akk. + personales Objekt im Dat.; der Bildspender lautet
in diesem Fall: "jemandem die Fesseln lösen". - Allerdings stellt
die Metapher in dieser Form lediglich ein erstarrtes bzw. von jeher
usuelles Synonym zu "vergeben" (V.10) dar[111] - wie in Sir 28,2.
(Man vergleiche in diesem Zusammenhang auch einen Ausdruck wie
παλαιῶν ἀδικημάτων λύσισ (Philo, SpecLeg I 193): Man kann diesen
entweder mit "Vergebung *der*..." oder mit "Lösung *von* alten Unrechts-
taten" (Gen. separationis) wiedergeben. Dasselbe: Alex.Lycopolit.
36,5f (εἰσ λύσιν ἀμαρτιῶν); CIG IV 8686 B. 8802,11 (λύσισ
ἀμπλακημάτων), vgl. 8803,8 ἄφεσισ. In jedem Fall steht ganz im Hintergrund das Bild der Lösung eines Gefangenen von seinen Fesseln.)
Die - in einem zweiten Schritt erfolgte - Verwendung dieses Mo-
dells im merkantilen Bereich (jemanden "*auslösen* (durch Stellung
eines Gegenwertes)"[112]) kann als solche noch nicht als metaphorisch bezeichnet werden, da es sich lediglich um Übernahme in einen
anderen, nicht weniger konkreten Lebensbereich (Handelsrecht) handelt; erst dort liegt eine Metapher vor, wo an die Stelle des menschlichen Besitzers ein Abstraktnomen wie "Verfehlung" oder "Tod" getreten ist und der ganze Vorgang somit in den strafrechtlichen bzw.
religiösen Bereich verlagert wird: "jemanden *freisprechen*" bzw.
"jemanden *erlösen*".

---

111 Ebenso die aram. Metapher שבק "(er)lassen" in Targum Hiob 42,10 (K.Beyer,
   Die aramäischen Texte vom Toten Meer 298). Lebendiger zeigt sich die Vorstellung im jenseitigen Szenarium der Anastasia-Apokalypse Kap.V (ed. R.Homburg,
   S.24).
112 J.J.Stamm, THAT II 397 (Art. "pdh auslösen, befreien"). (Hervorhebung von
   mir, G.R.)

2.4.2.2.2. Grundstruktur II: "die Sünde (auf)lösen"

Neben der beschriebenen ersten gibt es eine zweite Grundstruktur,
in der das Lösen statt auf ein personales Objekt direkt auf die
(eigene) Sünde bezogen wird. Hierbei ist dann nicht der Trennungs-
vorgang gesehen, sondern die "Auflösung" und Vernichtung der Sünde
selbst; daraus ergeben sich Bedeutungen wie "tilgen" (teilsynonym
zu "wegnehmen/zerstören", s.o.S.61), "wiedergutmachen" und "sühnen".
Die Sünde erscheint dabei im Akk. (bzw. Nom. bei Passivkonstruktio-
nen), bei Substantivbildungen (wie z.B. λύτρωσισ) im Genitiv. Einige Belege mögen folgen:

a) pagan-griechische:
- Sappho (Übers. M.Treu) S.32,Z.5 (vgl. 34,5): Was er einst ge-
  fehlt hat, das soll er lösen (Gebet an die Nereiden für den
  Bruder).
- Soph Phil 1224: Ich will lösen/wiedergutmachen, was ich vorhin
  gefehlt habe (Neoptolemos mit Bezug auf seinen Verrat an Phi-
  loktetes).
- Thukydides, Hist. III 46,1: Diodotos rät, den abtrünnigen Myti-
  lenern nicht alle Hoffnung zu nehmen, daß sie nicht doch "in
  Kürze ihr Vergehen auflösen/wiedergutmachen könnten".
- Aristoph Ra 691: ... es sollte denen, die damals ausgeglitten
  sind, freistehen, die Verfehlungen von früher zu lösen/tilgen.
- Plut Moral 404 A: Ein Priester, der die geschlechtliche Enthalt-
  samkeit gebrochen hatte, "befragte bezüglich der Sünde den Gott
  (sc. Apollon), ob es wohl irgendeine Möglichkeit des Abbittens
  oder der Lösung/Sühne (*nicht:* Vergebung!) gebe."

b) jüdisch-hellenistische:
- Jes 40,2 LXX: Gelöst ist ihre (sc. Jerusalems) Sünde (zum Pf.
  Pass. vgl. auch Plut Moral 195 F).
- Dan 4,27 LXX: Alle deine Ungerechtigkeiten mache durch Almosen
  wieder gut!

c) frühchristliche:
- Did 4,6: Wenn du etwas in deinen Händen hast, so gib es als Wiedergutmachung für deine Sünden!
- Barn 19,10: ... daß du mit deinen Händen arbeitest zur Wiedergutmachung deiner Sünden.

Dasselbe: ConstAp 7,12 (ed. P.A.de Lagarde, S.203,Z.14f). Siehe
ferner ebd. 3,4 (S.99,Z.9-11) = Dan 4,27 Theodotion.

Daß in allen diesen Fällen vokabelhafter Gebrauch der Metapher
vorliegt, zeigt sich z.B. daran, daß die "Lösung" (m.E. ist hier
nicht an die spezielle Lösegeld-Metapher zu denken, die zur Grundstruktur I gehört!) in vier Texten (Dan, Did, Barn, ConstAp) durch
Almosengeben erfolgt, während bei dem ursprünglich zugrundeliegenden Vorgang des "Auflösens" (Bildspender) an eine Flüssigkeit (Wasser) zu denken ist. (Entschließt man sich trotzdem für die Bedeutung "Lösegeld", so handelt es sich um ein solches, das jemand für
sich selbst zahlt, um *sich selbst von seinen Fesseln zu lösen*:
modifizierte Grundstruktur I.)

Lebendige Metaphorik habe ich nur an einer einzigen Stelle gefunden, die uns inhaltlich in dieselben Zusammenhänge führt wie
die eben genannten vier (jüdisch-christlichen) Texte: Sir 3,15.
Vom "Wohlverhalten gegen den Vater" (= Barmherzigkeit, Almosen)
wird hier folgendes gesagt und dabei ein poetisch überaus gelunge-
ner und reizvoller Vergleich verwendet: "Am Tage der Not wird daran
zu deinen Gunsten erinnert werden, um so, wie Wärme das Eis, deine
Schuld zu tilgen (griech. ἀναλύειν = schmelzen)."(Übers. G.Sauer)

2.4.2.2.3. Das Problem der Metaphern-Analogie

Wir haben oben (S.66) bereits auf Ps 130,8 (mit V.7) hingewiesen
und diesen Vers der Grundstruktur I zugeordnet. Jedoch gilt: "Es
ist das die einzige Stelle, wo *pdh* sich nicht auf eine Not, sondern
auf die Sünde bezieht."[113]

Im Hebr. fehlt aber nicht nur die Grundstruktur II, sondern auch
die nichtmetaphorisch-konkrete Grundbedeutung (sie ist zumindest
im AT nicht mehr erkennbar[114]).

Auch die oben (S.68 unter b) genannten Stellen helfen in dieser
Hinsicht nicht weiter: Beide folgen zwar der Grundstruktur II, nehmen aber gegenüber dem Urtext (auf den es hier ankäme) eine Metaphernsubstitution vor, die die semitischen Grundvorgänge "brechen"
(Dan 4,24; aram. *prq*) bzw. "annehmen"[115] (Jes 40,2; hebr. *rṣh*)
durch den griech. Grundvorgang "(auf)lösen" ersetzt, und können
somit nichts zu unserer Fragestellung beitragen.

---

113 Ebd. 400.
114 Ebd. 397.
115 G.Gerleman, THAT II 810f (Art. "rṣh Gefallen haben").

Deutlicher wird die semitische Analogie, wenn wir einen Blick
auf das akkadische Äquivalent paṭāru(m) werfen (Akkad. Handwörterbuch II s.v.; J.J.Stamm, THAT II 397). Die dort zahlreich vor-
handenen Belege sowohl zur nichtmetaphorisch-konkreten Grundbedeutung als auch zur übertragenen Verwendung (und zwar gemäß der al-
ternativen Formulierung der Grundstruktur I, s.o.S.67 zu Hi 42,9
LXX; im AHw unter 8a) rechtfertigen es m.E., im vorliegenden Fall
wieder von einer *von Haus aus* kulturkreisübergreifenden Metapher
zu sprechen (auch wenn sich die Analogie nur auf eine der beiden
Grundstrukturen zu erstrecken scheint).

2.4.3. Auswertung

1. "Wegnehmen" und "Lösen" in Verbindung mit Sünde sind Metaphern, die von jeher (d.h. so weit wie wir es überhaupt zurückver-
folgen können) konventionell und vokabelhaft wirken. Auch eine besondere Beziehung zur mythischen Weltanschauung der Antike ist nicht
zu erkennen (allenfalls da, wo "wegnehmen" sich mit "Sündenlast"
überschneidet).
Gleichwohl kann man beiden Verben einen "hypostasierenden" Grundzug nicht absprechen: "Wegnehmen" und "lösen" beziehen sich nun
einmal in aller Regel auf einen empirisch wahrnehmbaren Gegenstand,
auf ein konkretes Ding.
Wie läßt sich dies nun metaphorologisch erklären?
Die eine Möglichkeit ist die, daß ursprüngliche Lebendigkeit
und Weltanschauungscharakter der Metaphern einer mythisch-vorge-
schichtlichen Zeit angehören, in der es noch keine schriftliche
Überlieferung gab.[116] Sobald sie nun ins Licht der Geschichte treten, haben unsere Metaphern bereits den Charakter von erstarrten
Wortverbindungen angenommen und können nicht mehr "weltanschaulich",
sondern nur noch "rhetorisch-poetisch" (zum Unterschied s.o.S.35-37)
bzw. durch Bedeutungsspezialisierung (relativ) verlebendigt werden
("zerstören", s.o.S.61; "loskaufen", s.o.S.66; "schmelzen", s.o.
S.69). Am deutlichsten zeigt sich dies bei der Lösemetapher: Gegen
alle Erwartung ist ja die Alternativ-Formulierung der Grundstruktur I (s.o.S.67) im bibl. und griech. Raum nur spärlich bzw. die
Umkehrung dieser Struktur im strikten Sinne ("die Sünde von jeman-

---

116 Vgl. dazu W.Köller, Semiotik und Metapher 231.

dem lösen") überhaupt nicht belegbar. Doch hätte gerade hier eine religiös-weltanschauliche Metaphorik noch am ehesten ihren bleibenden Ort gehabt - analog dem stofflichen Sündenverständnis der Schmutz-Metaphorik (s.o.S.41): "die Sünde von jemandem abwaschen" bzw. "jemandem/sich selbst die Sünde abwaschen".

Für zutreffender jedoch halte ich es, hier wieder mit "sinnlich-konkreten Grundbedeutungen" zu rechnen, die sekundär im Bereich von Sünde und Verfehlung Anwendung gefunden haben (anders oben bei den Weltanschauungsmetaphern).

Im Falle des "Lösens" sind die bildspendenden Grundvorgänge ja auch sehr anschaulich: von Fesseln lösen, in Wasser auflösen. Daraus ergibt sich, daß man metaphern-theoretisch auch im Bereich der Antike grundsätzlich nicht auf die Kategorie der "wörtlichen", richtiger: "sinnlich-konkreten" oder "konkret-anschaulichen" Grundbedeutung verzichten kann - trotz massiver, z.T. philosophisch bedingter Einwände, die von verschiedenen Seiten dagegen erhoben worden sind (s. die Beiträge von F.Vonessen[117] und H.Henel[118]). Man muß dann allerdings auch die Annahme machen, daß es Metaphern gibt, die - wie im vorliegenden Fall - niemals eine wirkliche Lebendigkeit (im Sinne von semantischer Inkongruenz) besessen haben.

2. Trotz des konventionellen Charakters unserer Metaphern können wir - wie sich gezeigt hat - Rückschlüsse ziehen auf den Bedeutungsgehalt dieser Ausdrücke, die grundlegend sein dürften für eine große Zahl von antiken Sündenmetaphern (auch: Last, Schmutz u.a.): "Sünde" als eine irgendwie gegenständlich gefaßte Größe, die vom Menschen getrennt oder/und vernichtet werden kann bzw. soll.

Erscheint die Sünde hingegen in der Rolle eines "Besitzers", aus dessen Verfügungsgewalt der Mensch losgekauft wird, so nähern wir uns damit erstmals der paulinischen Vorstellung von der Sünde als einem Herrn über Sklaven (s.u.3.2).

3. Die Untersuchung der Metaphern-Analogien erbrachte folgende Ergebnisse:
a) In dem "Wegnehmen der Verfehlung" begegnen wir erstmals im Laufe unserer Untersuchung einer von Haus aus kulturkreis*spezifischen* Metapher (spezifisch zumindest innerhalb des begrenzten geographischen Rahmens dieser Arbeit). Sie ist pagan-griechischer Herkunft, wird aber im Zuge der Verschmelzung des jüdischen und des hellenistischen Kulturkreises zu einem Prädikat des Gottes Israels.

---

117 Die ontologische Struktur der Metapher (409ff).
118 Metaphor and Meaning (115-117).

b) Auch eine an sich kulturkreis*übergreifende* Metapher kann in einer
bestimmten Sprache und einem bestimmten Zeitraum weitgehend oder
ganz zurücktreten (Beispiel: "lösen von der Sünde" im Hebr.).

4. Wir notieren zwei weitere Metaphern der Sündenbewältigung.
Dabei haben wir auch im paganen Bereich ein Bewußtsein davon festgestellt, daß nur eine besondere Autorität einen Menschen von Verfehlung lösen kann bzw. daß es unter Umständen eines besonderen
Menschen bedarf, Verfehlung wegzunehmen. Juden und Christen betonen
sehr stark das Handeln Gottes (bzw. Christi) im Lösen von der Sünde
("Erlöser" = redemptor wird später zur zentralen christologischen
Metapher) und Wegnehmen derselben (wirkungsgeschichtlich am bedeu-
tendsten: Joh 1,29). Beide Metaphern können sich dabei der Bedeutung "vergeben" sehr weit nähern bzw. in diese übergehen.

Bei den Griechen wird die Lösemetapher v.a. auch dazu benutzt,
die eigene Wiedergutmachung des Menschen auszusagen (Grundstruktur
II), und dies hat auch auf LXX und (dadurch vermittelt) frühes
Christentum eingewirkt. Ebenso kann auch das Wegnehmen von Verfehlung und Sünde dem/den Betreffenden selbst zugemutet werden.

Es ergeben sich also grundsätzlich drei Möglichkeiten der Sündenbewältigung qua Wegnehmen und Lösen:
a) der souveräne göttliche Akt der Befreiung von der Sünde bzw.
der Sündenvergebung;
b) das erlösende Handeln bzw. fürbittende Eintreten des besonders
qualifizierten Mittlers (Christus, Henoch, Gotteslamm; vgl. auch
die "Erziehungsfunktion" Polemons);
c) die eigene Aktivität des Menschen (Selbsterziehung, Wiedergutmachung, bes. durch Almosen).

2.5.   Die Sünde als Krankheit

2.5.1. Theoretische Überlegungen

Wir müssen im Rahmen dieser Arbeit auf eine ausführliche Darstellung dieses umfangreichen und sehr breit belegten Bildfeldes
verzichten und konzentrieren uns stattdessen auf die metapherntheoretischen Aspekte, um im Anschluß daran wenigstens die bibl. Belege etwas genauer zu betrachten.

Ich ziehe im folgenden einige Zitate aus Wörterbuch-Artikeln
heran, die u.a. erneut das bereits mehrfach verhandelte Problem
des Realitätsgehalts von Metaphern beleuchten helfen sollen.

A.Oepke, ThWNT IV 1086,Z.7ff: "... mittels der echt griech Denkform der *Analogie* ... kommt es zu einer *Gleichsetzung* von Fehl u
Krankheit, die *mehr* ist *als bloße Bildrede*." - Ebd. Z.34f: "Krankheit ... ein *analogiehaft bildlicher* Ausdruck für innere Verkehrung
als *Ursache* der Verfehlung". (Alle Hervorhebungen von mir, G.R.)
Beide Aussagen nehmen Bezug auf Platos philosophischen Krank-
heitsbegriff, und doch scheinen sie auf den ersten Blick einen Widerspruch in sich zu enthalten - nämlich im Hinblick auf die Identifikation von Bildspender und -empfänger ("Gleichsetzung" - so
auch ebd. Z.3 - diff. "Ursache").
Dieser Widerspruch löst sich leicht, wenn man berücksichtigt,
daß "Sünde" hier (wie schon in der Befleckungsmetapher, s.o.S.40)
nicht nur als Tat, sondern auch als Zustand gefaßt werden kann -
Oepke sucht dies durch Verwendung der Begriffe "Fehl" und "Verfehlung" zum Ausdruck zu bringen - und dieser Krankheitszustand dann
die Ursache der konkreten Verfehlung ist (beachte: In der genannten
anderen Vorstellung ist die konkrete Sündentat Vollzug und Ursache
der Befleckung zugleich!). Metaphorische Rede liegt nur im Falle
der Zustandsbeschreibung vor (semantische Identifikation von Krankheit und Sünde), nicht im Falle der konkreten Tat (anders bei der
Befleckungsmetapher); daher ist diese Vorstellung auch streng zu
unterscheiden von dem archaisch-religiösen Zusammenhang von Sünde
und Krankheit, bei dem sachlich die Sünde die Ursache einer wirklichen Erkrankung ist und beide trotz aller Austauschbarkeit der
Begriffe (aaO. 1085. 1086,Z.20ff) niemals semantisch identifiziert
werden können.
Man beachte zur theoretischen Begründung dieses Sachverhalts
unsere eingangs (s.o.S.25) angestellten Überlegungen, welche impli-

zieren, daß die Bildspender (da sie ja aus der Welt der empirischen
Erscheinungen und der alltäglichen Erfahrungen stammen) selbst zwar
empirisch erfahrbare Größen sind, aber eben im Falle metaphorischer
Verwendung nicht als solche vorliegen, sondern auf eine die sichtbare Vorfindlichkeit übersteigende Wirklichkeit bezogen sind - wo-
von bei einer real als Folge einer begangenen Verfehlung eintreten-
den Krankheit keine Rede sein kann (von der mit der Weltanschauungsmetaphern verbundenen speziellen terminologischen Problematik -
s. auch oben S.23 und S.39 - können wir im vorliegenden Fall absehen). Zugleich wird aber auch deutlich, wie diese Art der Betrachtung dort an eine Grenze stoßen muß, wo Sünde und Sündenfolge (im
Rahmen eines dynamistischen Wirklichkeitsverständnisses) begrifflich nicht immer klar getrennt werden.

Im Falle des kurz angedeuteten (sokratisch-platonischen) Krank-
heitsbegriffs liegt eine andere theoretisch interessierende Besonderheit vor: Der Bildspender für die "innere Verkehrung" (Oepke
aaO.) heißt "Krankheit der Seele" (Plato, Leg IX 862 c. Soph 228 b,
vgl. Gorg 478 d. 479 b) und stellt somit selbst eine metaphorische
Aussage dar. Diese rekurriert letztlich auf physische Krankheit
als konkret erfahrbaren Zustand (vgl. die häufigen Analogien von
Bestrafung und ärztlicher Tätigkeit, Rechtsprechung und Heilkunst[119])
und überträgt diese Erfahrung abstrahierend auf den innerlich-see-
lischen Zustand des Menschen, auf die Verfassung seiner unsterbli-
chen Seele (keine seelische Krankheit im medizinischen Sinne[120]).

Das Problem des Realitätsgehaltes von Metaphern ist in den oben
zitierten Äußerungen Oepkes mit dem Begriff der Analogie angesprochen. Von ihr unterscheidet der genannte Autor die einfache "Bildrede" (so auch aaO. 1088,Z.8.15 zu Mk 2,17par.); allerdings spricht
er auch einmal mit Bezug auf die Krankheitsanalogie schlicht von
einer "bildliche(n) Bezeichnung eines anormalen Zustandes des inneren Menschen" (ebd. Z.22f im Hinblick auf 1Tim 6,4, Plato und Philo).

Insgesamt jedoch sind die Termini "Bild" und "Analogie" bei
Oepke nicht deckungsgleich, sondern wird letztere im Sinne einer
Vertiefung des ersteren verstanden. (Dem entspricht die Unterschei-

---

119 S. dazu W.Knoch, Strafbestimmungen 32; H.Rueß, Gesundheit-Krankheit-Arzt
    bei Plato 125-136.
120 Vgl. dazu F.Wehrli, Der Arztvergleich bei Platon 183; ders. aaO. (s.o.Anm.
    57) 48, sowie A.Oepke aaO. (s.S.73) Z.4: "Hier ist die Eigenart des Sitt-
    lichen erkannt."

dung von "metaphorisch" und "wirklich", auf der H.Rueß seine Untersuchung des Themas aufgebaut hat.[121])

Vergleichen wir nun die Ausführungen Oepkes mit einer Äußerung
zur Frage nach dem Gehalt des hebr. *rp'* (= heilen). Dem Alten Testament ist die Vorstellung einer "Krankheit des inneren Menschen"
zwar fremd; es gebraucht "Krankheit" bzw. "Wunde" als Bild für den
"schlimmen Zustand eines Volkes" (H.J.Stoebe, THAT II 806) einerseits sowie für den "Zustand des Menschen vor Gott" (ebd. 808) andererseits. Aber doch hat diese doppelte Verwendung dazu geführt,
daß man auch hier terminologisch auf zwei verschiedenen Ebenen denkt:
"Über den *rein metaphorischen* Gebrauch hinaus bekommt *rp'* dort,
wo Jahwe Subjekt ist, noch einen tieferen Gehalt" (ebd. 807f, mit
Bezug auf den Menschen vor Gott). Damit ist dann das Heilen mit
Bezug auf den Zustand des Volkes als "rein metaphorisch" qualifiziert (z.B. Jer 30, 12-17). Umso aufschlußreicher ist deswegen die
aaO. 809 nachgereichte Bemerkung zu diesem *"bildhaften* Sprachgebrauch" (aaO. 807), wie *umfassend* auch ein *metaphorisch* verwendeter
Begriff gemeint sein könne. (Alle Hervorhebungen von mir, G.R.)

Obwohl danach klar ist, daß diese Aussagen auf den Bedeutungs-
umfang von Wörtern abzielen (heilen = vergeben) und nicht so sehr
auf ihre Erkenntnisleistung als Metaphern, so ist doch für uns der
sehr oberflächliche Bild- bzw. Metaphernbegriff interessant, der
auch hier Verwendung findet und dessen Unangemessenheit dem Autor
letztlich auch nicht verborgen geblieben ist. Eine Unterscheidung
vom Metaphorischen ist - wie sich gezeigt hat - nur insoweit notwendig und berechtigt, als sie die Krankheit als Sündenfolge betrifft (s.o.S.73f), nicht jedoch im Hinblick auf einen "tieferen
Gehalt" als solchen. (Auch wenn bei den Sündenfolgen nicht nur an
Krankheit im besonderen, sondern an Unheil und Leiden im allgemeinen gedacht ist, kommt das Metaphorische wieder ins Spiel. Beispiele: 2Chr 7,13f (Heilung des Landes); Jes 53,3-6 (die Leiden des
Gottesknechts); Jer 30,17 (Heilung der Wunden des Volkes).)

Ich schlage deshalb vor, die genannten Gesichtspunkte folgendermaßen zusammenzufassen: Alle Verwendungsweisen - bei Plato wie im
AT -, bei denen Begriffe der Krankheit oder der Heilung unmittelbar
mit Sünde oder Verfehlung verbunden sind, sind grundsätzlich metaphorisch. Unterschiede bestehen im Hinblick auf ihren Charakter

---

121 S. aaO. (s.o.Anm.119) 1.83.85.88f.92ff.171.

als philosophische bzw. theologische Metaphorik und deren spezifi-
sche Interpretationen ("strafen"/"vergeben") sowie hinsichtlich
ihres Wirklichkeitswertes. Die platonischen Metaphern spielen eine
zentrale Rolle im Denken und in der "Weltanschauung" des Philosophen (im Unterschied zur dynamistischen und zur visionären Weltanschauungsmetapher schließt die philosophische die Möglichkeit
der Reflexion auf das Metaphorische prinzipiell mit ein und gehört damit *nicht* zu den von uns so genannten "Weltanschauungsmetaphern"!); man vergleiche etwa Gorg 480 b ("damit die Krankheit der
Ungerechtigkeit nicht lange dauere und die Seele innerlich verderbe
und unheilbar mache"). 525 b-c (Strafen für heilbare Vergehungen
und unheilbare Frevler), Resp 609 c. 610 c[122], Soph 228 d-e
(Schlechtigkeit als Krankheit der Seele bzw. "in uns"; vgl. Resp
444 e 1) oder Resp 853 d - 854 c (Tempelraub als Krankheit)[123]. -
Daneben gibt es natürlich den einfachen Vergleich von Verfehlung
und Krankheit (in rhetorischer Verlebendigung z.B. Plut Moral 70
F fin) und die moralische Gebrauchsmetapher (z.B. Moschion, Hyp 14
(ed. H.Schenkl, Epict, 488): "Suche deine Fehler nicht mit Worten
zu verhüllen, sondern durch Tadel zu heilen"[124]). Beide greifen
nicht auf die Seelenvorstellung zurück und sind ohne philosophisch-
anthropologische Tiefe.[125] Ähnlich verhält es sich mit der atl.
Metaphorik: Zwar scheint es mir schwierig, den Wirklichkeitswert
genau zu bestimmen, da die Zahl der Belege relativ gering ist (s.
u. 2.5.2), vermutlich handelt es sich jedoch um eine sekundär aus
dem Sünde-Krankheit-Zusammenhang hervorgegangene und darum bereits
ziemlich konventionalisiert wirkende Metaphorik.

Wenden wir uns noch einem zweiten bereits vielfach verhandelten Problem zu: der Metaphern-Analogie. Im vorliegenden Fall gilt:
Auch wenn man die bestehenden Differenzen zwischen dem griech. und
dem atl. Verständnis von "Sündenkrankheit" anerkennt sowie die viel
seltenere Verwendung der Heilungsmetapher im AT als bei den Griechen und die objektive Verschiedenheit der Bildfelder beachtet (die

---

122 Zur Interpretation s. Rueß aaO. 89f.
123 Ebd. 90f.
124 Diese Sentenz ist auch als Ausspruch des Pythagoras überliefert (Stob Ecl
    III 464, 16ff; vgl. F.W.A.Mullach, Frgm.Philos.Graec. S.501,Nr.21).
125 Aus der Fülle der autorenbezogenen Darstellungen unseres Bildfeldes seien
    noch genannt: F.Umlauft, Gleichnisrede bei Epiktet 35.103-120, sowie V.Ar-
    nold-Döben, Die Bildersprache des Manichäismus 97-107 (bes. 99.101).

Feldelemente sind im Griech. weitaus zahlreicher als im Hebr.),
so wird man doch von einer Entsprechung des zentralen Gedankens,
ja in hellenistischer Zeit sogar von einer Nivellierung der Unterschiede sprechen dürfen.

Für die Theorie ist besonders interessant, daß einzelne Metaphern auch dann kulturkreisübergreifend sein können, wenn die zugehörigen Wortfelder es nicht sind und auch die Bildfelder sich in
ihrem Umfang (und in ihrem Stellenwert, s.o.) stark voneinander
unterscheiden. Allerdings ist in einem solchen Fall auf unterschiedliche Interpretationen derselben Metaphern besonders zu achten,
hier also: ob "Heilung" durch Bestrafung geschieht oder im Sinne
von Vergebung gemeint ist. Für die Sünde als "Krankheit der Seele"
bedeutet dies, daß sie (im Unterschied etwa zur Metapher des Wegnehmens) nicht als ein mehr oder weniger fest umgrenzter, vom Menschen zu trennender "Gegenstand" (vgl. oben S.60) vorzustellen ist,
sondern eher als ein bestimmter "Zustand" im Innern des Menschen,
der - wenn überhaupt - letztlich auch nur im Innern des Menschen
(unter Umständen in einem lang andauernden Prozeß) überwunden werden kann. (Die Grenzen zu anderen Vorstellungen sind natürlich fließend: Auch das Wegnehmen der Sünde kann einige Zeit erfordern, wie
umgekehrt das Heilen durch einen kurzen und schmerzhaften "Eingriff"
(= Strafe) erfolgen mag.)

Wir überprüfen die behauptete Analogie und Differenz im folgenden nach ihrer biblischen Seite hin etwas genauer.

2.5.2. Das biblische Bild- und Wortfeld

Jer 3,22 und Hos 14,5 finden wir die Wendung "die Abtrünnigkeit
heilen".[126] Bei dem Substantiv handelt es sich um ein Synonym zu
"Sünde" (vgl. Jer 3,25 Sündenbekenntnis des Volkes; 14,7b LXX; Hos
14,2f), das besonders die "Ab-kehr" des Volkes von Jahwe im Gegensatz zu seiner jetzigen bzw. geforderten "Um-kehr" akzentuiert.
Die ganze Metapher ist - wie bereits erwähnt - im Unterschied zu
ihrer griech. Analogie sehr selten, sie liegt aber in ähnlicher
Gestalt in 2Chr 36,16 (keine Heilung mehr), Jes 6,10 und Hos 7,1
(Heilung des Volkes) vor (vielleicht auch Jer 17,14). Deutlicher
ist die Identifikation von Sünde und Krankheit in Jes 53,4f (Hei-

---

126 S. dazu J.Hempel, Heilung als Symbol und Wirklichkeit 304f.

lung von Krankheiten, d.i. von Sünden und Strafe); Ps 41,5 (LXX:
Ps 40,5 = Od 14,40f), wo das Verlangen nach Heilung sich unmittelbar aus der vollbrachten Sünde ergibt (Sündenbekenntnis des einzelnen); Sir 28,3 (Vergebungsbereitschaft/Heilung vom Herrn) und
Jak 5,16 (Sündenbekenntnis/Fürbitte/Heilung).

Allerdings ist in keinem dieser Fälle das Heilen grammatikalisch
auf die Sünde bezogen (wie in Jer 3,22 und Hos 14,5; vgl. zuletzt
"Erlösung", oben S.66), so daß der Schluß naheliegt, hier habe sich
eine Totalsynonymität von absolut gebrauchtem Heilungsbegriff und
"Sündenvergebung" herausgebildet - mit der Folge, daß "Sünde" noch
weniger als schon ohnehin im bibl. Denken als Krankheits*zustand*
denn als schuldhafte *Tat* (vgl. oben Teil I 4) verstanden wird (zum
Tatcharakter und zur Synonymität von Vergebung und Heilung s. bes.
Jak 5,15f; zum Zusammenhang von Vergebung, Lösung und Heilung: Sir
28,2f LXX).[127]

Es sei hier noch einmal betont, daß die Verbindung von Sünde
und Krankheit bzw. Heilung nicht im Rahmen des Schemas von Tun und
Ergehen, Schuld und Strafe erfolgt, sondern (zumindest implizit)
als Analogiestiftung und "Koppelung zweier sprachlicher Sinnbezirke" im Sinne H.Weinrichs[128] zu verstehen ist, kurz: als eine echte
Metaphorik. Daß sie aus einem vorgängigen Sachzusammenhang heraus,
der Krankheit als Folge von Sünde und Schuld ansieht, entstanden
ist, ist möglich, ja sogar wahrscheinlich[129]; sie muß nunmehr jedoch selbständig neben diesem betrachtet werden als eine Vorstellungsweise sui generis.

Umgekehrt kann eine solche Analogiestiftung aber auch zur "Entmetaphorisierung" von Texten führen. So ist es z.B. offensichtlich,
daß in der LXX-Wiedergabe von Jes 53,4 ("Dieser trägt unsere *Sünden*", für: "Aber unsere *Krankheiten* - er hat sie getragen"; im NT:
1Petr 2,24) die implizite Identifikation von Sünden mit Krankheiten
aus V.5 eingewirkt hat: Der Bildempfänger hat gewissermaßen den
Bildspender verdrängt, womit zugleich "der Gedanke von v 12 vor-
ausgenommen"[130] ist. Damit wird ein Prozeß in Gang gesetzt, der
seinen Höhepunkt im Targum Jes 53 erreicht (ed. J.F.Stenning, 181;
anders: Mt 8,17; vgl. auch Röm 5,6). Dort hat die Entmetaphorisie-

---

127 Vgl. ebd. 309f. Zu "heilen" im Sinne von "vergeben" s. noch Herm v 1,1,9
    (Zitat Dtn 30,3, s.S.79); s 9, 23,5 und 9,28,5.
128 Sprache in Texten 283.
129 Vgl. dazu H.J.Stoebe aaO. (s.S.75) 808.
130 G.Bertram, ThWNT I 288.

rung auch auf die Bilder "Schmerzen", "Wunden" und "heilen" überge-
griffen, und auch die Lastmetaphorik (s.o.S.30) ist durchgängig
beseitigt (vgl. V.11 und V.12). An deren Stelle sind v.a. die Fürbitte für die Übertretungen (keine Metapher) und der Terminus "Sündenvergebung" getreten.

Doch kehren wir zur Frage der Metaphern-Analogie zurück:
Wir haben oben (S.77) bereits festgestellt, daß in hellenistischer
Zeit wohl mit einer Angleichung der atl. an die griech. Vorstellung
von "Sündenkrankheit" zu rechnen sei. Dies können wir überprüfen,
indem wir die griech. Übersetzung der hebr. Belegstellen untersu-
chen und dann nach möglichen Berührungspunkten fragen.

An Ps 40,5 LXX erweist sich in der Tat, daß der hellenistisch-
jüdische Übersetzer ohne weiteres seine Vorstellung von der Krankheit der Seele als Ursache einer konkreten Verfehlung in den hebr.
Text eintragen konnte (und viel mehr noch ein hellenistischer Leser - nicht wissend, daß τὴν ψυχήν μου für נפשׁי steht, welches hier
einfach die 1. Pers. Sing. des Personalpronomens vertritt). Dies
setzt aber eine irgendwie geartete Strukturanalogie beider Sündenvorstellungen immer schon voraus; anders wäre eine solche Interpretation nicht möglich.

Nun hat J.Hempel zu Recht auf eine Analogie zwischen Plato, Leg
IX 862 c ("Heilung des Unrechtes" bzw. der Krankheiten der Seele)
und Jer 15,19f ("Erneuerung der Berufung" bzw. Umkehr) hingewiesen.[131] Eine wirkliche Angleichung der Vorstellung hat aber erst
da stattgefunden, wo die Sündenkrankheit nicht als eine innerliche
Angelegenheit im allgemeinen, sondern speziell als ein Zustand der
Seele angesehen wird.

Hellenistischer Einfluß hat auch zu der Wiedergabe "die Sünden
heilen" in Dtn 30,3 geführt, welche dem masoretischen Text nicht
entspricht. Die adäquate Wiedergabe des hebr. Ausdrucks bereitet
in der Tat Schwierigkeiten[132], und so verwendet der hellenistisch-
jüdische Dtn-Übersetzer - bewußt oder unbewußt - eine stark "griechisch" klingende Ersatzwendung (in jüdischer Interpretation: "vergeben"!). Daß ihm eine singuläre hebr. Wortverbindung eines der
drei atl. Hauptbegriffe für Sünde mit "heilen" vorgelegen habe,
halte ich nach den oben (S.77f) dargestellten Belegen für so gut
wie ausgeschlossen.

---

131 AaO. (s.o.Anm.126) 308 mit Anm.5.
132 Vgl. dazu J.A.Soggin, THAT II 886f (Art. "šûb zurückkehren").

Diese Stelle führt uns zugleich erneut zu den spezifischen Differenzen von griech. und hebr. Auffassung. Vergleicht man nämlich
die Wortfelder, in denen die Heilungsmetapher vorkommt, so ist unmittelbar deutlich, daß die Elemente "Gottes Zorn" (2Chr 36,16;
Hos 14,5; vgl. Sir 28,3.5), "Umkehr" (Dtn 30,2; Jes 6,10; Jer 3,22;
Hos 14,2f; vgl. Jes 53,6) und "Gottes gnädiges Erbarmen" (Dtn 30,3;
Hos 14,5; Ps 41,5; vgl. Sir 28,4) feste Bestandteile des atl.-früh-
jüdischen, nicht jedoch des griech. Feldes sind, m.a.W.: Mit dem
Gott Israels kommen theologische Inhalte ins Spiel, die die Interpretation auch unserer Metapher entscheidend bestimmen (in Richtung
auf göttliches Vergebungshandeln), während bei den Griechen das
Heilen von Verfehlung v.a. Züchtigung und Ermahnung durch dazu be-
rufene Menschen bedeutet (s. dazu die Definition der Züchtigung
Pseudo-Plato 416 a 33: "die Heilung der Seele nach einem begangenen
Fehler"; zum Ganzen vgl. auch oben 2.4.3 ad 4). Ziel und Ergebnis
sind jedoch im AT wie bei den Griechen die schließliche Bewältigung
der Vergehungen und damit die Wiederherstellung der "Gesundheit".

Das Ineinander von Analogie und Differenz läßt sich sehr gut
in Mk 2,17par. beobachten. Die Stelle ist von Oepke als "Bildrede"
(im Unterschied zur platonischen "Analogie") bezeichnet worden (s.
o.S.74), da ihr jegliche philosophisch-weltanschauliche Tiefe
fehlt. Das oppositionelle Begriffspaar "die Gesunden/die Kranken"
wird in Parallele gesetzt zu dem anderen oppositionellen Begriffspaar "Gerechte/Sünder" und auf diese Weise eine metaphorische Identifizierung erreicht.[133] Es verbinden und durchdringen sich gegenseitig griech. und atl.-frühjüdisches Bild- und Wortfeld, wobei
das Jüdische insgesamt dominiert. Für letzteres ist neben dem typischen Oppositionspaar "Gerechte/Sünder" v.a. auf das Berufen Jesu
und die Barmherzigkeit (Mt 9,13) zu verweisen (beides schließt die
Sündenvergebung ein!), für das typisch Griechische auf die Elemente
"Arzt" und "gesund sein" (bes. *hygiainein* in Lk 5,31). Beste Parallele: Stob Ecl III 462,14f (Diogenes).

Die mt Redaktion verdeutlicht noch einmal Macht und Konstanz
von Wortfeldern, denn erst dieses erklärt letztlich, warum die Ein-
fügung von Hos 6,6 LXX an dieser Stelle sinnvoll ist.

---

133 Oepke, ThWNT IV 1088,Z.1: "Gleichsetzung von Krankheit und Sünde". Vgl. auch
    Röm 5,6 par. 8!

2.6.   Das Verbergen/Bedecken und das Enthüllen/Aufdecken
        der Sünde

2.6.1. Darstellung des Bildfeldes

1. Die Sünde zu verbergen bzw. zu bedecken (griech. κρύπτειν,
(ἐπι)καλύπτειν, hebr. כסה pi.) ist zunächst etwas, das der fromme
bzw. weise Mensch nicht tut; er sucht vielmehr seine Sünde offenzu-
legen und so zu bewältigen:

- Ps 32,5: Meine Sünde habe ich nicht verborgen (Offenlegung: vor
  Jahwe bekennen; Bewältigung: Jahwe hat die Schuld "getragen").
- Spr 28,13: Wer seine Sünden verheimlicht, hat kein Glück (Offenlegung: bekennen; Bewältigung: Sünden vermeiden/ Erbarmen finden).
- SentSext 595 (App. 3): Am besten ist es, nicht zu sündigen; wenn
  man aber gesündigt hat, ist es besser, es zuzugeben als es zu
  verheimlichen.[134]

Siehe weiter: Hi 31,33 (+ V.34 LXX: Bewältigung durch öffentliches
Aussprechen[135]); Moschion, Hyp 14 (s.o.S. 76); Thukydides, Hist.
III 67,6f (schöne Worte als προκαλύμματα verfehlter Taten); Weish
17,3 (mit geheimen Sünden unter der Decke der Vergessenheit verborgen sein); JosAs 12,3 (Sündenbekenntnis: Zu dir werde ich offenba-
ren meine Ungesetzlichkeiten (Übers. C.Burchard)).

Gleiches gilt aber auch von den Verfehlungen anderer Leute; auch
sie sollen nicht vertuscht, sondern aufgedeckt werden (griech.
ἀνα-/ἀποκαλύπτειν, hebr. גלה pi. und ni.):

- Plut Moral 70 F: Anakalypsis und ethische Ermahnung sollen wie
  die Behandlung einer ekelhaften Krankheit (s.o.S.76) unter Aus-
  schluß der öffentlichkeit stattfinden.

Hingegen ist bei den folgenden Belegen gerade das öffentliche Anzeigen verlangt:

- Isokrates, Nikokles 53: Diejenigen, die Verbrechen zu verbergen helfen (συγκρύπτειν; so bekennt es z.B. Andokides, Myst. 67
  von sich), verdienen die gleiche Strafe wie diejenigen, die sie

---

134 Inhaltlich vgl. SentSext 283; Anecdota Graeca I (ed. J.F.Boissonade),
    S.123 Mitte.
135 S. dazu D.H.Gard, The Exegetical Method of the Greek Translator of the Book
    of Job 21.

begehen (Offenlegung: ἐξελέγχειν). Vgl. auch Jos Ant 12,187!
An atl. Analogien sind zu nennen:

- Klgl 2,14: Deine Schuld haben deine Propheten nicht aufgedeckt.[136]
- Dtn 13,9ff ist das Verbot ausgesprochen, Verführung zum Götzendienst zu vertuschen; stattdessen gilt es, den Verführer zu mel-
  den (LXX) und ihn zu steinigen.

2. Ein anderer Kreis von Aussagen beschäftigt sich mit der Unverhüllbarkeit der Sünde. Sowohl die Lebenserfahrung der Griechen
als auch die der Hebräer weiß darum, daß Verfehlung sich oft nicht
verbergen läßt:

- Spr 26,26: Aufgedeckt wird seine (sc. des Hasses) Bosheit in
  der Gemeindeversammlung (LXX: Wer Haß verbirgt...enthüllt seine
  Sünden...).
- Pindar, Pythia XI 26: Es ist unmöglich (sc. für junge Frauen),
  den ärgsten Fehltritt (des Beischlafs mit einem andern) vor den
  Zungen der Leute zu verbergen.

Besonders wichtig ist in unserem Zusammenhang die folgende hellenistische Sentenz, die "Sünde" und "Feuer" nebeneinanderstellt
(F.W.A.Mullach, Frgm.Philos.Graec. S.489,Nr.35):

- Weder ist es möglich, Feuer mit einem Gewand zu verhüllen
  (περιστεῖλαι), noch, eine schändliche Sünde durch die Zeit.

Dieser überaus treffende Parallelismus ist[137] sowohl unter dem Namen Plutarchs[138] als auch unter demjenigen des Sokrates[139] überliefert und läßt m.E. einige tiefergehende Rückschlüsse auf antikes
Sündenverständnis und -erleben zu (s.u.).

Im atl.-jüdischen Bereich sind die weitaus meisten Aussagen dieser Gruppe sehr eng mit dem Gerichtsgedanken verbunden; besonders
häufig findet sich - etwa in apk. Texten - die prinzipielle Erkenntnis, daß vor Gott letztlich keine Sünde verborgen bleiben
kann. Beispiele:

- Ez 16,57: ...bevor deine Bosheit aufgedeckt wurde.
- Klgl 4,22: Gott deckt deine (sc. Edoms) Sünden auf (synon.
  "heimsuchen", hebr. pqd).

---

136 Vgl. Knierim, Hauptbegriffe 76 Anm. 156.
137 Vgl. dazu H.Schenkl, Florilegium S.28,Nr.94.
138 F.Dübner, Plutarchi fragmenta et spuria S.55,Nr.80.
139 Stob Ecl III 284,3ff.

- Sir 17,20: Ihre Frevel sind vor ihm nicht verborgen.
- PsSal 2,17: Du hast ihre Sünden aufgedeckt.
- Hen 98,6 (Übers. P.Rießler): Ich schwöre euch Sündern..., daß alle eure bösen Werke in den Himmeln offenbar sind und daß keines eurer gewalttätigen Werke verdeckt oder verborgen ist.
- 4(6)Esr 16,64-67 (Übers. Hennecke/Schneemelcher II 497): Wehe den Sündern und denen, die ihre Sünden verheimlichen wollen! Denn der Herr wird wahrhaftig alle ihre Werke erforschen und euch alle öffentlich zur Schau vorüberführen! ...wie wollt ihr eure Sünden verbergen vor dem Angesicht Gottes und seiner Engel?

Siehe weiter: Ez 21,29; PsSal 4,5; 8,8f; Philo, Som I 87-91. Hi 20,27 (Die Himmel enthüllen die Schuld des Frevlers, und die Erde lehnt sich gegen ihn auf) läßt darüber hinaus die Vorstellung von einem "Fremdkörper" erkennen, der die Ordnung der Schöpfung stört und Himmel und Erde zu einer "Abstoßungsreaktion" veranlaßt (vgl. auch Jes 26,21: Die Erde wird ihr Blut aufdecken).

3. Das Verbergen/Bedecken der Sünde kann aber auch einen positiven Sinn gewinnen, wenn es nämlich
a) aus geziemender Scham infolge einer eigenen schweren Versündigung geschieht: Philo, SpecLeg III 54 (Scham als Verhüllung der Sünden). Som I 104 (das Wort als "nötigste Bedeckung" der menschlichen Sünden). Im selben Sinne, aber dann doch irgendwie ambivalent erscheint die Metapher in SpecLeg IV 2, wo es darum geht, daß heimlicher Diebstahl "besser" ist als gewaltsamer und öffentlicher Raub.

Sehr stark positiv besetzt hingegen ist die Wendung in einer Formulierung wie der folgenden (Anthologia Graeca XI 304,3f): "Der Verständige wird den Fehler dem Nächsten nicht zeigen, sondern verschließt mit Bedacht ihn in der eigenen Brust" (Palladas). Eher wertneutral sind Lebensweisheiten wie diese:

- Stob Ecl III 703,16-704,2 (= Mullach aaO. S.490,Nr.56): Die Kleidung verhüllt den Mangel an Ebenmaß, die Freundlichkeit verhüllt die Sünde (Pseudo-Sokrates).
- Stob Ecl V 953,2f: Erfolge sind in der Lage, die Fehler der Menschen zu verbergen und zu verdecken (Pseudo-Demosthenes).

Man beachte, daß diese Metaphernkombination (συγκρύψαι καὶ συσκιάσαι) samt den sie umgebenden Begriffen bei Philo, Som I 104 wörtlich wiederkehrt (vgl. noch ebd. 109, All III 158) und dort einen (verhalten) positiven Sinn zeigt.

Einen solchen Gehalt bekommt das Verbergen der Sünde auch dann,
wenn es

b) das nachsichtige oder taktvolle Zudecken von Vergehen anderer
Menschen meint. Zwei atl. Sprichwörter sind hier voranzustellen:

- Spr 10,12: Alle Sünden deckt Liebe zu.
- Spr 17,9: Wer Sünde zudeckt, sucht Liebe.

In frühchristlicher Tradition mischt sich in Spr 10,12 noch ein
anderer Sinn mit ein: 1Petr 4,8 ist wohl auch an die Menge der Sünden derer gedacht, die Liebe üben ("sündentilgende Kraft der Liebe"[140]); und Jak 5,20 ist dieser Sinn ganz eindeutig: Wer einem
Sünder zur Umkehr verholfen hat, dieser wird sein Leben vor dem
Tode erretten und eine Menge von Sünden bedecken (die übrigen Belegstellen bei K.Berger, Almosen für Israel 185f mit Anm.30.33;
zu ergänzen sind: ApkSedr 1,2 sowie - in Anwendung auf die Salbe
des barmherzigen Samariters - EvPhil NHC II 78,11: "Wunden heilen/
Sünden bedecken").

- Jos Bell 1,452: Der Sohn breitete rücksichtsvoll den Mantel
  (ὑποστέλλεσθαι) über die Verfehlungen des Vaters.
- Pythagoreerbrief VI ("... zur Tröstung einer betrogenen Ehefrau"[141]), Z.12-16: Die Ehefrau soll den schützenden Schleier
  der Leidenschaft des Mannes, der zur Hetäre geht, nicht wegnehmen.

Eine eigene Gruppe stellen diejenigen Aussagen dar, in denen Gott
Subjekt des Sünde-Bedeckens ist und sich deshalb das Verbum der
Bedeutung "vergeben" nähert (vgl. bei "tragen", "wegnehmen", "lö-
sen", "heilen"):

- Ps 32,1: Wohl dem, dessen Frevel getragen (LXX und Röm 4,7:
  "vergeben") und dessen Sünde bedeckt ist (Pass. divinum).
- Ps 85,3: Du hast die Schuld deines Volkes getragen (LXX:
  "... deinem Volk die Gesetzlosigkeiten vergeben"), all ihre
  Sünde zugedeckt.
- Neh 3,37: Deck ihr Vergehen nicht zu, und ihre Sünde soll bei
  dir nicht ausgelöscht sein!
- Im Diognet-Brief ist die Aussage übertragen auf die Gerechtig-
  keit Christi: Sie allein vermochte unsere Sünden zu bedecken
  (IX 3); und so ist auch das Verborgen-Werden der Gesetzlosig-

140 H.-J.Ritz, EWNT II 607 (Art. *kalyptō*).
141 A.Städele, Briefe 289.

keit vieler in dem einen Gerechten (IX 5; vgl. Röm 5,18f) ein
Bild für die Rechtfertigung der Sünder.

Wir sehen auch hier wieder, wie eine ursprünglich göttliche Aktivität - zwar nicht direkt auf Christus übertragen, aber doch chri-
stologisch interpretiert ist. So bekommt auch das Verbergen der
Sünde eine vorher nicht gekannte positive Bedeutung. - Im NT gibt
es dafür keine Belege; die nächste Parallele zu Diogn 9,3 steht
meines Wissens in LevR 7, wo das Subjekt von Spr 10,12b unter anderem auf die Liebe Gottes gedeutet wird (Billerbeck III 766).

4. Umgekehrt kann sich das geforderte Aufdecken der Sünde ins
Gegenteil verkehren, wenn es nämlich Ausdruck der Schamlosigkeit
mancher Sünder ist. So allegorisiert Philo, Conf 71 die Ägypter
von Ex 14,27 als diejenigen, die "die Sünden als aufgedeckte (=öf-
fentlich) verüben" und auch nicht den Schatten einer Rechtschaffen-
heit bewahren. Fug 193 ist das Aufdecken bereits zitatbedingt (Lev
18,7 LXX) negativ besetzt. Das Verbot, "die Scham des Vaters und
der Mutter aufzudecken"[142], wird damit begründet, daß der Gesetzge-
ber genau wisse, "wie groß das Übel ist, die Vergehen des Geistes
und der Sinnlichkeit nicht zurückzuhalten und zu verbergen, sondern
wie gute Taten an die Öffentlichkeit zu bringen" (vgl. schon ebd.
192 zu Gen 7,11).

Eher wertneutral - oder auch verhalten negativ - ist wieder die
Fortsetzung der oben (S.83 unten) zitierten Pseud-Demosth-Stelle
gemeint (Stob Ecl V 953,3f): ...; wenn aber etwas schiefgeht, dann
wird all das (sc. die Fehler) unerbittlich und vollständig ent-
hüllt (ἀκριβῶσ διακαλυφθῆναι).

Gerade im Hinblick auf diese Stelle sei abschließend darauf hingewiesen, daß Sentenzen oft in durchaus wertfreier Weise eine Lebenserfahrung formulieren, die einfach hinzunehmen ist. Die spezi-
fische Wertung ist dann von einem möglichen Kontext abhängig. So
kann man z.B. zu dem Stobäus-Exzerpt genau die umgekehrten Wertun-
gen vornehmen, als wir sie oben angedeutet haben: die (anfängliche)
Verhüllung durch den Erfolg als im Grunde negativ und die (schließliche) Aufdeckung als positiv, weil notwendig und heilsam.

Diese Tatsache ist ein besonders schönes Beispiel für die grundlegende Erkenntnis dieses Kapitels, daß ein und derselbe metapho-

---

142 Vgl. dazu C.Westermann/R.Albertz, THAT I 422 (Art. "glh aufdecken").

rische Grundvorgang zwei diametral entgegengesetzte Bewertungen
mit sich führen kann. Was dies metapherntheoretisch bedeutet, wird
sogleich in der Auswertung zu erwägen sein.

2.6.2. Auswertung

1. Grundsätzlich liegt unser Bildfeld auf derselben Wirklichkeitsebene wie die Metaphern "wegnehmen" und "lösen". Es gilt das
2.4.1 und 2.4.3 ad 1 Gesagte. Gerade in den so bedeutsamen apk.
Schilderungen zeigt sich, wie das "Offenbar-Werden" hinter so "hand-
greiflichen" Metaphern wie "aufgeschrieben werden" oder anderen
(visionären) Bildern wie dem figürlichen Auftreten der Sünden im
Endgericht eigentümlich zurücktritt (vgl. Hen 98,6 mit V.7f; 4(6)
Esr 16,66). Mit dieser Bestimmung des Realitätsgehaltes der Metapher an sich ist jedoch noch nichts gesagt über ihre Bedeutung für
das Reden von Sünde überhaupt: Diese ist zweifellos sehr hoch zu
veranschlagen - wie die große Zahl der Belege zeigt.

2. Wir haben gesehen, wie dieselben Metaphern in unterschiedlichster und gegensätzlicher Weise verwendet werden können, und
dies ist in der Tat beim vorliegenden Bildfeld besonders auffällig
(s. aber schon oben S.29-31: "Tragen der Sünde" durch den Sünder
oder stellvertretend durch Gott = Unheil oder Vergebung). Aus einigen der vorgeführten Belege könnte man z.B. nun den Schluß ziehen,
die jeweilige Metapher ließe sich ohne weiteres durch andere Ausdrücke (wie z.B. "vergeben" in Ps 32,1; 85,3 oder "heimsuchen" in
Klgl 4,22) adäquat ersetzen; wir wollten uns aber auf diese Diskussion im weiteren Verlauf der Arbeit nicht mehr einlassen (s.o. Teil
II 1.2). Vielmehr läßt sich eine andere Feststellung treffen: Aus
dem dargestellten Material ergibt sich, daß ein metaphorischer
Grundvorgang für verschiedenartigste Interpretationen offener sein
kann als ein nichtmetaphorischer Ausdruck. Dies gilt offensichtlich
auch da, wo diesen verschiedenen Interpretationen dasselbe semantische Merkmal zugrunde liegt (vgl. schon oben 2.5: "Heilen der Verfehlung" = Strafe oder Vergebung, beides allerdings positiv verstanden) - wieviel mehr da, wo sie auf verschiedenen gemeinsamen
semantischen Merkmalen zwischen Bildspender und Bildempfänger beru-
hen (ein Beispiel s. gleich: die Sünde als Feuer). Die Metapher
bezahlt also ihre größere Anschaulichkeit mit einem Mangel an Prä-

zision und Eindeutigkeit, der nur durch den literarischen oder situativen Kontext ausgeglichen wird.

3. Im Hinblick auf die beschriebene Ambivalenz besteht eine bemerkenswerte Analogie zwischen griech. und hebr. Metaphern. Wir haben also den klaren Fall eines kulturkreisübergreifenden Bildfeldes vor uns.

4. In der Sentenz von der Unverhüllbarkeit der Sünde wie des Feuers (s.o.S.82) ist m.E. eine zentrale Erfahrung des antiken Menschen mit der Sünde aufbewahrt: Er erlebt sie offenkundig als ein unheilvolles Potential, das nicht ohne weiteres entschärft werden kann. (Man beachte nebenbei, wie wir bei der Interpretation solcher Texte nahezu zwangsläufig von einer Metaphorik in die andere "verfallen"!) Dies zeigt sich an dem vergeblichen Versuch des Missetäters, sie zu verbergen, ebenso wie daran, daß in biblischer Tradition zumeist nur Gott selbst oder zumindest ein besonders hervorragendes Verhalten des Menschen (z.B. Jak 5,20) die Bedeckung bewirken kann (in Fällen wie Spr 10,12 oder Jos Bell 1,452 sind die Sünden jedenfalls "bei Gott" (vgl. Neh 3,37) nicht zugedeckt!). Umgekehrt zeigt die geforderte Offenlegung, daß dieses Potential, wenn man es zu verhüllen oder zu verschweigen sucht, nur umso schlimmere Wirkungen hervorbringt: SentSext 595; Ps 32,3ff; Spr 28,13; Weish 17,3ff (die Qualen des schlechten Gewissens).

Im Anschluß an diese Beobachtungen ist nun der Feuermetapher weiter nachzugehen.

- Den ältesten Beleg finden wir wohl bei Heraklit, Frgm. 43 (Diels Fragmente I 160): Hybris soll man löschen mehr noch als Feuersbrunst.
- Sir 3,30 heißt es: Loderndes Feuer löscht aus Wasser, und Gerechtigkeit (LXX: Wohltätigkeit) sühnt Sünde.

Neben der Gleichsetzung von Sünde mit loderndem Feuer ist hier wieder interessant, daß erstere durch gemeinschaftsförderndes Handeln wiedergutgemacht wird (vgl. oben S.68f sowie 1Petr 4,8; Jak 5,20); dieses scheint ein besonders geeignetes Mittel dafür zu sein, die in der Sünde liegende Gefahr zu bannen.

- In anderem Zusammenhang finden wir die "Wesensverwandtschaft" von Sünden und Feuer auch ausgesprochen bei Justin, Dial 116,2f (in Auslegung von Sach 3,2-4): Und gleichwie aus einem Feuer sind wir herausgerissen, da wir von den früheren Sünden gerei-

nigt sind... In der Weise nämlich, wie jener Jesus ... ein aus
dem Feuer gezogenes Holzscheit genannt wurde, weil er Vergebung der Sünden empfing...

Hinter der abgeschwächten Form des Vergleiches verbirgt sich m.E.
gleichwohl jene Urerfahrung von der Bedrohlichkeit des Verfehlungs-
potentials.

Wir haben oben (ad 2) bereits darauf hingewiesen, daß wir uns
bei der Interpretation einer Metapher vor falscher Systematisierung
hüten müssen; so kann hier das Bild des Feuers auch ganz anders
verwendet werden:

- An der bereits zitierten Stelle aus dem 6. Pythagoreerbrief
  (s.o.S.84) wird zur Begründung des empfohlenen Verhaltens gesagt, manches Fehlverhalten höre eher auf, wenn man darüber
  schweige, "wie das Feuer, sagt man, erlischt, wenn man es in
  Ruhe läßt."

Das semantische Merkmal des Bildspenders, auf das es hier ankommt,
ist nicht - wie in den oben aufgezählten Fällen - die Gefährlichkeit des Feuers, sondern die Tatsache, daß es von selbst erlischt,
wenn es keine Nahrung bekommt. Die Intention des Bildes geht also
in eine ganz andere Richtung als etwa in der Sentenz von der Unverhüllbarkeit: das Fehlverhalten nicht aufdecken, sondern mit Still-
schweigen übergehen!

- Wiederum steht bei der endzeitlichen Vernichtung des Bösen, wie
  sie 4Esr 6,27 formuliert ist, weder die Gefährlichkeit noch das
  allmähliche Verlöschen des Feuers, sondern schlicht dessen semantisches Merkmal "Löschbarkeit, (gewaltsame) Beendbarkeit"
  im Vordergrund des Bildes: "Die Hinterlist wird ausgelöscht"
  (extinguetur dolus).

Gleichwohl halte ich die zuvor skizzierte Erfahrung der Gefährlichkeit für grundlegender (in Form der Bedrohung anderer schwingt sie
ja auch bei dem "Feuer der Hinterlist" mit!) und für das Verständnis des antiken Sündenbegriffs wesentlicher als die anderen Aussagen.

5. Dies gilt nicht zuletzt deshalb, weil wir uns mit dieser Konzeption der paulinischen Sündenvorstellung abermals bis auf Sicht-
weite nähern: Von der unheilvollen Potenz zur Personifikation der
Sünde (s.u. Teil III) ist es nur ein kleiner Schritt - unbeschadet
der Tatsache, daß unser Bildfeld bei Paulus nicht vorkommt (sieht

man einmal von dem Zitat Röm 4,7 ab). Hier liegen auch gemeinsame Verstehensvoraussetzungen mit dem paganen Griechentum. Die Unterschiede sind vor allem in der Art und Weise der Bewältigung von Sünde zu suchen.

So ist es immerhin auffällig, daß man in der Pagangräzität sein Heil vor allem im Aufdecken und Anzeigen sucht, jedoch offenbar kaum zu Aussagen über eine abschließende und vollgültige "Bedekkung" von Verfehlung vorstößt. Dies scheint vielmehr eine Besonderheit der bibl. Tradition zu sein.

2.7. Metaphern einer (räumlichen) Bewegung in bezug auf die Sünde

2.7.1. Darstellung des Bildfeldes

Es gibt drei mögliche Verhaltensweisen des Menschen zur Sünde, die metaphorisch durch Verben der Bewegung beschrieben werden. Diese drei Bewegungsvorgänge sind:

1. das Sich-Hinbewegen bzw. Sich-Zuwenden zur Sünde,
2. die Flucht vor der Sünde,
3. das (Sich-)Abwenden/die Umkehr von der Sünde.

Die Sünde selbst ist dabei in der Regel als feststehende Größe gedacht, zu der sich der Mensch entweder im Vorfeld seines Sündigens oder als Reaktion/Konsequenz des vollbrachten Sündigens verhält, oder aber diese Unterscheidung ist in einem umfassenden Sündenbegriff aufgehoben. Im dritten (ggf. auch im ersten) Fall stellt dabei die "Änderung der Bewegungsrichtung"[143] das entscheidende semantische Merkmal der Metaphern dar.

Ad 1) ApkSedr 7,11 (ed. O.Wahl) finden wir die Metapher des Sich-Hinbewegens voll ausgearbeitet. Sedrach erinnert Gott an seine Schutzengel und fordert ihn auf: "Sooft ein Mensch zur Sünde sich begibt, pack seinen einen Fuß (vgl. PsSal 16,7); so kann er nicht gehen, wohin er will." - κινεῖν πρὸσ τὴν ἁμαρτίαν, ὁ πούσ und πορεύεσθαι bilden zusammen ein kleines Bildfeld, welches das Zustandekommen der Sünde durch den Willensentschluß des Menschen (vgl. *thelein*) veranschaulicht.

---

143 Soggin aaO. (s.o.Anm.132) 888.

Philo löst Sobr 31-50 durch allegorische Auslegung das Problem
von Gen 9,24f, daß zwar Ham die Sünde begangen zu haben scheint,
der Fluch Noahs aber nicht ihm, sondern dem Sohne Hams, Kanaan,
gilt. In diesem Zusammenhang wird von Ham gesagt, indem er sich
zum Sündigen hinbewegt habe, werde er dadurch selbst zu Kanaan
(aaO. 47: κινηθεὶσ γὰρ πρὸσ τὸ ἁμαρτάνειν Χὰμ αὐτὸσ γίνεται
Χαναάν).

Dies bedarf der Erklärung: "Sich-Hinbewegen" stellt hier eine
philosophische Metapher dar, die das Zustandekommen der Sünde aus
dem Übergang der κακία vom Ruhezustand in die Bewegtheit[144] erklären will, wobei dann Ham zum Namen des stillstehenden, Kanaan aber
zum Namen des bereits in Bewegung befindlichen Lasters geworden
ist (ebd. 44).

Damit ist zugleich gesagt - und das führt uns über die vorliegende Metaphorik hinaus -, daß das Sündigen selbst ein "Sich-Be-
wegen" des Menschen ist (ebd. 50 zu Gen 4,7 LXX), und das heißt
auch: "Sünde" ist nicht schon die "Roheit der Seele" (ebd. 46) bzw.
die bloßen Gedanken, sondern erst die "tadelnswerte Handlung" (ebd.
48, auch 42; anders: All II 61ff, s.o. Anm.101; III 34).

Zu diesem ersten Aussagenkreis gehören auch Verben, die eine
Verzögerung des beschriebenen Bewegungsvorganges aussagen. Dabei
ist natürlich intendiert, das Richtungsziel (die Sünde) überhaupt
niemals zu erreichen: Das (nicht biblische[145]) Gebot, das Sündopfer
an *einem* Tage zu verzehren, wird von Philo, SpecLeg I 243 damit
in Zusammenhang gebracht, daß man das Sündigen "aufschieben" müsse,
indem man in der Bewegung darauf zu stets "zögert" und "langsamer
tut", jedoch sich auf das Rechttun "mit beschleunigter Geschwindig-
keit" zuzubewegen habe. - Man erkennt zugleich, wie sich die Metaphorik der räumlichen Bewegung mit der Zeitmetaphorik (aufschieben,
zögern) verbinden kann (s. noch Agr 122f zu Gen 49,17 LXX). Im übrigen ist "Sich-Hinbewegen" hier nicht philosophisch-anthropolo-
gisch bezogen, sondern ausschließlich für das sittlich-religiöse
Leben gebraucht.

Kein geradliniger, sondern der Grundvorgang der Drehung bzw.
Wendung kennzeichnet eine andere Metapher dieser Gruppe: das Sich-
der-Sünde-Zuwenden. Als Beleg hierzu sei nur aus ApkMos 25 zitiert:

(Eva wird bei den Geburtsschmerzen sagen:) "Herr, Herr, errette
mich, und nicht mehr werde ich mich der Sünde des Fleisches zuwenden."

---

144 Zu dieser Unterscheidung vgl. auch Sen Ep 42,3f.
145 Cohn u.a., aaO. (s.o.Anm.101) II 78 Anm. 2.

Im Unterschied zu den vorgenannten Fällen handelt es sich hier eindeutig um eine "Ex-Metapher", d.h. um eine vollständig verblaß-te, lexikalisierte Wendung, die das Gegenstück zur (ebenfalls ter-minologisch verfestigten) Umkehr-Metapher (s.u. ad 3) darstellt.

Ad 2) Die Fluchtmetapher (*pheugein*) ist v.a. in zwei Textsorten beheimatet:

1. in indikativischen Sentenzen von der Form: a) Spr 10,19 LXX ("Durch Geschwätzigkeit wirst du der Sünde nicht entgehen"; vgl. SentSext 155); SentSext 598 (App. 3) ("Nicht wirst du der Sünde entgehen bei Verschwendungssucht"), oder b) Philo, SpecLeg I 252 ("Denn auch der Vollkommene entrinnt als geborenes Wesen nicht dem Verfehlen"); und

2. in allgemein ermahnenden ("protreptischen") Zusammenhängen (im-mer in Verbindung mit dem Oppositionsbegriff "folgen", sc. der Tu-gend u.ä.): 1Tim 6,11; 2Tim 2,22 ("Die Leidenschaften der Jugend flieh, folge der Gerechtigkeit"); 2Klem 10,1 (der Tugend folgen/ die Gottlosigkeit fliehen); Abot IV 2 ("Eile zu einer leichten Pflicht und fliehe vor der Übertretung!").

Ebenso allgemein gehalten sind die Ermahnung Sir 21,2 ("Flieh vor der Sünde wie vor der Schlange"), die Bedingung des wahren Reichtums in Tob 4,21 S ("vor aller Sünde fliehen") und die Maxime bei Philo, All III 241: "Der völlig Enthaltsame muß alle Sünden fliehen/meiden"; speziellere Warnungen enthalten 1Kor 6,18 ("Flie-het die Unzucht") und 10,14 ("Fliehet vor dem Götzendienst").

Gemeinsam ist allen diesen Aussagen, daß sie mehr oder weniger im Vorfeld der Sünde angesiedelt zu sein scheinen ("Vermeidung") bzw. deren Unentrinnbarkeit betreffen. Es ist aber auch deutlich, daß unsere Metapher das zu Vermeidende immer zugleich auch als das jeweils schon Vollbrachte zur Sprache bringt. So gibt es in der Tat auch Aussagen, die sich zumindest schwerpunktmäßig auf die Be-wältigung von schon begangenen Sünden beziehen:

- Bei Philo, Fug 66f werden die Güter, "die aus der Flucht vor Verfehlungen entspringen", mit den göttlichen Strafen in Zusam-menhang gebracht.

- Nach der Auslegung Justins ist in Jes 1,16ff gesagt, "auf wel-che Weise diejenigen, die gesündigt haben und Buße tun, den Sün-den entkommen sollen" (Apol 61,6; vgl. Philo, SpecLeg I 187: der Versöhnungstag als Tag der "Reinigung und Flucht vor den Sünden").

Aus dieser durchgehend protreptischen Bedeutung der Fluchtmetapher ergibt sich klar, daß wir es im vorliegenden Fall mit einem
Begriff von "Sünde" zu tun haben, in dem die Unterscheidung von
"potentieller" und "aktualer" Sünde aufgehoben ist in einer umfassenden Perspektive (dasselbe 1Petr 4,1: Wer leidet am Fleisch, ist
fertig mit (vergangener wie zukünftiger) Sünde). Dabei handelt es
sich um eine ursprünglich pagan-griechische Konzeption, die auf
dem Felde der atl. Hauptbegriffe für Sünde keine Entsprechung hat
(s. aber unten 2.7.2 ad 4!). Daraus resultiert eine interessante
Einzelerkenntnis (die aber wohl verallgemeinerungsfähig ist): Der
zitierte hebr. Väterspruch (IV 2) kann sinnvoll nur aus der forma-
len wie inhaltlichen Beeinflussung durch hellenistische Protreptik
erklärt werden.[146]

Ad 3) Die Verbindung von hebr. שוב mit einem atl. Hauptbegriff
für Sünde hebt für unsere Kenntnis bei Ezechiel an (18,21.28.30;
33,14) und wird dann - unter Rückgriff auf Jes 59,20 - für die
Selbstdefinition der Qumran-Gemeinde von entscheidender Wichtigkeit
("diejenigen, die umkehren von der Sünde": 1 QS X 20; CD II 5. XX
17; 1 QH II 9. VI 6. XIV 24; 4 Q 512 Frgm. 71; vgl. noch 4 QpPs
37 II 4; 4 Q 171 II 4). Nichts könnte besser den rein terminologischen Charakter dieser Metapher zum Ausdruck bringen.

Griech. Äquivalente des hebr. Verbums sind στρέφειν und τρέπειν
(in der Metapher mit der Vorsilbe ἀπο-). Hinsichtlich ihrer Verwendung ist jedoch eine wichtige Einschränkung zu machen:

Alle Belege mit "apotrepein" gehören der Pagangräzität an und
zeigen durchweg transitiven Gebrauch; es geht immer darum, jemanden von Verfehlung abzuhalten (präventiv) bzw. abzubringen (reak-
tiv). Dabei liegt derselbe umfassende Verfehlungsbegriff wie bei
"fliehen" zugrunde (s.o. ad 2): In einem sollen begangene Sünde
bewältigt und zukünftige verhindert werden.

Diese Konzeption begegnet uns z.B. in der Diskussion über Sinn
und Zweck nichtphilosophischer Wissenschaften für die sittliche
Erziehung:

- Isokrates empfiehlt nachdrücklich den Erwerb solcher Kenntnisse
  und Fertigkeiten als Vorschule der Philosophie (Antidosis 264ff;
  vgl. Epict Diss II 23,23-28), schränkt dies jedoch Panathenaikos
  27 dahingehend ein, "daß solches Wissen - wenn schon nichts an-

---

146 Allgemein zu diesem Problem s. zuletzt K.Berger, Hellenistische Gattungen
    1040; speziell zur vorliegenden Metaphorik ebd. 1344.

deres Gutes bewirken kann, so doch wenigstens die Jugend *von
vielen anderen Verfehlungen abwendet"*.

- Eindeutig negativ urteilt Dion Chrysostomos, Or 70 über diese
  Dinge. Er ist sich mit Isokrates darin einig, daß Philosophie
  etwas völlig Anderes sei (7f), kommt jedoch hinsichtlich der
  genannten Wissensbereiche zu dem radikalen Schluß: "Die Kenntnis
  dieser Dinge macht die Seele des Menschen nicht besser und *wen-
  det* sie *nicht von Verfehlungen ab"* (9; vgl. Sen Ep 49,5ff).

Von den vielen weiteren Belegen für unsere Metapher seien noch genannt: Pseudo-Plato, Def 416 a 30f ("Zurechtweisung ... eine Rede
um der Abwendung von Verfehlung willen") und Isokrates, Panegyrikos
130 ("abwenden von Verfehlungen" durch Zurechtweisen/Ermahnen, nicht
durch Anklagen).

Vereinzelt findet sich der transitive Gebrauch auch im hebr.
AT: Jer 23,22 wird *schūb* (im hi.) von Propheten, Mal 2,6 von Prie-
stern gebraucht (vgl. auch Ez 18,8 "seine (eigene) Hand vom Unrecht
zurückhalten").

Hingegen gehört die Verbindung von (intransitivem) ἀποστρέφειν
und "Sünde" ganz dem hellenistischen Judentum. Die durch die LXX
begründete Übersetzungstradition - stellvertretend für viele andere
Belege seien genannt: 3Kg 8,35; Sir 8,5; Dan 9,13 Th. - sucht dadurch den spezifisch atl. Umkehrgedanken auch terminologisch gegen
pagan-griechische Vorstellungen abzugrenzen (obwohl *"streph-"* und
"trep-" im strengen Sinne synonym sind!) und hält diese Unterscheidung auch im transitiven Gebrauch durch; vgl. die griech. Übersetz-
zung von Jer 23,22 und Mal 2,6 sowie im NT Jak 5,20 (ὁ ἐπιστρέψασ
ἁμαρτωλόν) und Apg 3,26 ("einen jeden abwenden von den bösen Taten")
einerseits mit Lysias, Or 12,49 und Plut Moral 89 B (τοὺσ (ἐξ)
ἁμαρτάνοντασ ἀποτρέπειν) andererseits. Dies schließt nicht aus,
daß gleichwohl pagan-hellenistische Züge in den frühjüdischen (und
damit auch den frühchristlichen) Umkehrbegriff Eingang finden -
sei es nun durch das neue, absolut gebrauchte *schūb*-Äquivalent
"metanoein" (Sir 48,15) oder dadurch, daß "die Seele" zum eigentlichen Subjekt des Umkehrens von der Sünde wird (Philo, Her 298; vgl.
auch oben S.79 zur "Krankheit der Seele" in LXX).

Abschließend sei eine Stelle aus dem Jubiläenbuch angeführt:
41,23-25 schildert im einzelnen die Phasen eines Prozesses, der
Juda die Vergebung seiner Sünde bringt: Erkenntnis der Sünde -
Umkehr - Vergebung. Dabei wird erneut klar, daß der metaphorische
Grundvorgang selbst bedeutungslos geworden ist: "Umkehren von der

Sünde" (V.25) ist lediglich zusammenfassender Reflexionsbegriff
für "flehen, klagen und nicht mehr tun" (V.24).

2.7.2. Auswertung

1. Das vorliegende Bildfeld besteht überwiegend aus lexikalisierten Metaphern - am ehesten ist noch im Fall 1 eine Verlebendigung anzutreffen (so hat sich z.B. Philo in seinen Allegoresen dieser Möglichkeit bedient).

(Man halte sich demgegenüber "Auferstehung" und "Himmelfahrt"
vor Augen - ebenfalls Metaphern der räumlichen Bewegung -, um die
Relevanz unserer Frage nach dem Wirklichkeitswert von Metaphern
für die Rekonstruktion des religiösen Kategoriensystems der Antike
zu ermessen!)

2. Das Neue an diesem Bildfeld gegenüber den bisher behandelten
Metaphern ist:
a) daß wir hier auch Metaphern begegnen, die auf das Zustandekommen
bzw. die Verhinderung von Sünde (das "Vorfeld" der Sünde) bezogen
sind;
b) der umfassende, in der hellenistischen Protreptik beheimatete
Verfehlungsbegriff, welcher Vergangenheit und Zukunft gleichermaßen
ins Auge faßt und damit die geläufige Unterscheidung von möglicher
und tatsächlicher Sünde überwindet ("fliehen", "abwenden").

3. Die Fluchtmetapher ist darüber hinaus in einer doppelten Hinsicht interessant:
a) Sie kann im Ansatz auch die umgekehrte Bewegung, nämlich die
der Sünde auf den Menschen zu, zum Ausdruck bringen ("vor der Sünde
fliehen", die einen gewissermaßen "verfolgt"). Damit nähern wir
uns erneut (vgl. oben 2.6.2 ad 5) und von einer ganz anderen Seite
her der paulin. Sündenvorstellung; man könnte von "impliziter Personifikation" sprechen.[147]

---

147 Eine solche setzt allerdings ein Mindestmaß an Lebendigkeit der Anschauung
voraus; dieses fehlt z.B. völlig bei einer synonymen Metapher wie "sich hü-
ten/sich in acht nehmen" (Beispiele: Euripides Frgm. 1027 Nauck: "Als Kind
hüte dich vor schändlichen Dingen" (Z.1); Aeschines, Or 2,75: τὰ ἁμαρτήματα
φυλάττεσθαι), und auch im Falle von "fliehen" ist eine gewisse Lebendigkeit
nur vereinzelt zu spüren (der Übergang in die "explizite Personifikation"
ist nur an einer einzigen Stelle zu beobachten: Sir 21,2; s.u.S.148f. Beachte jedoch, daß die Sünde gerade hier nicht als "Verfolger" vorgestellt wird,
sondern als eine Größe, der man nicht "zu nahe kommen" soll!).

b) Sie liefert ein gutes Beispiel für die Feststellung K.Bergers:
"Auch wo der Bildgehalt von Metaphern verblaßt ist, hat dieses noch
Bedeutung ... für die Gattung, in der sie begegnen."[148] "Die Sünde
fliehen" ist nach unseren Beobachtungen typisch für Formen und Gattungen der hellenistisch-frühjüdischen und -frühchristlichen Protreptik.

4. Das Bildfeld kann nur mit Vorbehalt als kulturkreisübergreifend bezeichnet werden: Als Analogie zu Fall 1 käme nur Spr 11,19
("dem Bösen nachjagen") in Frage; dem Fliehen kommt hebr. *sūr*
(griech. Äquivalent: ἐκκλίνειν u.a.) am nächsten; im Fall 3 muß
differenziert werden in transitiven (übergreifend) und intransiti-
ven (spezifisch atl.) Gebrauch.

Berührungen sind also gegeben und auch von der Sache her eindeutig zu erwarten. Immerhin läßt sich sogar für den dargestellten
"protreptischen Verfehlungsbegriff" eine analoge Größe im AT angeben: "Schlechtes, Böses" (hebr. רע) in Verbindung mit *sūr* (die Belege bei S.Schwertner, THAT II 150).

Hinzu kommt oft noch die Infinitivkonstruktion anstelle des nominalen Verfehlungsbegriffs (Beispiele: Sophokles Frgm. 472 Pearson (= 431 Nauck): Die
Seele "nimmt sich in acht, ...gegen die Götter zu sündigen" (Z.2f); Euripides
Suppl 900 φρουρεῖν + μηδὲν ἐξαμαρτάνειν), welche die genannten Metaphern
nicht einmal als Vorstufen der "impliziten Personifikation" erscheinen läßt
(vgl. aber den subst. Inf. in SpecLeg I 252 - s.o.S.91 ad 1b - und die phi-
lol. Anm. über die "Renominalisierung" des Inf. bei Pearson S. 126 zu Z.3 des
zitierten Soph-Fragments).
148 Formgeschichte 36.

2.8.   Die Sünde als Frucht/Trieb bzw. als Pflanze

2.8.1. Darstellung des Bildfeldes

Der bekannteste Beleg für die Vorstellung von der Sündenfrucht
im frühen Judentum ist zweifellos 4Esr 4,30ff: Das "granum seminis
mali", welches seit Anfang in Adams Herz gesät ist (vgl. schon
V.28f), hat "fructum impietatis" hervorgebracht. Die Sünde hat also - gut alttestamentlich (vgl. Ps 140,3) - ihren Ursprungsort im
Herzen des Menschen, das im Bild gleichsam als Nährboden der "im-
pietas" erscheint, auf welchem diese wie Ähren (spicae) heran-
wächst. - Ganz entsprechend verhält es sich mit der Baummetapher.
Wir finden sie - dem Thema der Schrift gemäß - voll ausgearbeitet
in Philos Abhandlung über Gen 9,20: "De agricultura". Die Landwirtschaftskunst der Seele (7) hat es sich zur Aufgabe gesetzt, nicht
nur die Tugenden in der Seele zu säen und zu pflanzen, sondern auch
die Bäume der Affekte oder Schlechtigkeiten, die aufgesproßt waren,
um verderbliche Früchte (καρποί) zu bringen, abzuschneiden, so daß
auch nicht der kleinste Rest verbleibt, aus dem neue βλάσται
ἁμαρτημάτων wieder emporschießen könnten (9-10). Hier erscheint -
gut griechisch - die Seele als jener Nährboden schlechter Pflanzen,
aus dem die Sündenfrucht letztlich hervorgeht. Eine Analogie besteht hier weiterhin zwischen dem Korngetreide und seinen Ähren
einerseits (4Esr) und den Bäumen und ihren Sprossen oder Trieben
bzw. Früchten andererseits (Agr).[149]

Ebenfalls noch recht lebendig ist das Bild vom Pflanzenwachstum
in seiner Anwendung auf Entstehung und Zunahme von Schuld und Sünden:

- 5Esr 1,6 heißt es von den Israeliten in den Tagen Nebukadnezars:
  "Die Sünden ihrer Väter sind in ihnen gewachsen" (peccata ...
  in illis creverunt).
- syrDan (ed. H.Schmoldt) 7,39: Und es wird wachsen die Schlechtigkeit auf der Erde und auf ihren Bewohnern (Gegenstück in

---

149 Ebenfalls der Landwirtschaftskunst - und zwar der für Ägypten "so wesent-
liche(n) Bewässerungsarbeit" - ist die im Äg. belegte Metapher vom "Gärtner
der Schändlichkeit", der "sein Beet mit Unrecht besprengt", entnommen (H.
Grapow, Die bildlichen Ausdrücke des Ägyptischen 158). - Auf der Gleichsetzung von Sünde und Getreidepflanze beruht die Interpretation von חטאת (Gen
4,7) als "Weizen" (חטה) in Berakhot 61a (s. dazu Billerbeck IV 1,481).

V.40: Und es wird vermindern die Erde ihre Früchte und die Berge ihre Erträge). Vgl. 3,38; 7,51 (Und es wird wachsen die Sünde).

- Aesch Frgm. 156 Nauck: Gott läßt den Menschen Schuld (er)wachsen (αἰτίαν φύειν), wenn er fest entschlossen ist, ein Geschlecht zu verderben.

- Eine besondere Zuspitzung erfährt dieses Bild da, wo es auf die "überwuchernde" Kraft der Sünden abzielt, wie z.B. in dem Weheruf 4(6)Esr 16,78 über diejenigen, die von ihren Sünden eingeschnürt (constringere) und von ihren Ungerechtigkeiten bedeckt (obtegere) werden, wie ein Feld und sein Weg (semita eius), durch den kein Mensch mehr geht, von Wald und Dornen überwuchert wird.

Die Metapher des Waldes kann aber auch ganz anders verwendet werden, wie folgende Stelle aus den "Lehren des Silvanus" beweist: "Let holy reason become a torch in your mind, burning the wood which is the entirety of sin" (NHC VII 86,20-23). Entscheidendes Merkmal des Bildspenders ist hier die Brennbarkeit von Holz; diese dient dazu, die Möglichkeit der Bewältigung von Sünde (durch die "Fackel der Vernunft"), zu der hier aufgefordert wird, zu veranschaulichen und so der ethischen Ermahnung mehr Nachdruck zu verleihen. (Vgl. zu diesem Motiv auch Pist Soph 115 (Schmidt/Till S. 193,Z.32-34): Das Mysterium der Getauften wird zu Feuer und verbrennt die Sünden.)

Zur inneren Logik des Bildfeldes gehört es, daß die Sünde, wenn sie denn als Pflanze metaphorisiert werden kann, auch eine "Wurzel" (griech. *rhiza*) habe. Mit dem Bild der Wurzel ist der Gedanke der Festigkeit und beständigen "Nahrungszufuhr" verbunden, so daß es für einen gerechten Lebenswandel darauf ankommt, die Sünde "zu entwurzeln/auszureißen" (ἐκριζοῦν TestAss 1,7), bzw. sich die eschatologische Hoffnung darauf richtet, daß "alle Ungerechtigkeit von ihren Wurzeln abgeschnitten" werde (äthHen 91,5.8.11).

Nahezu das komplette Bildfeld erscheint in EvPhil: NHC II 83, 8-24. Wir finden dort folgende Elemente: die Wurzel der Schlechtigkeit - abschneiden (genügt nicht!) und wieder sprossen - tief graben - ausreißen - Früchte hervorbringen.

Häufiger noch ist die usuelle Verwendung der Wurzelmetapher für den "Ursprung" oder "Urheber" von Sünde(n):

- Galen, De peccatorum dignotione 4,1 (ed. W.de Boer, 53) wird die falsche Zielvorstellung sowohl als ἀρχή sehr vieler Verfehlungen als auch als die Wurzel bezeichnet, aus der die aufeinanderfolgenden, einander ablösenden Verfehlungen hervorgehen (φύεσθαι ὥσπερ ἐκ ῥίζησ).

Bereits an diesem einen Beispiel wird deutlich, daß die Wurzelmetapher in der Gattung "Filiationsreihe" beheimatet zu sein scheint,
in welcher ein Fehler od. Laster (bzw. eine Tugend) aus dem anderen
hervorgeht und auf diese Weise eine ganze Kette entsteht.[150] Die
Verbindung kann aber auch auf zwei Glieder beschränkt sein, wenn
nämlich das zweite in umfassender Weise die Gesamtheit aller Sünden, Übel usw. bezeichnet und so an die Stelle einer längeren Kette
tritt.

- 4Esr 3,22: das Gesetz im Herzen des Volkes zusammen mit der Bosheit der Wurzel ("cum malignitate radicis", sc. der Sünde[151]).
- 1Tim 6,10: Die Wurzel aller Übel ist die Geldgier.
- Descensus Christi ad inferos 7 (ed. K.Tischendorf, Evangelia
  apocrypha, 2.Aufl. 1876, 330) wird der Satan vom Hades als "Urheber (*archē*) des Todes", "Wurzel (*rhiza*) der Sünde" und "Ziel
  (*telos*) jeglicher Bosheit" apostrophiert (Übers. Hennecke/Schnee-
  melcher I 351).

Gewissermaßen noch einen Schritt zurück hinter den Ursprung der
Sünde geht eine Stelle aus "Der Donner, vollkommener Nus":

- NHC VI 19,16f: The root of sin derives from me.

Einige Belege zeigen, daß der Wurzelmetapher strukturverwandte Ausdrücke zur Seite treten können, die ebenfalls zwei Größen in einer
bestimmten "Richtung" einander zuordnen. Davon sind im strengen
Sinne zur Wurzelmetapher analog:
a) "Anfang" (*archē*) (s. noch Weish 14,12: "Der Anfang der Unzucht
ist der Gedanke an Götzenbilder"); ganz ähnlich
b) "Haupt" (*kephalē*): "Die Begierde ist das Haupt (der Anfang, das
Wesen) aller Sünde" (ApkMos 19);
c) "Mutter" (*mētēr*): "Die Unzucht ist die Mutter aller Übel" (Test
Sim 5,3). Hier liegt bereits sexuelle Metaphorik vor; wir finden
sie noch anschaulicher und lebendiger in den speziellen Bildern
von Schwangerschaft und Gebären: "Wenn die Begierde schwanger geworden ist, so gebiert sie Sünde" (Jak 1,15).[152]

Schließlich ist noch auf die Dreiergruppe von *archē*, *aitia* und
peras in Weish 14,27 hinzuweisen: "Die Verehrung der namenlosen Götzenbilder ist allen Übels Anfang, Ursache und Ende (Ziel, Höhepunkt)."

---

150 Vgl. Berger, Formgeschichte 151f.
151 Vgl. J.Schreiner, JSHRZ V 4 (Übers.), S.314 Anm.22a.
152 Vgl. dazu W.H.Wuellner, Jakobusbrief 46: "Aspekt der Geburt (als Ursprungs-
    Topos)".

(Alle Analogien, die sich angeben lassen, sind zugleich ein Beitrag
zu der Frage nach der Übersetzbarkeit; s.o. 1.2)

Eine weitere wichtige Gruppe von Aussagen spricht davon, daß
die Sünde "angeboren" sei (biblisch: Weish 12,10). Sie bedient sich
dazu des (seit langem vollständig lexikalisierten) Bildes vom engen
Verwachsen-Sein der Pflanze (συμφυήσ), insbesondere mit dem Erd-
reich (ἔμφυτοσ "eingepflanzt"). Beispiele:

- Philo, VitMos II 147: Jedem Geborenen, auch wenn er tugendhaft
  ist, ist das Sündigen angeboren, dadurch daß er zur Geburt gekommen ist.[153]
- Menander, Frgm. 598 A (ed. J.M.Edmonds, FAC III B) und
- Stob Ecl IV 217,21f (Sopatros-Brief):
  Das Sündigen ist allen Menschen angeboren (synon. *koinos*).
- Im Unterschied dazu spricht Euripides, Frgm. 1027 Nauck die Auffassung aus, die Sünde werde durch vieles Sündigen in der Jugend
  dem Charakter "eingepflanzt" (Z.3-5).

Abschließend betrachten wir eine Stelle aus dem "Agamemnon" des
Aeschylus (501f): "Wer immer anders dies erfleht für unsre Stadt,
Selbst ernt er (sic!), den im Sinn er trug: des Frevels Frucht
(καρποῦσθαι τὴν ἁμαρτίαν)!" (Übers. O.Werner). Die griech. Wortverbindung ist insofern interessant, als sich die Metaphern "Sündenfrucht" (Übersetzung: "die Sünde ernten"; vgl. die Wiedergabe
bei F.Stoessl: "Der ernte selber seines Herzens falschen Wunsch!")
und "Sündenpflanze" (Übersetzung: "die Früchte der Sünde (= Pflanze) ernten") hier nicht differenzieren lassen, sondern beide inein-
anderfallen. Gemeint ist: "die schlimmen Folgen der Sünde empfinden" - womit der Akzent auf die zweite Bedeutung fällt. (Man beachte die gekonnte Übertragung O.Werners, der beiden Möglichkeiten
dadurch gerecht zu werden sucht, daß er Relativpronomen ("den")
und Bezugswort ("Frucht") nicht koordiniert, sondern ersteres nach
dem Mask. "Frevel" (= Sünde) ausrichtet.)

All dies erinnert strukturell auffällig an die hebr. Formel "die
Sünde tragen" und die dieser zugrundeliegende dynamistische Reali-
tätsauffassung, in welcher ebenfalls die Sünde selbst und die Folgen
der Sünde koinzidieren (s.o. 2.1.1).

---

153 Inhaltlich vgl. SpecLeg I 252 (s.o.S.91 ad 1b).

2.8.2. Auswertung

1. Das vorliegende Bildfeld ist - wie wir gesehen haben - sehr
vielseitig verwendbar (auch für den Bereich der Entstehung von Sünde; vgl. oben 2.7.2 ad 2a). Deswegen ist hier die Frage von besonderer Bedeutung, welches jeweils der leitende Gedanke war, der zum
Einsatz einer Metapher an einer bestimmten Stelle geführt hat. Dabei zeigt sich erneut (vgl. oben S.87f das zur Feuermetapher Gesagte), daß bei ein und demselben Bildspender an verschiedenen Stellen
auch verschiedene semantische Merkmale in den Blick gefaßt sein
können (s. z.B. bei "Wald" und "Wurzel").

2. Wir beobachten auch hier (vgl. oben 2.7.2 ad 3b) eine feste
Beziehung zwischen einer bestimmten usuellen Metapher (Wurzel) und
einer bestimmten Gattung (Filiation). Darüber hinaus begegnet uns
eine Vielzahl von analogen Metaphern, die ebenfalls zu dieser Gattung gehören (Anfang, Mutter, gebären usw.).

3. Überaus wichtig erscheint mir, daß mit der vorliegenden Metaphorik in der Regel - zumindest im Bereich des Judentums - keine
Minderung der menschlichen Verantwortlichkeit zum Ausdruck gebracht
sein soll. Das Bild des unaufhaltsamen natürlichen Pflanzenwachs-
tums könnte dies (im Unterschied zu den meisten bisher behandelten
Metaphern) zunächst nahelegen, doch vermögen uns schon ein Blick
auf die generelle Problematik von 4-6Esr sowie der angegebene Kontext vieler anderer Stellen leicht vom Gegenteil zu überzeugen (vgl.
auch oben Teil I 4).

4. Schon mehrfach konnten wir feststellen, daß die einzelnen
Elemente eines Bildfeldes - auch synchronisch betrachtet - sehr
stark in ihrer Lebendigkeit differieren können. Im vorliegenden
Fall reicht die Skala von der usuellen bis zur rhetorisch-poetischen
Metapher.

Viele von denjenigen Bildfeldelementen, mit denen eine lebendige
Vorstellung (ein "Erlebnis") verbunden ist, können als Übergangs-
formen zur paulin. Denkfigur der Personifikation (s.u. Teil III)
erscheinen: Mit der Wachstumsmetaphorik kommt etwas Lebendiges,
Dynamisches in den Reflexionsbegriff "Sünde", und von den Naturme-
taphern "Frucht" und "Pflanze" ("Verlebendigungen" des Begriffs
also) ist es nicht mehr allzu weit bis zu den Tiervergleichen und
den anderen Personifikationen der Sünde (s.u.). Die nächsten Analogien bei Paulus zur Wachstumsmetaphorik liegen in Röm 5,20 ("groß
werden"; vgl. dazu schon Esr 9,6; 1/3Esr 8,72; Sir 23,3) und 7,9
("aufleben") vor.

2.9. Zusammenfassung und Schlußbemerkungen

Folgendes haben wir in den Einzelstudien der Kapitel 2.1-2.8
zu leisten versucht:

1. Eine möglichst eindringende und zugleich quellenbezogene Behandlung der für das Verständnis antiker religiöser Metaphern rele-
vanten theoretischen Probleme.

H.Weinrichs Bildfeldtheorie hat sich für die geordnete Beschreibung und Erklärung von Metaphern im allgemeinen bewährt; gelegent-
lich ist es sinnvoll, sie durch die Betrachtung übergreifender Wirk-
lichkeitsmodelle zu erweitern. Wir haben zahlreiche Metaphern-Analogien festgestellt, aber an vielen Stellen ebenso die Eigenart
biblisch-jüdischen Denkens wahrgenommen. Insgesamt erweist sich
der östliche Mittelmeerraum als eine Bildfeldgemeinschaft.

Schließlich lernten wir auf abgestufte Wirklichkeitswerte bei
Metaphern zu achten und haben damit ein wichtiges Kriterium auch
für die Beurteilung der paulin. Vorstellungswelt gewonnen.

2. Die möglichst exakt differenzierende Darstellung verschiedener antiker Konzeptionen von "Sünde" und "Verfehlung" bzw. von in
engstem Zusammenhang damit stehenden Vorstellungen (Entstehung,
Bewältigung) - einschließlich der Frage, ob die paulin. *"hamartia"*
zu diesen in Kontinuität oder in Diskontinuität steht.

Dabei ergaben sich kurz zusammengefaßt folgende aus der Untersuchung der Metaphern gewonnene allgemeine semantische Kategorien:
a) Sünde ist ein irgendwie umrissener konkreter *"Gegenstand"* oder
"Stoff" (Last, Schmutz), der vom Menschen abgetrennt oder/und vernichtet werden kann (wegnehmen, (auf)lösen);
b) Sünde ist zugleich ein gefährliches *"Potential"* (Feuer, bedek-
ken, auch: Last) oder ein gleichsam *"organisch"* belebtes Etwas
(Pflanze), das dem Menschen Unheil bringt und das deshalb "gelöscht",
"bedeckt" oder auch "weggetragen" bzw. "entwurzelt" werden muß;
c) Sünde ist ein objektiver *"Tatbestand"* oder *"Sachverhalt"*, der
nicht ohne himmlisch-göttliche Reaktion bleiben kann (aufschreiben,
anrechnen);
d) Sünde ist ein krankhafter *"Zustand"* und bedarf der Heilung;
e) Sünde ist schuldhafte *"Tat"* und bedarf der Vergebung (keine Metapher; zum Tatcharakter s.o. Teil I 4);
f) Sünde ist tathafter *"Vorgang"* und daraus resultierender *"Zustand"* in einem (Befleckung);
g) Sünde ist Bezugsgröße zielgerichteter "Bewegungen" des Menschen
(z.B. Umkehr, Flucht vor "Sünde *in einem umfassenden Sinne"*).

Der damit erzielte Einstieg in die Erforschung der antiken Sündenvorstellungen erhebt keineswegs den Anspruch, vollständig zu
sein; viele überaus wichtige und häufige Metaphern wären noch zu
nennen und auszuwerten, wie z.B. die kulturkreisübergreifende Wortverbindung "die Sünde auswischen" (griech. *exaleiphein*, z.B. Apg
3,19; hebr. *mḥh*, z.B. Neh 3,37) oder das aus allgemein menschlicher
Erfahrung sich nahelegende Bild des Wassers ("Quelle" und "Strom"
der Sünden). Wahrhaft universal sind wohl auch die Bilder des Weges
("in die Irre gehen") und des Falles (Weltanschauungsmetapher in
gnostischen Systemen!). Es bleibt also noch ein weites Feld für
weitere Untersuchungen.

Abschließend sei noch ausdrücklich darauf hingewiesen, daß sich
nahezu alle dargestellten Metaphern untereinander (und auch mit
anderen, nicht genannten) kombinieren lassen. Auf die Verbindung
von Last- und Befleckungsmetaphorik bin ich bereits in den betreffenden Kapiteln eingegangen (s. bes. 2.2.2 ad 6). Außerdem seien
noch einmal genannt: Ps 32,1 und 85,3 ("tragen" par. "bedecken");
Mich 7,18 ("tragen" par. "vorübergehen"); Neh 3,37 ("bedecken" par.
"auswischen"); Philo, SpecLeg I 187 ("Reinigung und Flucht").
Andere Kombinationen sind: "die Befleckung lösen (=tilgen)" (Eur Or
598); "Wegnehmen der Schlechtigkeit" synon. "Reinigung" (Plato,
Soph 227d); "(die Seele von Sünden) reinigen und entleeren" (Philo,
Som I 198).

Die Aufzählung ließe sich beliebig verlängern, ohne neue Ein-
sichten zu vermitteln. Als Regel ergibt sich: Bei konventionalisierten Metaphern führt die Kombination zu einer weiteren Verflachung ihres Bildgehalts (vgl. aber oben S.36 zu 4Esr 7,68 und S.62
zu TestHiob 43!).

3.   Die paulinischen Hauptmetaphern für Sünde in Röm 5-7

3.1. Methodische Vorüberlegungen

Unser Durchgang durch das weite Feld antiker Metaphorik der Sünde hat bis jetzt nur sehr wenig zur Erklärung hamartiologischer
Aussagen des Römerbriefs beizutragen vermocht: Lediglich der Hintergrund der sehr traditionellen Sündenmetaphern von Röm 4,7; 5,13
und 11,27 konnte erhellt werden. Allerdings erbrachte die Untersuchung einige andere, überaus wichtige Anknüpfungspunkte für das
paulinische Reden von Sünde, die unsere Vermutung bestätigten, eine
abschließende Neubestimmung des paulin. Sündenbegriffs sei nur von
einer Klärung der personifizierenden Denk- und Sprechweise zu erwarten (s.o. 2.4.3 ad 2, 2.6.2 ad 5, 2.7.2 ad 3a, 2.8.2 ad 4; vgl.
Teil I 6). Wenn wir im folgenden davon noch weitgehend absehen wollen, so deshalb, um unsere Aufmerksamkeit ganz den folgenden drei
Fragenkreisen zuzuwenden:
a) Herkunft und Traditionalität der paulin. Metaphern,
b) die bestimmenden semantischen Merkmale der Bildspender,
c) der Wirklichkeitswert der Metaphern.
Wir wenden also die bisher erarbeiteten Fragestellungen und Kategorien auf Röm 5-7 an. Auf diese Weise gelingt uns vielleicht die
angestrebte Positionsbestimmung der paulin. Metaphorik im Gesamt
antiken Redens von Sünde und Verfehlung (vgl. oben S.19), nachdem
sich bislang nur wenige Hinweise ergeben haben.
Was a) betrifft, so wird es nötig sein, stärker noch als bisher
synonyme Begriffe und sinnverwandte Aussagen mit in die Untersuchung einzubeziehen. An ihrer Bedeutung und ihrem Einfluß auf das
Denken des Paulus lassen sich zugleich Traditionalität und Origi-
nalität der im folgenden darzustellenden Aussagen erkennen.
Ich behandle die einzelnen Bildfelder und Metaphern (wie bisher)
getrennt nacheinander und gebe dabei keine fortlaufende Exegese
der Röm-Kapitel; dies macht den entscheidenden Unterschied zur herkömmlichen Arbeitsweise in den Kommentaren aus. Gegenüber den meisten monographischen Darstellungen besteht der Neuansatz darin,
daß im Mittelpunkt unseres Interesses die kleinsten Einheiten möglicher theologischer Aussagen über die Sünde stehen sollen und
nicht das ganze Geflecht (Wortfeld) ihrer Beziehungen zu anderen
Schlüsselbegriffen paulinischer Theologie. Zugleich wird damit über-

haupt erst erwiesen, daß es zumindest partiell möglich und sinnvoll ist, bei Paulus von Sünde zu reden, ohne zugleich auch von
Gesetz oder Fleisch zu reden.

3.2.   Die Herr-Sklave-Metaphorik

3.2.1. Die Herkunft des Bildfeldes aus dem paganen Hellenismus

Für den Aufbau des Bildfeldes, das hier an erster Stelle zu be-
sprechen ist, sind folgende Elemente konstitutiv (Röm 6,6.12ff):
κυριεύειν (synon. βασιλεύειν), δουλεύειν/δουλωθῆναι/δοῦλοσ,
ὑπακούειν/ὑπακοή, ἐλευθερωθῆναι/ἐλεύθεροσ. (Die Zentralmetapher -
s.o. 1.1 - "die Sünde als Herr" ist in dieser Form bei Paulus nicht
belegt; sie ist jedoch implizit im Bildfeld enthalten.)

Wie sich an der Herkunft des Feldes sogleich zeigen wird, muß
man auch πεπραμένοσ (Röm 7,14) noch hinzunehmen, welches bei Pls
relativ isoliert steht und eher in Zusammenhang mit einer anderen
Metaphorik ("wohnen") zu sehen ist, sowie das nichtmetaphorische
ζῆν, das trotz seiner Verankerung in der Christologie (Röm 6,10f.13)
auch seinen Bezug auf den sittlichen Lebenswandel als Bildempfänger
unseres Feldes deutlich erkennen läßt (6,2).

Dieses Bildfeld findet sich nahezu vollständig auch in Texten
aus dem kynisch-stoischen Bereich (v.a. bei Epiktet) sowie im Werk
Philos von Alexandrien.

Epiktet leitet seine Diatribe "Über die Freiheit" (Diss IV 1)
mit einer Definition des "freien" Menschen ("derjenige, der lebt,
wie er will") und dem Nachweis ein, daß kein Ungebildeter frei sei.
Dieser lebe nämlich (ζῆν), wie er selbst nicht wolle - voller Affekte, ungerecht und zuchtlos, kurz: ἁμαρτάνων (1-5). Es folgt ein
Abschnitt, in dem Epiktet am Beispiel eines Freundes und Ministers
des Kaisers darlegt, wie man sehr wohl einer gehobenen sozialen
Schicht angehören und also in diesem Sinne "frei" sein und selber
viele Sklaven haben könne, doch gleichzeitig ein "Sklave" sei und
sich in nichts von Leuten unterscheide, die dreimal in die Sklaverei verkauft worden sind (πεπραμένοσ) - Sklave nämlich nicht nur
(auf der politisch-metaphorischen Ebene) des Kaisers[154], sondern

---

154 Die Sklavenmetapher für Staatsbeamte wird abgelehnt bei Xenoph Mem II 8,4;
diese werden vielmehr ἐλευθεριώτεροι genannt.

vor allem (im philosophisch-metaphorischen Sinne) von Begierden
und anderen Zwängen (6-23). Ebd. 53 spricht Epiktet den damit vollzogenen Übergang von der wörtlichen in die übertragene Bedeutung
noch einmal ausdrücklich an und führt ihn (55ff) an Einzelbeispie-
len vor.

Noch an einer anderen Stelle hat Epiktet diese Gedanken entwik-
kelt und in die Form einer markanten These gebracht: Οὐδεὶσ τοίνυν
ἀμαρτάνων ἐλεύθερόσ ἐστι (Diss II 1,23). Sie ergibt sich aus den
bekannten Prämissen: 1. Freiheit ist, wenn man leben kann, wie man
will. 2. Die Menschen wollen nicht irrig leben (ζῆν ἀμαρτάνοντεσ).
Auch hier wird wieder mit einem doppeldeutigen Begriff gespielt:
"Freiheit" im gesellschaftlichen und im philosophischen Sinn. In
wirkungsvoller Weise wird die Behauptung, allein den Freien sei
es möglich, Bildung zu erwerben, umgedreht zu der provozierenden
These: Allein die Gebildeten sind frei (ebd. 22). Denn nur denjenigen, die Philosophie studiert hätten, sei es möglich, frei zu
sein von Furcht, Trauer und innerer Unruhe (alles "Verfehlungen"
im stoischen Verständnis[155]) und damit von der "Sklaverei" (ebd. 24).
Und auch hier folgt wieder ein konkretes Beispiel: Ein freigelasse-
ner Sklave ist erst dann wirklich (also im übertragenen Sinne)
"frei", wenn er ἀτάραχοσ geworden ist, wie umgekehrt derjenige,
der die Macht hat, Sklaven freizulassen, selber unter einem Herrn
(κύριοσ = Zentralmetapher!) stehen kann: dem Gelde, einem Mädchen,
dem Tyrannen usw. (ebd. 26-28).

In der kynisch-stoischen Kebes-Tafel (ed. D.Pesce) sind es eben
diese (allegorisch als wilde Tiere auftretenden) Affekte und Laster
selbst, die den Menschen zum Sklaven gemacht hatten (22,2). Jü-
disch-hellenistisch wäre z.B. zu vergleichen TestSim 3,2: "Der Neid
herrscht (κυριεύειν) über die ganze Gesinnung des Menschen."

Noch viele andere Belege ließen sich beibringen. Wichtiger ist
jedoch die Frage nach den (jüdisch-hellenistischen) Verbindungs-
gliedern zwischen den stoischen Texten und dem Apostel Paulus; und
hier ist vor allen anderen Philo von Alexandrien zu nennen - aus
Gründen zeitlicher und sachlicher Nähe zu Paulus wie auch aus Gründen des besonderen geistigen Einflusses der Stoa.

---

155 S. den Beleg oben S.11 ad 2. Ebenso: Plutarch, Moralia 449 D = vArnim Fragmenta III 119,25f ("Nach ihrer Meinung ist jede Leidenschaft eine Verfehlung (*hamartia*), und jeder, der betrübt ist, sich fürchtet oder etwas be-
gehrt, verfehlt sich"); Cic Fin III 32 = vArnim Fragmenta III 137,10 (...
sic timere, sic maerere, sic in libidine esse peccatum est etiam sine effec-
tu).

An vorderster Stelle ist auf Philos Schrift "Quod omnis probus liber sit"[156] hinzuweisen, und hier wieder besonders auf die Abschnitte 21-25. 59-61 und 156-159. Wir finden hier das dargestellte Bildfeld vollständig repräsentiert; die Bildempfängerseite ist u.a. durch den altstoischen Terminus ἁμαρτήματα (60; vgl. auch ἀναμαρτήτωσ in 59) vertreten (s.o. Teil I 3 ad 2). Eine Rekapitulation des Inhalts dieser Schrift erübrigt sich, da sie im Argumentationsziel und z.T. auch in den Einzelargumenten mit den zitierten Ausführungen Epiktets identisch ist. Aber auch in den ethischen Passagen vieler anderer Schriften Philos wird dieses Tugendideal immer wieder aufgegriffen.

Das Ganze ist vor dem weiten Hintergrund hellenischer "Seelsorge" und Moralphilosophie - insonderheit der sokratisch-platonischen Tradition, die dann von der Stoa fortgesetzt wird - zu sehen, die sich um die Bewältigung der menschlichen Leidenschaften (Affekte) zugunsten eines vernunftgemäßen Lebens bemühen. In diesem Rahmen ist eine Wortverbindung wie "der Lust/den Begierden als Sklave dienen" (TestAss 3,2; Philo, QuaestGen II 8; NT: Tit 3,3) längst zur Gebrauchsmetapher geworden, die aber aufgrund ihres allgegenwärtigen Bildspenders (der Institution der Sklaverei) jederzeit in ihrem Anschauungsgehalt bewußt gemacht und von neuem pädagogisch genutzt werden kann - so meisterhaft Epiktet in den genannten Diatriben (vor ihm schon Bion (Stob Ecl III 187,5f = IV 429,16f): "Die sittlich guten Sklaven sind frei, die sittlich schlechten Freien sind Sklaven vieler Begierden"; siehe weiter: Xenoph Mem I 5,5. 6,8; Isokrates, Ad Demonicum 21; vgl. in anderem Zusammenhang die Rhetorik des Pls in 1Kor 7,22 (Herr-Sklave-Freigelassener)).

Der Sklavenmetaphorik synonym sind Verbindungen mit ἥσσων/ ἡσσᾶσθαι ("unterliegen"):

- 2Petr 2,19b: "Wem man unterliegt, dem ist man zum Sklaven geworden" (Sklaven des Verderbens (V.19a) bzw. der Befleckungen der Welt (V.20 = Metaphernkombination);
- TestJos 7,8: von einer leidenschaftlichen Begierde versklavt werden/ihr unterliegen.

Im Umfeld der Wurzel *"hamart-"* finden wir diese Begriffe z.B. bei

- Plato, Protagoras 355d: "Denn sonst hätte der nicht gefehlt, von dem wir sagen, daß er zu schwach war gegen die Lust";

---

156 Zur Frage der Echtheit dieser Schrift s. Cohn u.a., aaO. (s.o.Anm.101) VII 1.

- Marcus Aurelius II 10: "Der aus Begierde Fehlende aber, der von
  der Lust überwältigt wird..."
- In der "Vita Apollonii" des Philostratus, I 34 (ed. V. Mumprecht,
  S.104,Z.16-25), wird die Selbstunterwerfung unter das Geld als
  Inbegriff aller Laster geschildert. Griech. Begriffe: ἡττηθῆναι,
  ὑποθεῖναι ἑαυτόν, κακία, ἁμαρτεῖν.

Es ist methodisch sehr aufschlußreich, einen Blick auf die entsprechenden Passagen in B.N.Kayes Dissertation über Röm (s.o.S.4) zu
werfen. Kaye begeht nämlich genau den von H.Weinrich (Sprache in
Texten 284f) in anderem Zusammenhang monierten Fehler, nur nach
dem Bildspender, nicht aber nach dem Bildfeld als Ganzem zu fragen,
und gelangt von daher nicht zum Paganhellenismus, sondern zu Jesus
und dem Alten Testament als Herkunftsbereich unseres Bildfeldes.[157]

Hingegen ist es nach unseren Untersuchungen offenkundig und bedarf keines weiteren Beweises mehr, daß die paulin. Herr-Sklave-
Metaphorik paganer Herkunft ist und erst über das hellenistische
Judentum Eingang ins NT gefunden hat. Gerade deshalb dürfte es jedoch interessant sein, abschließend die meines Wissens einzigen
hebr. Analogien zu betrachten, die es zu unserer Sklavenmetapher
gibt:

a) 1 QH I 27 (עבודת העוון "Dienst der Sünde"). Hier wird tatsächlich
ein Ausdruck, der im AT u.a. für die Fronarbeit des Volkes in Ägypten verwendet wird (z.B. Ex 1,14) und metaphorisch bereits einmal
für die wirtschaftliche Abhängigkeit eines Mannes von seiner Frau gebraucht worden ist (Sir 25,22)[158], mit einem Sündenbegriff verbunden.
Mag man dies nun auf ein vertieftes Sündenbewußtsein der Qumran-Gemeinde oder auf eine gewisse Geistesverwandtschaft mit hellenistischen Philosophenschulen zurückführen -: Fest steht, daß es sich dabei um eine exakte Analogie zu den Sklavenmetaphern in Röm 6 und
entfernt auch zu Gal 2,17 handelt.

b) Ebenso lassen sich 1 QS IV 10 und 1 QM XIII 5 ("Dienst der Unrein-
heit") vergleichen mit Röm 6,19 (beachte auch den Oppositionsbegriff
"Dienst der Gerechtigkeit" in 1 QS IV 9 und seine Entsprechung in
Röm 6,19c!).[159]

---

157 Thought Structure 120-126.143f.
158 S. dazu W.C.Trenchard, Ben Sira's View of Women 79 mit Anm. 199.
159 R.Schnackenburg hat die genannten Belege offensichtlich übersehen, wenn er
   zum Sündenbewußtsein in Qumran schreibt: "Das Motiv der Knechtschaft begegnet
   allerdings nicht" (Johannesevangelium II 264). Immerhin ist zuzugeben, daß der
   Bildspender in den genannten Fällen auch dem Bereich der politischen Herrschaft zugerechnet werden kann und dann eher der Metapher in Röm 6,12a (s.u.
   3.2.3 a) an die Seite zu stellen wäre. - Zum vertieften Sündenbewußtsein der
   Qumran-Gemeinde s. G.Bröker, Lehre von der Sünde 5-8.

3.2.2. Die Beziehung zwischen Bildspender und Bildempfänger

Wir wollen uns nunmehr die Frage vorlegen, welches derjenige
Wesenszug in dem sozialen Phänomen der Sklaverei war, der entscheidend wurde für deren Verwendung als Bildspender im Kontext von Sünde und Laster; erst dann haben wir ja die Metaphorik theologisch
ausgewertet.

Die These, die im folgenden vertreten werden soll, lautet: Das
wesentliche Merkmal, auf das es dem Apostel Paulus in Röm 6 ankommt,
ist die in dem Sklavenverhältnis bestehende Verpflichtung zum aktiven Gehorsam[160] - ein Grundzug, der selbstverständlich auch schon
in den paganen Texten gegeben ist (vgl. noch Pilostr VitAp VII 42
(ed. V.Mumprecht, S.834,Z.17f): Sklaven müssen ihren Herren gehorsam sein; im NT: Mt 8,9par.; Phil 2,7f), bei Pls jedoch durch die
betonte Verwendung des entsprechenden Feldelements (ὑπακούειν Röm
6,12.16; vgl. auch 2,8: πείθεσθαι τῇ ἀδικίᾳ) sehr stark in den Vordergrund tritt. Traditionell damit verbunden ist die abschätzige
Bewertung dieses Verhältnisses - wie man leicht daraus ersehen kann,
daß der Vorwurf, Sklave oder Sohn eines Sklaven zu sein, bereits
zur Schmähtopik der älteren griech. Rhetorik gehörte.[161] Ich meine
auch, daß dieser Umstand am ehesten dazu geeignet sei, die schwierige "Selbstkommentierung" des Pls in Röm 6,19a verständlich zu
machen: Der Apostel überträgt ja die Herr-Sklave-Metaphorik auch
auf die Gerechtigkeit des Menschen (VV.18.19c), spürt aber sehr
genau die Unangemessenheit dieser Metaphorik (eben aufgrund des
traditionell in ihr mitschwingenden Faktors "Schmählichkeit") und
bezeichnet sie deshalb als "menschliche Redeweise", die wegen des
schwachen Verständnisvermögens der Angeredeten erforderlich sei.
Selbstredend kann die Verpflichtung zum aktiven Gehorsam gegenüber
der Gerechtigkeit (und dann auch gegenüber Gott: V.22) nichts Schmäh-
liches an sich haben, stellt vielmehr den eigentlichen heilvollen
Gegensatz zum sündigen Handeln dar; vgl. auch die ebenfalls positiv
gefüllte Metapher "Sklave Christi": Röm 1,1; Gal 1,10; Eph 6,6;
Phil 1,1; Kol 4,12 u.ö. (Die "menschliche Redeweise" muß im übrigen
auch für Röm 6,20b gelten, denn "frei" zu sein "gegenüber der Gerechtigkeit" kann in Wahrheit nichts Positives sein, wie es der

---

160 Vgl. Kaye, Thought Structure 117.
161 S. W.Süß, Ethos 247; dazu zuletzt Berger, Hellenistische Gattungen 1284.

Begriff der Freiheit zunächst suggeriert.)[161a]
Die Sklavenmetapher kann also in durchaus verschiedener Weise ein-
gesetzt und ausgedeutet werden[162]; so spielt z.B. das Element der
Furcht vor dem Sklavenherrn (Röm 8,15) im vorliegenden Fall keine
Rolle. Wichtig für die Bestimmung des Verhältnisses von paganem
und paulin. Bildfeld ist v.a. die Frage, ob und in welcher Weise
Beginn und Ende eines realen Sklavenverhältnisses inhaltlich für
das Reden von Verfehlung bzw. Sünde ausgedeutet werden dürfen.

A) In Sklaverei gerät man in der Regel unfreiwillig; man wird
z.B. als Kriegsgefangener in sie verkauft oder weil man in Schulden
geraten ist, oder man wird schon als Sklave geboren. Auch da, wo
sich jemand selbst in die Sklaverei verkauft, geschieht dies normalerweise aus einer Zwangslage heraus ("armutshalber"[163]) oder doch
wenigstens, um damit etwas besonders Positives (wie z.B. sozialen
Aufstieg nach Freilassung, Versorgung anderer) zu erreichen (Information zum Ganzen bei S.S.Bartchy[164]; ein Beispiel für im Hause
geborene Sklaven: Philostr VitAp III 31 (S.300,Z.20f)).

All dies entspricht durchaus der Bildempfängerseite bei den
Stoikern: "Im allgemeinen betonen die Stoiker ... sehr stark die
Passivität des Menschen in der Übernahme seiner Sündhaftigkeit von
schlechten Vorbildern und durch schlechte Erziehung".[165] Anders
das NT: Wer Sünde tut, ist darin nicht nur Sklave der Sünde, sondern
stimmt - trotz Röm 7,16.22[166] - seiner Sklaverei auch zu: Er ist
die obengenannte Verpflichtung von sich aus, d.h. schuldhaft eingegangen und hält sie auch von sich aus durch; er hat sich seinem

---

161a Zu einer anderen Auffassung gelangt C.J.Bjerkelund, "Nach menschlicher Wei-
      se rede ich" 93f.99f, der die paulinische Formel stärker von rabbinischem
      und paulin. Vergleichsmaterial her verstehen will.
162   S. dazu auch Elert aaO. (s.o.Anm.110) 266. - Vgl. im übrigen zu diesem Phä-
      nomen unsere obigen Beispiele "Feuer" (s.S.87f) und "Wald" (s.S.97). Im
      Unterschied zu diesen geht es bei den dargestellten Sklavenmetaphern je-
      weils um *dasselbe* semantische Merkmal "Gehorsam" - nur mit zwei entgegen-
      gesetzten *Bewertungen*.
163   Billerbeck IV 2,699.
164   ΜΑΛΛΟΝ ΧΡΗΣΑΙ 45-48.
165   A.C.van Geytenbeek, Musonius Rufus and Greek Diatribe 44.
166   Die Mitfreude am Gesetz geschieht nämlich nur "nach dem inneren Menschen"
      (V.22); die Glieder aber, die dem "Gesetz der Sünde" unterworfen sind
      (V.23), sind ja nichts Äußerliches am Menschen, sondern wiederum nichts an-
      deres als ein Aspekt des ganzen Menschen selbst (wie aus dem Parallelismus
      in 6,13 klar hervorgeht; nach Wilckens, Brief an die Römer II 89, sind die
      Glieder das "Aktionszentrum meines Leibes"). So erklärt sich der scheinbare
      Widerspruch als ein Selbstwiderspruch des unerlösten Ichs (weiter dazu s.u.
      3.4.3).

Herrn selbst und ohne Zwang zur Verfügung gestellt (Röm 6,19
παριστάνειν; Joh 8,34 s.u.).

Damit mag es auch zusammenhängen, daß Pls die Metapher "verkauft
unter die Sünde" (Röm 7,14) nicht im unmittelbaren Zusammenhang
seiner Herr-Sklave-Metaphorik verwendet (s.o.S.104).

Daß solches durchaus möglich gewesen wäre, zeigt z.B. die Stelle
aus Tatians "Rede an die Griechen": In OrGraec 11,2 stehen "Wil-
lensfreiheit" und "Verkauft-Sein" unmittelbar nebeneinander (Feldelemente aus Röm 6 sind: sterben/Gott leben, Sklaven/Freie; im Unterschied zu Pls verbleibt den Menschen offensichtlich nach dem
Fall die Fähigkeit, die Bosheit wieder abzutun).

Pls will also entschieden den Eindruck eines "Zwanges zum Sündigen" vermeiden. Doch auch bei Epiktet erscheint πεπραμένοσ (Diss
IV 1,7) eher beiläufig und dann nur auf der Bildspenderseite. Beiden gemeinsam ist, daß der Akzent nicht auf dem Vorgang des Ver-
kauft-Werdens liegt, sondern auf dessen Resultat (Ptz.Pf.Pass.)
als einem Zustand der Unfreiheit bzw. der Fleischlichkeit.

B) Auch die Beendigung eines Sklavenverhältnisses steht nicht
in der Macht des Sklaven, sondern hängt ganz und gar vom Willen
bzw. der Zustimmung des Besitzers ab; es ist dem Sklaven rechtlich
nicht einmal möglich, sich seiner Freilassung zu widersetzen (!):
"According to both Greek and Roman legal practice, the slave could
neither force his owner to manumit him nor could he resist manumis-
sion when his owner decided to make him a freedman"[167]; die *manumissio* "happened to him"[168].

Dieser Zug des Bildspenders korrespondiert nun in einer bestimmten Hinsicht dem paulin. Freiheitsverständnis: Da der Mensch zu
seiner Freilassung nichts beitragen kann und die Sünde ihm diese
von sich aus nicht gewährt, so ist er zunächst rettungslos verloren
(vgl. Röm 7,24) - bzw. seine Freiheit ist ganz und gar von der Tat
Gottes in Christus abhängig ("befreit von der Sünde" = Ptz.Aor.
Pass.). Die Logik des Bildes ist insofern durchbrochen, als nicht
der Sklavenhalter die Freilassung beschließt, sondern ein Dritter
eingreifen muß (vgl. unten Joh 8,36: Der Sohn macht euch frei).
Deshalb hat Pls in anderem Zusammenhang die Metapher des Los- bzw.
Ankaufs verwendet (Gal 4,5; 1Kor 7,23; vgl. Gal 2,20 Marcion). Jedoch auch hier kommt es auf die Zustimmung des Sklavenhalters nicht
an; der Mensch wird seinem Herrn vielmehr gegen dessen Willen ent-
rissen (vgl. auch Gal 1,4).

---

167 Bartchy aaO. (s.o.Anm.164) 106.
168 Ebd. 111.

Entscheidend ist aber in jedem Fall, daß der Mensch nicht aus
eigener Kraft seine Freiheit (bzw. seinen neuen Herrn) erlangt,
sondern auf die Initiative "von oben" angewiesen ist. Insofern läßt
sich also die Beendigung der Sündenknechtschaft noch eher mit empi-
risch-sozialen Verhältnissen vergleichen als ihr Anfang (s.o. A).

Aus dem Gesagten ergibt sich auch, daß man das Bild von V.16d
und V.19c nicht pressen darf: Der Mensch kann sich nicht in gleicher Weise dem (wahren) Gehorsam und der Gerechtigkeit zur Verfügung stellen wie vorher der Sünde (freiwillig, vorsätzlich o.ä.),
insofern er darin ja von Gottes vorgängigem Heilshandeln (vgl. Röm
5,8: "*noch* als wir Sünder waren") abhängig ist und also auch keine
Wahlfreiheit besitzt. Zur Problematik vgl. auch B.N.Kaye, Thought
Structure 121f!

All dies steht in deutlicher Spannung zur stoischen Auffassung.
Danach verdankt zwar der Mensch seine natürliche Befähigung zur
Sittlichkeit dem göttlichen Logos, aber es wird doch gelehrt, "daß
der Mensch aus eigener Kraft die Vollkommenheit erringen könne und
müsse".[169] Die "Sklavenbefreiung" wird also nicht in einer besonderen göttlichen Vorgabe begründet gesehen, sondern als aktive Selbst-
befreiung zu sittlicher Vollkommenheit verstanden. Dieses Element
hat in der Struktur des Bildspenders - also den Gepflogenheiten
des antiken Sklavereiwesens - zweifellos keinen Platz; Selbstbe-
freiung ist prinzipiell unmöglich.

C) Als Ergebnis halten wir fest: Pls hat gegenüber den paganen
Analogien seines Bildfeldes die menschliche Verantwortung und Schuld
betont, die bei den Philosophen eher zurücktreten, sowie gegenüber
dem kynisch-stoischen Tugendideal, das es in Gestalt freier Selbstbestimmung zu verwirklichen gelte, die Aussichtslosigkeit der Lage
des sündigen Menschen herausgestellt. Eng damit zusammen hängt die
Tatsache, daß der Affektcharakter griech. "Verfehlung" im paulin.
Wortfeld (nach dem Vorgang hellenistisch-jüdischer Theologie) umin-
terpretiert ist in den Tatcharakter atl. "Sünde" (s.o. Teil I 4).

3.2.3. Die Integration weiterer Metaphern ins Bildfeld

Mit der Herr-Sklave-Metaphorik nahezu vollständig verschmolzen
sind zwei weitere Metaphern in Röm 6,12f:
a) In der einen erscheint die Sünde ebenfalls als ein "Herr"
(βασιλεύειν) - jedoch nicht in erster Linie als ein Herr über Sklaven, sondern mehr als ein königlicher Herrscher (vgl. Mt 2,22),

---

169 J.C.Gretenkord, Der Freiheitsbegriff Epiktets 289.

der natürlich ebenso aktiven Gehorsam fordert wie ein gewöhnlicher
Sklavenbesitzer. Sein Herrschaftsbereich ist der "sterbliche Leib".

Die selbständige Herkunft dieser Metapher ist noch deutlich in
Röm 5,21 ("die Sünde ist zur Herrschaft gelangt") zu erkennen; sie
ist dann mittels des gemeinsamen Bildfeldelements "den Begierden
gehorchen" (V.12b) in die Herr-Sklave-Metaphorik integriert worden.

Die Synonymität von *"kyrieuein"* (V.14) und *"basileuein"* (V.12)
geht im übrigen aus Lk 22,25 und 1Tim 6,15 klar hervor. Man könnte
allenfalls von Röm 5,12-21 her sagen, *"basileuein"* habe eine stär-
kere Affinität zur kosmischen Dimension der Sünde als *"kyrieuein"*
(dazu s.o. Teil I 5). Die Aussage von 6,12 wird dadurch jedoch nicht
berührt: Sie hat eindeutig nur die Gemeinde im Auge.

b) "Sekundär" damit verbunden (V.13 μηδέ) ist die Vorstellung von
der Sünde als eines "Bewaffneten", der "Waffen" benötigt für den
Kampf. Diese Bedeutung von ὅπλα ("Waffen", nicht: "Werkzeuge") erscheint gesichert durch Röm 13,12; 2Kor 10,4; Eph 6,11ff und die
zugrundeliegende Tradition (vgl. auch 2Kor 6,7). Auch in diesem
Bilde ist (in Gestalt des Waffengebrauchs) ein Verhältnis von Über-
und Unterordnung von Hause aus mitgesetzt, so daß es sich leicht
mit Herrschafts- und Sklavenmetaphorik koppeln läßt.

Bestimmender Grundzug in V.13 ist die Bereitstellung von Waffen
(sc. der menschlichen Glieder) für die Sünde. Während nun aber
"parhistanein" - wie oben (S.109f) gezeigt - die eigentliche Sklavenmetaphorik sprengt, fügt sich die Vorstellung einer Selbstver-
pflichtung in das hier vorliegende militärische Bildfeld ausgezeichnet: Der Mensch stellt seine Glieder freiwillig in den Dienst als
"Waffen der Ungerechtigkeit". Man darf vermuten, daß der Ausdruck
"sich (bzw. seine Glieder) zur Verfügung stellen" aus diesem Bildfeld und von V.13 her in die Herr-Sklave-Metaphorik eingedrungen
ist und diese im dargestellten Sinne modifiziert hat. Vielleicht
darf man von hier aus auch eine Verbindungslinie ziehen zu Röm 6,23
("der Sold der Sünde"): Zugrunde liegt dort vermutlich das Bild
des Söldners, der sich - zwar nicht als "Waffe", aber doch als (be-
waffneter) Kämpfer einem Auftraggeber zur Verfügung stellt (W.Bauer,
Wörterbuch 1194 weist mit Recht darauf hin, daß der militärische
Gesichtspunkt an unserer Stelle nicht eindeutig gegeben ist, und
übersetzt deshalb "d. Entgelt der Sünde").

c) Zusammenfassend stellen wir fest: Pls hat in Röm 6 mit Bezug
auf die Sünde drei bildspendende Felder (die Sinnbezirke der politischen Herrschaft, des Militär- und des Sklavereiwesens) miteinander verbunden, wobei aber letzteres dominierend ist (zur Ver-

koppelung vgl. bes. V.12 mit V.16 ("gehorchen") und V.13 mit V.19
("die Glieder zur Verfügung stellen")).

3.2.4. Die Herr-Sklave-Metaphorik in anderen frühchristlichen Texten

Es ist sicherlich sinnvoll und für ein vertieftes Verständnis
hilfreich, wenigstens kurz auch die Verarbeitung unseres Bildfeldes
in anderen frühchristlichen Texten zu betrachten. Vier herausragen-
de Beispiele möchte ich nennen:

1. Eine mit Röm 6 verwandte Tradition finden wir erst wieder
in Joh 8,30-36. Der Evangelist verwendet in diesem kurzen Abschnitt
nicht weniger als drei verschiedene Bedeutungen der Wurzel *"doul-"*.
Neben der wörtlichen (die aber zugleich in eine übertragene Bedeutung übergeht) in V.35 stehen zwei metaphorische: Dem jüdischen,
entsprechend der traditionellen Identität von Eugeneia (edler Ab-
kunft) und Eleutheria[170] in der Abrahamskindschaft verwurzelten
Freiheitsgefühl, dem *"douleuein"* Metapher für geistig-religiöse
Unterwerfung ist (V.33a; Bildspender ist der Sinnbezirk politischer
Herrschaft)[171], stellt Jesus die wirkliche Freiheit gegenüber, zu
der die Wahrheit befreit, die er als der Sohn selber ist (VV.32.36)
- wobei er für seine Entgegnung an die Juden die spezielle Sklavenmetapher beizieht und zugleich die Aussage ins Grundsätzliche erhebt (V.34; zur Sentenzenform vgl. Epict Diss II 1,23).

Auch bei Joh liegt der Akzent der Aussage ganz auf der Verpflichtung des Sünders zum aktiven Sklavendienst: "Jeder, der die Sünde
tut, ist ein Sklave der Sünde." Zugleich tritt der Tatcharakter
der *"hamartia"* deutlich hervor (ποιεῖν). Eine positive Knechtschaft
- etwa im Dienste Christi oder der Gerechtigkeit wie bei Paulus -
ist dagegen nicht im Blick.

2. Eine solche positive Knechtschaft finden wir aber in der Re-
zeption des johanneischen Bildfeldes durch das koptisch-gnostische
Philippusevangelium (NHC II 77,15-35; engl. Übers.: W.W.Isenberg).
Auch hier sind zwei metaphorische Verwendungen des Freiheitsbegriffs
unterscheidbar, allerdings in anderem Sinne als bei Joh: eine "von
der Welt so genannte" (21) - nicht zu verwechseln mit der politisch-

---

170 S. K.Berger, TRE I 377 (Art. "Abraham II. Im Frühjudentum und Neuen Testament").
171 S. auch Schnackenburg aaO. (s.o.Anm.159) 262f.

sozialen - und die "wirkliche" Freiheit (26; vgl. Joh 8,36), für
die gilt: "Der freie Mann sündigt nicht" und zur Begründung Joh
8,34 zitiert wird (17f). Ermöglicht ist diese Freiheit in der Erkenntnis (Gnosis) der Wahrheit.

Vor allem diese zweite "Freiheit" interessiert uns an dieser
Stelle: Der "wirklich" Freie wird nämlich zum "Sklaven aus Liebe
für diejenigen, die die Freiheit der Erkenntnis noch nicht erlangen
konnten" (26-29). Die positiv gefüllte Sklavenmetapher richtet sich
hier also nicht - wie in Röm 6 - auf Gott oder die Gerechtigkeit,
sondern auf die noch unerlösten Menschen, denen der vollkommene
Gnostiker zu dienen hat - wiederum in Aufnahme paulin. Gedanken
(über Erkenntnis und Liebe; 1Kor 8,1c zitiert in 25f).

3. Näher beim Römerbrief des Pls steht eine andere Stelle aus
EvPhil: NHC II 83,25-28. Dort heißt es vom Bösen, das Wurzel in
uns geschlagen hat (zu dieser Metaphorik s.o.S.97):

"It masters us. We are its slaves. It takes us captive, to make
us do what we do not want, and what we do want we do [not] do."

Neben der expliziten Herrschaftsmetapher (die ja in Joh 8 fehlt)
finden sich auch Anklänge an Röm 7 (7,15.16.20.23). Sklaverei- und
Gefangenschaftsmetapher kommen beide darin überein, daß sie das
totale Ausgeliefert-Sein des Menschen an die Sünde zum Ausdruck
bringen. Der Gedanke der menschlichen Verantwortung und Schuld
bleibt davon unberührt. Am Ende dieses Abschnitts kehrt der Verfasser noch einmal zu Joh 8 zurück (NHC II 84,8-11). Er zitiert V.32,
wandelt jedoch das bildempfangende Feld dergestalt ab, daß er die
Unwissenheit selbst als "Sklaven" und die Gnosis als "Freiheit"
qualifiziert.

4. In Passio Bartholomaei 7 (s.o.S.66f) ist die bereits angespro-
chene Affinität der Herr-Sklave-Metaphorik zum Gedanken des Loskaufs
(s.o.S.110) explizit vollzogen in Gestalt einer Metaphernkombination
von "Sklave sein" und "loskaufen":

"... ut nos omnes qui eramus servi peccati suo sanguine redime-
ret et tibi filios faceret..."

Letztlich ergibt sich daraus, daß wir nachträglich auch eine
Stelle wie Ps 130,7f (insbesondere in der Fassung der LXX) zu den
"Vorläufern" und Verstehensvoraussetzungen des Bildfeldes in Röm 6
rechnen dürfen. Man könnte dieses gewissermaßen als Entfaltung und
Ausarbeitung eines potentiell in der Metapher λυτροῦσθαι ἐκ ἀνομιῶν
enthaltenen Bildes verstehen, wenngleich diese selbst die Lösegeld-
vorstellung offenkundig nicht enthält.

Folgende zwei Sachverhalte werden durch die Metapher des Loskaufs *nicht* abgedeckt: zum einen die *gewaltsame* Befreiung von der
Herrschaft des Besitzers (= der Sünde; s.o.S.110), zum anderen

die Tatsache, daß es dazu als Kaufpreis eines *Todes* (nämlich des
Kreuzestodes Christi; vgl. Gal 3,13 sowie hier: *suo sanguine*) be-
durfte.[172] Es wird also erneut deutlich, daß immer nur ein ganz
bestimmtes semantisches Merkmal eines Begriffs (im Falle des Loskaufs: die Beendigung eines Dienstverhältnisses) für seine Verwendung als Metapher in einem bestimmten Kontext ausschlaggebend ist,
während die anderen Merkmale (hier also: Zustimmung des Besitzers,
Geldzahlung) ausgeblendet werden (siehe weiter: 1Petr 1,18f ("mit
dem kostbaren Blut Christi"); Tit 2,14 (Selbsthingabe); vgl. oben
S.108f zur Sklavenmetapher!).

Insgesamt bestätigt sich, daß wir mit der Erforschung solcher
Metaphern ins Zentrum paulin. Theologie vorstoßen können. Dies wird
in dem nun folgenden Kapitel noch deutlicher werden.
Die Frage des Wirklichkeitswertes dieser Metaphern behandle ich
zusammenfassend im Anschluß an die Darstellung des paulin. Materials (s.u. 3.5).

3.3.   Die Betrugsmetapher

3.3.1. Zum paganen Hintergrund der Metapher

Im gleichen moral- bzw. popularphilosophischen Umfeld wie die
Herr-Sklave-Metaphorik - und oft in engster Verbindung mit ihr -
begegnet uns auch die Betrugsmetapher:

- Plato, Leg IX 863b.e: Die Lust herrscht durch Überredung, vereint mit Täuschung.
- Dion Chrysostomos, Or 8,21f: Die Lust betrügt und macht sich
  die Seele zum Sklaven.

Vgl. auch Epict Diss IV 1,2 (s.o.S. 104): "verfehlt leben" par.
"getäuscht werden"!
Hellenistisch-jüdisch sind zu nennen:

- Philo, QuaestEx I 15 (engl. Übers.: R.Marcus): Philo bezeichnet
  hier - in der "solutio" zur "quaestio" von Ex 12,8c - die Begierde als "verführerische und betrügerische Herrin", von der

---

172 S. dazu Elert aaO. (s.o.Anm.110) 270. - Zur Verbindung von Loskauf und Sohn-
    schaft in Passio Bartholomaei 7 vgl. schon Gal 4,5-7!

die Menschen in der Blüte ihrer Jugend getäuscht werden, so daß
sie in der Betrachtung der Weisheit im Hinblick auf das Ziel
eines glückseligen und unvergänglichen Lebens keine Fortschritte
machen.
- Weish 4,11: Der Gerechte "wurde weggenommen, damit nicht ...
  Arglist seine Seele täuschte" (hier ist zweifellos an das Vor-
  bild Henochs gedacht; vgl. Hebr 11,5!).

Für die paganen Belege ist wieder auf die Affektstruktur von Lust
und Verfehlung aufmerksam zu machen, d.h. der Mensch erlebt seine
Leidenschaften als etwas, für dessen Zustandekommen er letztlich
nicht verantwortlich zu machen ist und das als etwas Fremdes auf
ihn zukommt. Analoge Aussagen bei Pls und im hellenistischen Judentum vor ihm erscheinen dagegen prinzipiell in einem anderen Licht:
Begierde und Sünde werden nicht passiv "erlitten", sondern der
Mensch macht sie sich immer wieder von neuem aktiv und konkret -
wenn auch unvermeidlich[173] - zu eigen (volle Verantwortlichkeit,
Tatstruktur; s. schon oben 3.2.2 C). Für die paulin. Betrugsmetapher bedeutet dies: Der Umstand, daß die Sünde "mich betrog" (Röm
7,11), schließt meine volle Verantwortlichkeit für eben diese Sünde
nicht aus, sondern ein.

Anders als bei der Herr-Sklave-Metaphorik ist damit aber die
Herkunft *dieser* Metapher nicht zureichend erklärt. Sie ist nämlich
in Röm 7,11 unauflöslich mit der Metapher des Tötens (so in keinem
der obengenannten Texte!) wie auch mit dem "Gebot" verbunden (vgl.
demgegenüber Röm 6, wo das Gesetz nur am Rande, und v.a. Joh 8,
wo keines von beiden erscheint). Dies verweist eindeutig auf atl.-
jüdische Voraussetzungen.

3.3.2. Zum jüdischen Hintergrund der Metapher

Ich beginne mit einer kurz zusammenfassenden Interpretation von
Röm 7,7-13 (vgl. die Kommentare): Das Gebot ist in der Sicht des
Pls geradezu ein Werkzeug, dessen sich die Sünde bedient, um den
Menschen zu Fall zu bringen. Dies ist ihr dadurch ermöglicht, daß
durch das Gesetz die todbringende Begierde allererst geweckt wird;
ja noch mehr: "In fact, the active agent that produces sin is not
God, nor even the law, but sin itself."[174] Die Heiligkeit, d.h.

---

173 Vgl. Röm 5,19 und dazu A.J.M.Wedderburn aaO. (s.o.S.18 Anm.31) 352f.
174 E.P.Sanders, Paul, the Law, and the Jewish People 71.

göttliche Herkunft des Gesetzes verleiht dem Unheil eschatologischen Charakter, und so hat die Sünde ihr Ziel, den (ewigen) Tod
des Menschen, erreicht. Darin wird sie zugleich in ihrem Wesen und
ganzen Ausmaß offenkundig.

Aufgrund zahlreicher Anklänge an Gen 2-3 (wie es in LXX vorliegt
und im Frühjudentum verarbeitet wurde) - vgl. besonders die Beobachtungen E.Käsemanns zum Verhältnis von "Ich" und Adam[175] - werden
wir den speziellen Hintergrund der Metaphern in Röm 7,11 in der
Traditionsgeschichte der Paradieserzählung suchen müssen.

Die biblische Geschichte allein reicht zur Erklärung nicht aus.
Betrachten wir nämlich den Zusammenhang von Sünde und Tod in Röm
7,11 ("die Sünde tötete mich"; vgl. 5,12: "durch die Sünde der Tod"),
so ist sofort klar, daß dieser weniger (trotz Gen 2,17; 3,3) der
atl. Erzählung als vielmehr der frühjüdischen Traditionsbildung
entstammt. In der ersteren macht Gott seine Ankündigung "... sobald
du von ihm ißt, mußt du sterben" nicht wahr (vgl. Gen 3,14ff.23)
und geht es auch nicht um ewigen, sondern um sofortigen Tod; in
Röm 5 und 7 hingegen ist eindeutig von der eschatologischen Wirklichkeit des Todes im Gefolge der Sünde (Adams) die Rede, wie wir
es z.B. in 4Esr 3,7; syrApkBar 17,2f; 23,4; 54,15 oder Sib I 39ff
ausgesprochen finden.

Was nun die paulin. Betrugsmetapher im besonderen angeht, so
läßt sie sich zwar letztlich direkt auf Gen 3,13 zurückführen; und
auch der Umstand, daß der Betrug "durch das Gebot"[176] geschieht,
kann leicht aus der Geschichte vom "Sündenfall" hergeleitet werden (vgl. Gen 3,1.5): Das Gebot wird an beiden Stellen mißbraucht
und führt deshalb durch die Übertretung zum Tode (und nicht - wie
es seine eigentliche Bestimmung ist - zum Leben; vgl. Röm 7,10).[177]

Allerdings ist im AT wie auch in der Tradition nicht die *hamartia*, sondern die Schlange bzw. Satan der Betrüger (Jos Ant 1,48;
grApkEsr 2,16; ApkMos 15f.23 u.ö.; VitAd 10.16.33; slavHen 31,6;
Sib I 59: τῆσ ἀπάτησ ὁ ἐπαίτιοσ, vgl. 39f; 2Kor 11,3; ferner: Nar-
ratio Zosimi 6 (ed. M.Rh.James, Apocrypha anecdota, S.100,Z.14f):
Jenen (sc. Adam) betrog Satan durch die Eva).

---

175 An die Römer 186f. Ferner: Berger, Exegese 38.182.
176 Mit Cranfield, Romans 350, u.a. ziehe ich diesen Präpositionalausdruck in
    Röm 7,11 zum Hauptverbum, nicht zum Partizip (gegen Wilckens, Brief an die
    Römer II 73 mit Anm. 319).
177 S. dazu Cranfield ebd. 352f. Vgl. auch D.Zeller, Zusammenhang von Gesetz
    und Sünde 201.

Außerdem ist zu beobachten, wie man verschiedentlich versucht
hat, Adam auf Kosten Evas zu entlasten: Sir 25,24; ApkMos 14 und
VitAd 3.16.18.35.44[178]; slavHen 30,16ff; 31,6; Sib I 42-45; TestAdam
3,16[179]; 1Tim 2,14. Diese Tendenz ist in Röm 5 und 7 klar ausgeschlossen: Adam ist jener "eine Mensch", durch den die Sünde in
die Welt kam (5,12) und der Tod zur Herrschaft gelangte (5,17);
Eva wird nicht mehr erwähnt, ist aber in dem *"pantes"* von 5,12 mit
eingeschlossen (ebenso wie sie durch jenes "Urbild des Menschen
unter dem Gesetz", welches Adam in Röm 7,7-13 verkörpert (s.o.S.4),
mit repräsentiert wird).

Letzteres ist deswegen von Bedeutung, weil damit zugleich jegliche Entlastung irgendeines Menschen unmöglich gemacht ist - wenn
auch Adam durch seine Übertretung die Unvermeidlichkeit des Sündigens für jeden Menschen heraufbeschworen hat. In diesem Sinne kommt
der Sünde also durchaus sowohl *Tat-* wie auch *Verhängnis*charakter
zu, und es will nicht recht überzeugen, daß U.Wilckens "die Fragestellung 'Sünde als Verhängnis - Sünde als verantwortliche Tat'"
als für Röm 5,12 gänzlich unangemessen ablehnt[180]: Sünde nach paulin. Verständnis ist eben immer beides zugleich.

Es liegt nun ebenfalls ganz in der Konsequenz des paulin. Denkens, den urgeschichtlichen Betrug der Sünde selbst zuzuschreiben.
Denn damit wird gerade angesichts des totalen Ausgeliefert-Seins
des Menschen an sie - welches hier das entscheidende semantische
Merkmal darstellt - jeder Anschein einer fremden Verantwortlichkeit
(Schlange, Frau) vermieden. Der Betrug der Sünde kann somit letztlich als ein Selbstbetrug des Menschen interpretiert werden - so
wie er sich letztlich auch selbst den Tod zugefügt hat.

Eine Bestätigung findet diese Interpretation in einer ganz analogen Reflexion, die Chanina ben Dosa zugeschrieben wird, der wegen
seiner Sündlosigkeit gefahrlos auf das Schlupfloch einer Schlange
getreten war (Berakhot 33a, vgl. Billerbeck II 169): "Sehet, meine
Kinder, nicht die Wasserschlange tötet, sondern die Sünde tötet."
Auch hier wird - wohl in Anspielung auf Gen 3[181] (Schlange, Andro-
hung des Todes) - das tödliche Ende auf die Sünde (und damit auf
den verantwortlich handelnden Menschen selbst) zurückgeführt. Ist
diese Aussage auch viel schlichter als Röm 7,11 (es fehlen "Betrug"

---

178 Einschränkend dazu Wedderburn aaO. (s.o.S.18 Anm.31) 344 mit Anm. 5 und 8.
179 Zur Problematik dieses Verses s. ebd. 341 mit Anm. 12.
180 AaO. I 316f, das Zitat auf S. 316.
181 S. Billerbeck III 228; E.Lohse, Märtyrer und Gottesknecht 15.

und "Gesetz"), so stellt sie doch ein wesentliches Strukturmoment
auch des paulin. Nachdenkens dar und steht in derselben theologisch-
harmartiologischen Tradition.

Zusammenfassend läßt sich formulieren: Pls bedient sich auch
in Röm 7,11 einer von der hellenistischen Popularphilosophie beein-
flußten Sprechweise, um damit genuin jüdische Theologie zum Ausdruck zu bringen. Eine Konvergenz mit der Affektenlehre ergibt sich
daraus für pagan-hellenistische Leser und Hörer (auch aufgrund des
weiteren Zusammenhanges mit der Sklavenmetaphorik) von selbst, zugleich ist aber durch den *"hamartia"*-Begriff auch der entscheidende
Unterschied markiert.

3.4.   Die Metapher des Innewohnens

Wir beschließen unsere Untersuchung der paulin. Hauptmetaphern
für Sünde mit einer Betrachtung des Wohnungsmotivs in Röm 7,17f.20.
An dieser Stelle wird die prinzipielle Eigenständigkeit des Redens
von der Sünde gegenüber der Theologie des Gesetzes (noch einmal,
s.o. 3.2) besonders deutlich werden.

3.4.1. Christus und der Geist als Konkurrenten der Sünde bei
Paulus

Einem besseren Verständnis der Sündenmetapher von Röm 7,17f.20
("in mir wohnend") nähern wir uns am schnellsten, wenn wir andere
Größen bei Pls betrachten, von denen ebenfalls gesagt wird, daß
sie im Menschen wohnen ("in euch" bzw. "in mir"):
1. Geist Gottes/heiliger Geist: Röm 8,9 (synon. "den Geist Christi haben")[182].11; 1Kor 6,19 (mit Tempelmetapher).
Vgl. nachpaulinisch 2Tim 1,14 (heiliger Geist in uns); Jak 4,5 (der
Geist in uns)!
2. Christus: Röm 8,10 ("Christus in euch") dürfte in abgekürzter
Sprechweise genauso an ein Innewohnen gedacht sein; deutlicher noch
tritt diese Vorstellung bei einem Strukturvergleich zwischen Röm
7,17 und Gal 2,20 heraus –

---

182 S. dazu H.Hanse, Gott haben 63f.133.

Röm 7,17: ... δὲ οὐκέτι ἐγὼ κατεργάζομαι ... ἀλλὰ ἡ οἰκοῦσα
           ἐν ἐμοὶ ἁμαρτία.
Gal 2,20: ζῶ δὲ οὐκέτι ἐγώ, ζῇ δὲ ἐν ἐμοὶ Χριστόσ -
wo eine eindeutige Synonymität von "darin leben" und "darin wohnen"
gegeben ist. Am klarsten ist die Metapher (deutero-paulinisch) in
Eph 3,17 ausgeprägt ("Christus wohne in euren Herzen").

Daraus kann gefolgert werden, daß Pls das Wirken und Innewohnen
Christi und des Geistes auf der einen und das Wirken und Innewohnen
der Sünde auf der anderen Seite in Analogie denkt. Es spricht sich
darin die Erfahrung aus, daß das Ich des Menschen - sei es nun das
des noch unerlösten (Röm 7)[183] oder das des erlösten (Gal 2; im
Plur.: Röm 8, 1Kor 6) - immer von einer ihm gegenübertretenden Wirklichkeit (entweder Christus und der Geist oder die Sünde) bestimmt
wird.

Dies zeigen auch ein Vergleich von Röm 6,14 (Herrschaft der Sünde) und 14,9 (Herrschaft Christi) sowie die folgenden jüdisch-hellenistischen Belege:
- TestSim 3,5 (Metaphern der räumlichen Bewegung): Wenn einer sich
  zum Herrn flüchtet, so eilt der böse Geist von ihm fort, und
  sein Sinn wird leicht.
- Philo-Frgm. aus Johannes Damascenus (ed. M.C.E.Richter, Bd.VI,
  2.Aufl. 1852, S.227): Wenn du von Gott regiert zu werden wün-
  schest, so wünsche, nicht zu sündigen. Wenn du aber sündigst,
  wie willst du von Gott regiert werden? (Metapher der königlichen
  Herrschaft: *basileuesthai*)

Die These, die hier vertreten wird, lautet wie folgt: In Röm wird
die Sünde als eine Größe angesehen, die mit Christus und dem Geist
in Konkurrenz um den vorchristlichen Menschen als ihre Wohnstatt
tritt. Dabei darf auch hier die fundamentale Tatstruktur der Sünde -
im Unterschied zur "Personalstruktur" der beiden anderen Größen -
nicht aus dem Auge verloren werden.

Das Ergebnis dieser Konkurrenz ist natürlich ein jeweils ver-
schiedenes: Gewinnt die Sünde, so hält sie den Menschen in seinem
vorchristlichen Sein fest und richtet ihn zugrunde; bekommen hingegen Christus und der Geist die Oberhand, so findet ein Wechsel
des Wohnungsinhabers statt und der Mensch wird gerettet. Der Vorgeschichte dieser Vorstellung gilt es nun weiter nachzugehen.

---

183 In der Frage der Identität des *"egō"* in Röm 7 schließe ich mich einer Posi-
    tion an, wie sie zuletzt etwa von B.L.Martin (SJTh 34/1 (1981) 39-47) oder
    G.Theißen (Psychologische Aspekte, bes. 181-187.194-204) vertreten worden
    ist: vorchristliches Ich aus christlicher Perspektive mit Einschluß des Ver-
    fassers (Paulus) selbst. (Daß diese Auffassung eine vorläufige Erkenntnis
    der Unheilssituation "durch das Gesetz" (vgl. Röm 3,19f) m.E. nicht aus-
    schließt, werde ich unten in Teil III 6 darlegen.)

3.4.2. Zur Herkunft der Metapher

Unserer obigen These folgend, konzentrieren wir uns also in diesem Abschnitt vor allem auf konkurrierende Größen und deren mögli-
ches Verhältnis zur Sünde. Dabei können wir uns weitgehend auf
frühjüdische Belege beschränken, da diese ohnehin bei ausreichendem
Vorkommen methodisch den Vorrang vor außerjüdischen besitzen.[184]

Es läßt sich ohne Schwierigkeiten zeigen, daß die in Frage ste-
hende Metapher des Innewohnens nicht alttestamentlich ist, sondern
aus dem hellenistischen Judentum zu Pls gelangt ist. Was Gott selbst
betrifft, so "wohnt" er (LXX κατοικεῖν) zunächst in der Höhe, im
Himmel oder auf dem Zion (Jes 33,5; Ps 2,4; 9,12; vgl. Klgl 5,19;
Tob 5,17), aber nie im Menschen. (Die zahlreichen anderen Stellen,
an denen vom Wohnen Gottes, seiner Herrlichkeit, seines Namens inmitten der Kinder Israel, auf dem Berge Sinai oder Zion, im Jeru-
salemer Tempel usw. gesprochen wird, sind nur insoweit heranzuziehen, als sie den Synonymbegriff κατασκηνοῦν verwenden (z.B.
Num 35,34; Ps 73,2 LXX; 84,10 LXX; Joel 4,21; Ez 43,7.9).[185]) Dies
ist an der Schwelle zum NT anders geworden:

Ich erinnere nur an bestimmte Paränesen in den Zwölfpatriarchen-
Testamenten, deren "Leitbild" "der einfache und gute Mensch" ist
und die die "wiederholte Verheißung" enthalten, "dass der κύριος
diesem einfachen und guten Menschen auf engste Weise innewohnt".[186]
Belege dafür sind TestDan 5,1 ("damit der Herr in euch wohnt");
TestBenj 6,4 ("denn der Herr wohnt in ihm (sc. dem guten Men-
schen)"; vgl. 8,2. Diese Beispiele zeigen sehr schön den auch für
Röm 7,17f.20 gültigen Grundzug der Metapher "innewohnen": die über-
aus enge Zusammengehörigkeit und "intime" Verbundenheit (vgl. M.
Küchler: "die Intimität zu Gott als zentralster Gewinn"[187]) des
Wohnungsinhabers mit seiner Behausung.[188]

Andere Texte sprechen zwar ebenso vom Innewohnen, sind aber in
der Hinsicht auf Gott als Subjekt desselben zurückhaltender. An
seine Stelle treten dann Größen, die von Gott zum Menschen hin vermitteln; im NT sind dies Christus und der Geist (s.o. 3.4.1). Daneben kann auch der Glaube genannt werden (2Tim 1,5). Die Gesamtten-

---

184 Zu diesem Grundsatz s. Berger, Exegese 190f.
185 Vgl. im NT Joh 1,14; Apk 21,3; mit ἐνοικεῖν 2Kor 6,16; Kol 3,16; κατοικ-
    Mt 23,21; Eph 2,22; mit Tempelmetapher 1Kor 3,16 (vgl. Hanse aaO. 133f).
186 M.Küchler, Frühjüdische Weisheitstraditionen 538.
187 Ebd. 540.
188 Zur Seele als Wohnung Gottes bei Philo s. Hanse aaO. 132f.

denz läßt sich folgendermaßen beschreiben: Gott wohnt nicht mehr
im Himmel oder in unzugänglichem Lichte (wie es noch die traditionellen Stellen Mt 6,9; 23,22 und 1Tim 6,16 zum Ausdruck bringen),
sondern seine Repräsentanten wohnen im Innern der Menschen.

In diesem Zusammenhang ist auch auf Plutarch, Moral 414 E hinzuweisen: Hier wird die Vorstellung kritisiert, ein Gott könne höchst-
selbst in menschliche Körper eingehen und sich ihrer für Prophezei-
ungen bedienen (Vergleich mit den Bauchrednern); W.G.Rollins verweist dazu u.a. ausdrücklich auf Gal 2,19f. [189]

Hier ist dann auch der Ort, wenigstens kurz auf den letztlich
pagan-griechischen Ursprung unserer Metapher einzugehen. Dieser
liegt eindeutig - wie H.Leisegang gezeigt hat[190] - im Bereich der
dortigen Inspirationsmantik. Hier ist jene Erfahrung beheimatet,
die auch in den von uns herangezogenen Texten deutlich erkennbar
ist, daß nämlich ein Mensch von einer von ihm selbst verschiedenen
Wirklichkeit (einem Gott oder dem *"pneuma"* eines Gottes) "ergriffen" (Ekstase) und vorübergehend bestimmt wird. Die Vorstellung
einer auch dauerhaften "Einwohnung" einer geistigen Größe im Menschen liegt dann nicht mehr fern.

Wir verfolgen nun die behauptete Wohnungskonkurrenz anhand jü-
disch-hellenistischer Belege weiter:

- Einen ersten Schritt in Richtung auf den paulin. Sprachgebrauch
  repräsentiert Weish 1,4. Dort wird gesagt, daß die Weisheit -
  als Repräsentantin Gottes (V.6; V.5 wird sie mit dem heiligen
  Geist in Verbindung gebracht) - nicht Wohnung nehmen werde
  (κατοικεῖν) in einem der Sünde verfallenen Leibe. Man könnte
  sagen, daß diese Vorstellung später so ausgestaltet und präzisiert worden ist, daß auch die Sünde selbst als Wohnungsnehmerin
  erscheint.
- Im Grunde ist dieses Bild spätestens bei Philo, Fug 117f gegeben. Als Repräsentant Gottes erscheint hier "der heiligste Logos", der "in der Seele lebt". Er steht zu jeglichem Vergehen
  in ausschließendem Gegensatz und ist nichts anderes als das
  "richtende Gewissen". Solange er "in uns bleibt", haben Verfeh-

---

189 Bei H.D.Betz aaO. (s.o.S.3 Anm.16) 112. Vgl. ferner Joh 14,23! Einen Sonder-
    fall stellen Kol 1,19 und 2,9 dar: Hier geht es um das Wohnen der "Fülle der
    Gottheit" in Christus, an welcher die Menschen aber ebenfalls teilgewinnen
    können (2,10).
190 Der Heilige Geist, bes. 113-136.182ff.

lungen keine Wohnstatt (ἐξοικίζεσθαι), wohingegen sie sich sogleich wieder ansiedeln (εἰσοικίζεσθαι), sobald er den Wohnsitz
verläßt (μετανίστασθαι).

Interessant ist hier v.a. die Synonymität von *"oik-"* (Fug 117) und
"zēn"+"en" (118), die für den Vergleich von Röm 7,17 und Gal 2,20
wichtig ist (s.o. 3.4.1). Die klare Alternative zwischen der Sünde
und dem Repräsentanten Gottes ist mit aller Deutlichkeit ausgesprochen. Eine Verbindungslinie läßt sich auch ziehen zu Joh 5,38 und
1Joh 2,14 (Logos + "in euch bleiben").[191]

-   In grApkBar 13,3 beklagt sich eine Gruppe von Engeln über böse
    Menschen: "... in ihnen ist nichts Gutes, sondern alle Ungerech-
    tigkeit und Habsucht."

Diese Aussage stellt eine ziemlich genaue Parallele zu Röm 7,18
dar. Dort hat Pls sie präzisiert (Wohnen im Fleisch) und verallge-
meinert (vorchristliche Existenz[192]) und damit verschärft in Richtung auf einen grundlegenden Selbstwiderspruch des noch unerlösten
Menschen (V.18b).

Anhangsweise wollen wir auf weitere Synonyma zu unserer Metapher
und verwandte Vorstellungen achten. Dabei wird der weite Horizont,
in welchem die paulin. Vorstellung steht, noch etwas deutlicher
werden als bisher:

-   In Plutarchs Schrift "De sera numinis vindicta" findet sich eine
    kurze Passage, die gleich in zweifacher Hinsicht an paulin. Wort-
    verbindungen erinnert: Moral 551 E. Dem "Innewohnen der Sünde"
    entspricht die Formulierung τὸ ἁμαρτητικὸν ἐγγεγονέναι, das Ver-
    harren beim Schlechten wird wie in Röm 6,1 mit ἐπιμένειν bezeich-
    net.[193]

Ἁμαρτητικός ist derjenige, der die Fähigkeit bzw. den Hang zur Verfehlung besitzt (bzw. im Ntr. dieser Hang selber - im Unterschied
zu dem ἁμάρτημα als vollbrachter Verfehlung)[194], stellt also eine

---

191 S. Hanse aaO. 61.
192 S.o.Anm.183!
193 Letzteres gehört nicht in den vorliegenden Zusammenhang (vgl. dazu noch Röm
    11,23; die Belege aus dem "Hirten des Hermas" bei H.D.Betz aaO. (s.o.S.3
    Anm.16) 201).
194 Zur Wortbildung s. Bornemann/Risch, Griechische Grammatik § 300,1 (-τικός)
    und § 302,3a (-μα: Nomen rei actae).
    Zu ἁμαρτητικός eine Auswahl von Belegen: Plutarch, Moralia 420 D; 450 A =
    vArnim Fragmenta III 119,30; Stob Ecl II 109,6 = vArnim Fragmenta III 163,11;
    Marcus Aurelius XI 18,6 (s.o.S.11 Anm.5); Cl Al Strom VI Kap. XII 98,2.

Kategorie dar, die dem paulin. Denken fremd ist (vgl. auch den
umfassenden Verfehlungsbegriff von 2.7.1 ad 2 und 3, den auch die
paulin. Protreptik kennt, der allerdings nicht auf die *"hamartia"*
von Röm 5-8 Anwendung finden kann). Der Hauptbegriff des Pls für
Sünde bezeichnet nämlich keine Potentialität, sondern eine jeweils
immer schon bestehende Aktualität. Die Plutarch-Stelle steht Röm
7,17.20 jedoch insofern nahe, als in beiden Fällen keine nähere
Bestimmung des anthropologischen "Ortes" gegeben wird, an dem der
Hang zur Sünde bzw. diese selbst sich befindet (so auch Röm 7,8
"in mir"; anders Weish 1,4 und Philo, Fug 117f (s.o.S.122) sowie
auch Röm 7,18 "in meinem Fleische"; vgl. 6,12 "in eurem sterblichen
Leibe" und 7,5.23 "in den Gliedern"). Dabei kann hier offenbleiben,
wie ein solcher "Ort" dann zu denken ist (als Teil oder als Aspekt
des (ganzen) Menschen oder noch anders).

- In Corp Herm 13,7 (Text mit engl. Übers. bei W.C.Grese[195]) finden wir einen Katalog von zwölf Lastern, die als τιμωροί (engl.
"punishers") erlebt werden (d.h. sie tragen ihre Strafe in sich
selber[196]) und die Tat - wie Hermes ihn belehrt - "in sich hat"
(ἐν ἑαυτῷ ἔχειν). Diese "Strafgeister" weichen jedoch - wenn auch
nicht alle auf einmal - von dem, über den sich Gott erbarmt hat,
und so kann es zur Wiedergeburt kommen.

Grese[197] zieht ausdrücklich eine Verbindungslinie von diesen "Geistern" - die aber wohl eher "psychologisch" als "dämonologisch"
zu verstehen sind[198] - zu Fleisch (Röm 8, Gal 5), Sünde und Tod
bei Paulus. Dies scheint mir aber zu weit gegriffen: Eine Parallele existiert allenfalls zwischen "in sich haben" (+Akk.) und
(Nom.+) "wohnen in". Weitergehende Analogiebehauptungen verkennen
m.E. den hohen Stellenwert von Metaphern für den Vorstellungsgehalt
(für *"sarx"* gibt es keine Metaphernanalogien).

- Als Beispiel dafür, wie sich die Wohnungsmetapher mit anderen,
verwandten Metaphern verbinden kann, sei eine Stelle aus dem
"Hirten des Hermas" genannt: Herm m 5,2, 4-7[199] spricht davon,
daß der Heilige Geist und jene "Geister", aus denen sich die

---

195 Corpus Hermeticum XIII and Early Christian Literature 12f.
196 Grese ebd. 181. S. auch Plutarch, Moralia 554 B: Die Schlechtigkeit bringt
     aus sich selbst alle Mittel zu ihrer eigenen Bestrafung hervor.
197 Ebd. 182f.
198 Gegen Grese ebd. 178 Anm. 2 (vgl. unten S.138 dieser Arbeit).
199 S. dazu Hanse aaO. (s.o.Anm.182) 20f.

Wut als eine "große und unheilbare Sünde" (Krankheitsmetaphorik)
zusammensetzt, nicht in *einem* Gefäß (ἀγγεῖον) wohnen (κατοικεῖν)
können. Ersterer muß infolgedessen wegen seiner Zartheit von
einem solchen Menschen weichen, so daß dieser nun "leer von dem
gerechten Geist" und "gefüllt mit den bösen Geistern" ist.

Wohnungs- und Gefäßmetaphorik fügen sich zwanglos zusammen, weil
sie beide einer umfassenderen Metaphorik des Raumes angehören. Zu
beachten ist hier insbesondere wieder das Konkurrenzverhältnis zwischen der Sünde und dem Geist als dem Repräsentanten Gottes. (Dieses Bild läßt sich auch so abwandeln, daß Gott und seine Repräsentanten in der Seele als einem befestigten "Lager" wohnen und dieses
siegreich gegen alle Angriffe der Feinde (der "bösen wilden Tiere")
verteidigen: Lehren des Silvanus NHC VII 86f; vgl. ebd. 105,30f:
die Seele als "Wohnort von Löwen".)

Ich fasse zusammen: Die *hamartia* hat sich bei Paulus zu einer
Art Gegenspielerin oder Konkurrentin für die Repräsentanten Gottes
entwickelt, die wie sie ständig bei den Menschen auf Wohnungssuche
sind und ihre Konkurrentin zu verdrängen suchen. Im Innern eines
Menschen ist immer nur für die eine oder für die anderen Platz.
Für die Christen ist es völlig klar, daß dies nur die Repräsentanten Gottes sein können (vgl. Röm 8,9 *"eiper"*!). Für sie wird die
Sünde quasi zum "Vorgänger" des Pneumas und gehört damit eindeutig
der Vergangenheit an (vgl. "nicht mehr", z.B. Röm 6,6).
    Hier liegt auch ein Zusammenhang mit Röm 5,21 vor, wo sowohl
die Sünde (s.o.S. 112) als auch die Gnade mit dem Prädikat "herrschen" verbunden werden und beide damit in ein wechselseitig aus-
schließendes Verhältnis treten. Wirklich "herrschen" kann immer
nur eine, und für den Christen ist es klar, daß er nicht mehr unter
der Sünde, sondern unter der Gnade steht (vgl. auch Röm 6,15).
    Zur Herkunft der paulin. Wohnungsmetapher hat sich folgendes
ergeben: Sie ist in einen großen religions- und geistesgeschichtli-
chen Zusammenhang eingebettet, in dem (ausgehend von der Inspira-
tionserfahrung, dann aber auch individualethisch) nach denjenigen
Größen - seien sie nun "personal" oder anders strukturiert - gefragt wird, die einen Menschen in seinem Innern (und damit in seiner Totalität) bestimmen. Darüber hinaus stoßen wir im hellenistischen Frühjudentum auf bestimmte Reflexionen über ein Konkurrenzverhältnis von göttlichen "Hypostasen" und Sünde, die als die unmittelbaren Vorläufer des paulin. Gedankens angesehen werden müssen.

Damit ist auch das "Innewohnen der Sünde" traditionsgeschichtlich ausreichend situiert, und wir können uns nunmehr der theologischen Bedeutung dieser Metapher im Zusammenhang des paulin. Redens
von Sünde insgesamt zuwenden.

3.4.3. Bildspender und Bildempfänger in ihrem Verhältnis zu den anderen Hauptmetaphern

Der bestimmende Grundzug in dem Bilde von Röm 7,17f.20 ist
leicht ersichtlich. Auch im Blick auf Christus und den Geist können wir formulieren (s.o.S.121): Wesentlich an der Metapher des
Innewohnens ist die überaus enge Verbundenheit des Wohnungsinhabers
mit seiner Wohnung bzw. seinem Haus.

Im Kontext von Röm 6 und 7 viel wichtiger ist jedoch die Folge-
rung, die sich daraus für das *"katergazesthai"* ergibt: Eine Wohnung
kann nicht mehr wirken, sondern nur noch ihr Inhaber. Dieser kann
sich seiner Wohnung bedienen wie - und dieser Vergleich stammt zwar
nicht unmittelbar von Pls, ist aber durch Röm 7,23 ("das Gesetz
der Sünde, das in meinen Gliedern ist"; vgl. auch 7,5) angeregt! -
ein Mensch sich seiner Glieder bedient (sie/ich "tun/tue, bewirke(n)"
es zwar, aber sie/ich "wirke(n)" - im Sinne von "verursachen" -
es nicht).

Und damit haben wir das Bindeglied zur Herr-Sklave-Metaphorik
gefunden: In ihr besteht ein ähnliches Verhältnis zwischen dem Be-
sitzer und seinen Sklaven (Röm 6,19). Der absoluten Verfügungsgewalt des Inhabers über seine Wohnung - zum Guten (8,9-11) wie zum
Schlechten (7,14-23) - entspricht das Recht auf Gehorsamsforderung
des Herrn gegenüber seinen Sklaven bzw. des Herrschers gegenüber
seinen Untertanen - sei es nun der Anspruch Gottes oder der Befehl
der Sünde (6,19.12; analog die Möglichkeit des Waffengebrauchs in
6,13). Hinzu kommt noch, daß Wohnung, Herr und Sklave Bilder sind,
die alle dem antiken Hauswesen entstammen und schon von daher eine
gewisse Affinität zueinander besitzen.[200]

Auch Röm 7,11 fügt sich gut in diesen Zusammenhang ein. Der absoluten Verfügungsgewalt korrespondiert hier das totale Ausgeliefert-Sein an die Sünde (s.o.S.118): Der Mensch trägt unter diesem

---

200 Zu diesem engen Verhältnis vgl. auch TestDan 4,7b (Beliar ist *Herr*) mit 5,1c
(Kyrios *wohnt*) und dazu Küchler aaO. (s.o.Anm.186) 467.

Blickwinkel zu seinem Betrogen- und Getötet-Werden ebensowenig bei,
wie sich eine Wohnung ihrer Nutzung widersetzen kann. Daß er im
einen Fall qua Mensch, im andern Fall jedoch (raumhaft-dinglich)
als "Wohnstatt" gesehen ist, ändert an der gemeinsamen Struktur
der Bilder nichts (vgl. 6,12f "Untertan/Sklave" diff. "Waffe").

Damit ist eine gewisse "Systematik" in der Zuordnung der einzelnen Sündenmetaphern zueinander erkennbar geworden. Dem gilt es weiter nachzudenken.

Wir können in der Bildstruktur einen gemeinsamen Unterschied
der Metaphern in Röm 7,11.17 und 20 gegenüber der Herr-Sklave-Metaphorik feststellen. In der letzteren ist mit dem bildspendenden
Feld selbst das subjekthafte Mit-Tun des Menschen gegeben sowie
das Element der Verantwortlichkeit (*parhistanein*) zusätzlich eingeführt (6,16.19; vgl. VV.13.15). Anders bei den ersteren: Hier kommen auf der Bildspenderseite (Betrug, Tod, Wohnung) Verantwortung
und Schuld nicht vor; diese liegen semantisch allein - und dann
aber ohne jegliche Einschränkung der Verantwortlichkeit! - auf der
Bildempfängerseite (Sünde). Dem entspricht, daß in 7,11.17.20 im
Unterschied zur Sklavenmetaphorik ausschließlich die Sünde als handelndes Subjekt erscheint, nicht aber der Mensch (was Voraussetzung
seiner Verantwortlichkeit wäre; in VV.17 und 20 sogar ausdrücklich
bestritten: "nicht mehr ich"). Auf diese Weise kommt in jenen Metaphern von Röm 7 der grundlegende Selbstwiderspruch des unerlösten
Menschen aufs äußerste zugespitzt zum Ausdruck: Totales Ausgeliefert-Sein (Verhängnis) und volle Verantwortlichkeit (schuldhafte
Tat) prallen in ein und derselben Metapher aufeinander (die Sünde
"betrügt und tötet" mich, "wohnt und wirkt" in mir; vgl. 7,8!).

In diesem Kontext empfängt auch das "Verkauft-Sein unter die
Sünde" von 7,14 seinen über die Herr-Sklave-Metaphorik von Röm 6
hinausgehenden scharfen Akzent (Ohnmacht des Menschen gegenüber
der Sünde; vgl. oben S.104.110).

Die Aussichtslosigkeit der Lage des sündigen Menschen ist also
in diesem 7. Kapitel des Römerbriefs besonders krass formuliert.
Es enthält die radikalsten und trostlosesten aller paulin. Bilder
für das Elend des vorchristlichen Menschen[201] und endet daher fast
zwangsläufig mit jenem "verzweifelten Schrei"[202] von V.24: "Ich
unglückseliger Mensch! Wer wird mich erretten aus diesem Todeslei-
be?" und der umso verständlicheren Danksagung an Gott (V.25).

---

201 S.o.Anm.183!
202 Wilckens aaO. II 94.

Mit der hier skizzierten kleinen hamartiologischen "Systematik"
sind zugleich jene kleinsten Einheiten möglicher Aussagen über die
Sünde formuliert, die die relative Eigenständigkeit und Abgeschlos-
senheit dieses Themas paulin. Theologie erweisen sollten (s.o. 3.1;
sie müssen in Teil III allerdings noch um einige andere ergänzt
werden).

Wie angekündigt, wenden wir uns nun - nach dem Durchgang durch
die paulin. Metaphern - noch einmal einer metaphern*theoretischen*
Fragestellung zu.

3.5. Der Wirklichkeitswert der Metaphern

Die traditionsgeschichtlichen Untersuchungen haben zur Genüge
gezeigt, daß es sich bei den Bildspendern für Sünde in Röm 5-7 um
eine durchaus konventionelle Begrifflichkeit handelt. Ihre Lebendigkeit als Metaphern hängt ganz und gar vom rhetorischen Geschick
des jeweiligen Autors ab (z.B. Epiktet).
Aus den dargestellten Beziehungen zur stoischen Rede von den
Affekten sowie dem engen Verhältnis der Einzelmetaphern zueinander
ergibt sich des weiteren, daß die paulin. Wortverbindungen alle
auf derselben Wirklichkeitsebene philosophischer Metaphorik anzu-
siedeln sind - am besten zu vergleichen mit der philosophischen
Reinheits- (s.o.S.42) oder Krankheitsmetaphorik (2.5.1). Dies verleiht unseren Metaphern einen hohen Stellenwert für das Denken des
Paulus, schließt aber eine mögliche reflektive Distanz zu den gewählten Formulierungen mit ein (zu beidem s.o.S.76).
Es kommt hinzu, daß Pls einen Zuwachs an semantischer Inkongruenz (s.o.1.3) bewirkte, als er zum ersten Male die traditionellen
Bildspender mit seinem so scharf profilierten *hamartia*-Begriff ver-
band. Wir müssen also annehmen, daß seine Metaphern in Röm 5-7 seinen damaligen Hörern durchaus neuartig in den Ohren geklungen haben - am wenigsten wohl das "Innewohnen", geradezu "kühn"[203] je-

---

203 Zu dieser Bezeichnung s. Weinrich, Sprache in Texten 295-316 ("Semantik der
kühnen Metapher"), bes. 305ff. "Die kühne Metapher ist ... eine Prädikation,
deren Widersprüchlichkeit nicht unbemerkt bleiben kann." (308) Der Grund dafür liegt nach Weinrich in der geringen "Bildspanne", und zwar gilt: "Metaphern haben eine geringe Bildspanne, wenn der Bildspender dem Bildempfänger
oder einem seiner Merkmale semantisch nahesteht" (307). Dies würde im Falle
der "Sünde als Betrüger" gut zutreffen: Betrug ist selbst eine bestimmte
Form von Sünde!

doch das "Betrügen". In dieser ebenso überraschenden wie gelungenen
Neuschöpfung - v.a. in der damit geleisteten Aneignung traditionellen, teilweise paganen Materials für das Urchristentum - besteht
der eigentliche Beitrag des Paulus zu einer "Theologie der Sünde".
Aufgrund der entschiedenen Durchdringung des Stoffes mit einem genuin atl. Grundansatz (Sünde als verantwortliche gottwidrige Tat)
stellt er zugleich ein klassisches Beispiel für jüdisch-hellenisti-
sches Denken und seine konstitutive Bedeutung für urchristliche
Theologie dar.

3.6. Schlußbemerkung

Im 3. Abschnitt von Teil II unserer Untersuchung haben wir uns
mit der Vorgeschichte, der Erkenntnisleistung und dem Realitätsgehalt folgender paulin. Sündenmetaphern befaßt:

- Herrschen (über Sklaven, als König)
- Betrügen und Töten
- Innewohnen und Wirken.

Dabei haben wir bereits entscheidende Aufschlüsse über die in Röm
5-7(8) zugrundeliegende Konzeption von *"hamartia"* erhalten. Alle
diese Ergebnisse sollen nun zusammen mit dem zuvor erarbeiteten
theoretischen Rüstzeug in den Schlußteil dieser Arbeit integriert
werden und einer umfassenden Neubestimmung des paulin. Sündenbegriffs dienen. Ziel ist die Zuordnung der mit diesem Begriff verbundenen Vorstellungen zu allgemein antiken Kategorien für Sünde
und Verfehlung, wie ich sie etwa in Kapitel 2.9 zusammengestellt
habe.

Teil III

PERSONIFIKATION DER SÜNDE

In diesem letzten Teil unserer Untersuchung versuchen wir die
am Ende von Teil I (s.o.S.18) aufgeworfene Frage zu beantworten, was
es für die *"hamartia"* bedeutet, daß sie in Röm 5-7 in einer Vielzahl von Aussagen als handelndes Subjekt auftritt. Wie bereits mehrfach angesprochen, bedienen wir uns dazu des Theoriemodells der
"Personifikation" und betrachten diese auch in ihrer grundsätzlichen Bedeutung für antikes Wirklichkeitsverständnis. Eine Grundlage
dafür bilden die obigen Überlegungen zur Theorie der antiken Metapher (Teil II 1), die hier um Überlegungen zur Theorie der Rhetorik
allgemein ergänzt und erweitert werden sollen.

1. Theoretische Überlegungen

1.1. Definitionsversuche

   Quintilian (1.Jh.n.Chr.) behandelt die Personifikation - in der
Fachsprache der Rhetorik "fictio personae" oder "Prosopopoiie" genannt (der moderne Begriff ist offenbar eine "Humanisten-Bildung"
des 17./18.Jh.s[1]) - im 9. Buch seines klassisch gewordenen Lehr-
buchs der Rhetorik unter dem Stichwort "sententiarum figurae"
(InstOrat IX 2, 1.29-37). Mit dieser Klassifikation ist zugleich
gesagt, daß wir es auch hier nicht mit einem Begriff allein, sondern mit Wortverbindungen und ganzen Sätzen zu tun haben, und zwar
mit solchen, "die von der einfachen Aussageweise abweichen" (ebd.
2,1); aus beidem folgt unmittelbar die metaphorische Struktur der
Prosopopoiie.
   Hält man nun aber die Personifikationen der Sünde in Röm 5-7(8)
und die Ausführungen Quintilians nebeneinander, so kann man un-
schwer feststellen, daß diese sich nur mit Mühe auf jene anwenden

---

1 L.Petersen, Geschichte der Personifikation 73 Anm. 2.

lassen: Der Rhetoriklehrer hebt ganz eindeutig auf Gesprochenes
(dicta) und auch Geschriebenes (scripta) ab (ebd. 2,34 vgl. 31
"vocem accipere"), während Paulus der Hamartia[2] niemals irgendwelche Worte in den Mund legt, sondern ihr bestimmte Tätigkeiten zu-
schreibt.

Allenfalls das am Ende von InstOrat IX 2,37 vermerkte Beispiel
aus Livius (Entwicklungsgeschichte von Städten), in dem sich die
Prosopopoiie in eine "species narrandi" verwandelt hat, kommt in
die Nähe der paulin. Wendungen, insbesondere der Metaphern "groß
werden" und "herrschen" (Röm 5,20f).

Nähern wir uns daher den Problemen von einer anderen Seite und
werfen wir zunächst einen Blick in moderne Lehrbücher der Rhetorik
(ich hebe im folgenden diejenigen Definitionselemente hervor, die
ggf. auf paulin. Personifikationen zuträfen):

"Das Evozieren von Personen ... ist die Einführung gegenwärtiger
oder nicht gegenwärtiger, erfundener oder wirklicher Personen oder
die Einführung *personifizierter* Gegenstände oder *Begriffe* durch
Äußerungen und Reden oder durch *Handlungen*..." (G.Ueding[3]).

Nach H.Lausberg[4] besteht die "Personifizierung" "in der Einführung konkreter Dinge (...) sowie *abstrakter* und *kollektiver Begriffe* (...) als redender und (...) *handelnder* Personen."

Diese Definitionsversuche weisen im Hinblick auf unsere Fragestellung zwei grundlegende Mängel auf:

1) Sie setzen den modernen - letztlich auf die spezifisch christliche Wertschätzung des menschlichen Individuums sowie trinitarische
und christologische Spekulationen zurückgehenden und in der Neuzeit
v.a. durch den deutschen Idealismus vollendeten - Begriff der "Person" ein, der v.a. durch die Merkmale des Selbstbewußtseins und
der Selbstbestimmung charakterisiert und auf antike Texte so nicht
anwendbar ist[5]; zumindest erwähnen sie dessen grundsätzliche Problematik mit keinem Wort.

---

2 Wenn eine personifizierte Größe gemeint ist, verwende ich ab sofort große An-
  fangsbuchstaben; vgl. dazu Kurz aaO. (s.o.Anm.1) 57; B.H.Bronson, Personification Reconsidered 197-199; F.Nies, Kleinigkeiten wie Großbuchstaben, in: FS
  F.Paepcke, 435ff.
3 Einführung in die Rhetorik 257.
4 Elemente der literarischen Rhetorik § 425.
5 S. dazu W.Pannenberg, Person und Subjekt 81-85.
  Viele Abhandlungen und Studien zu unserem Themenkreis sind mit dieser Problematik belastet; vgl. exemplarisch W.Pötscher, Das Person-Bereichdenken in der
  frühgriechischen Periode 21: "Selbstbewußtsein (= Wissen um sich selbst) und
  Wille" als Kriterien für die "Personalität" einer Gottheit.
  Auch G.Kurz reflektiert in seiner theoretischen Grundlegung des Begriffs der
  "literarischen Personifikation" (aaO. 56f) die genannte Problematik nicht.

2) Sie erfassen nicht ausdrücklich auch jene wichtigen Fälle,
in denen die Sünde nicht als Subjekt, sondern als (Präpositional-)-
Objekt einer Handlung oder als Genitivattribut erscheint und gleichwohl als personifiziert vorgestellt ist (z.B. Röm 8,3; Gal 2,17.
Dazu s.u. Teil III 5).

Wir versuchen hier zunächst, der ersten genannten Schwierigkeit
zu entgehen, indem wir die modernen Begriffsbestimmungen beiseite
lassen und einen neuen theoretischen Grundansatz skizzieren, der
zugleich der metaphorischen Struktur der Prosopopoiie[6] voll Rechnung trägt.

Dieser Versuch geht - im Anschluß an J.Kopperschmidt (Allgemeine Rhetorik, 2.Aufl. 1976) - davon aus, daß alle rhetorischen Fi-
guren "als geprägte sprachliche Formen die Wirklichkeit strukturieren sowie deren Erfahrung beeinflussen, wann (sic!) denn Sprache
als Erfahrungshorizont von Wirklichkeit zu gelten hat."[7] Zu Recht
beklagt Kopperschmidt auch "die Einseitigkeit einer in der Stili-
stik noch weithin vorherrschenden ornativen Interpretation der Fi-
guren"[8] und fordert einen "Begriff von Figur, der ihre geprägte
sprachliche Form als Manifestation einer bestimmten Denk-, Inter-
pretations- und Argumentationsfigur versteht".[9]

Von dieser grundlegenden Einsicht her - die einem ornativen Rhetorikverständnis ebenso widerspricht wie einem instrumentell-tech-
nologischen[10] - ist dann auch eine Verhältnisbestimmung wie die
folgende - sie stammt von P.Ricoeur - zu kritisieren[11]:

Die rhetorische und poetische Funktion der Sprache stehen in
einem gegenläufigen Wechselverhältnis zueinander. Die erste will
durch gefällige Ausschmückung der Rede überzeugen, die zweite sucht
über den verschlungenen Pfad der heuristischen Fiktion Wirklichkeit
neu zu beschreiben.

Auf unser Thema angewandt, müßte der Einwand lauten: Die rhetorische Personifikation der Sünde leistet eben gerade - kraft der
sie konstituierenden Metaphorik - eine ganz bestimmte "Neubeschrei-
bung von Wirklichkeit"[12]; rhetorische und poetische Funktion der

---

6 Vgl. dazu die Definition der Prosopopoiie bei H.F.Plett, Einführung in die
  rhetorische Textanalyse 67: "... Verlebendigung, der auf der tropischen Ebene
  die anthropomorphe Metapher (bzw. Allegorie) entspricht."
7 J.Kopperschmidt, Allgemeine Rhetorik 171.
8 Ebd. 173.
9 Ebd..
10 Zu letzterem s. ebd. 12-17.
11 Zitiert nach Harnisch aaO. (s.o.S.22 Anm.8), 297 ("Biblische Hermeneutik").
12 Ricoeur ebd. 283. S. auch Nieraad aaO. (s.o.Anm.40) 37 zur "Funktion der Metapher": "Re-Deskription der Wirklichkeit".

Sprache stimmen in dieser Hinsicht durchaus überein.[13] Erstere
dient nämlich nicht nur der Lebendigkeit und Effizienz der Rede,
sondern - wie Ricoeur es von der Metapher sagt - "vermittelt *neue*
Information".[14] Ein Unterschied zwischen Rhetorik und Poesie bleibt
natürlich bestehen (Röm 5-8 ist ein rhetorisch-argumentativer und
kein poetischer Text); gemeinsam ist ihnen jedoch - um wieder mit
Kopperschmidt zu reden - ihre "wirklichkeitsstrukturierende Leistung"[15]; außerdem gehorchen beide gemeinsamen Regeln, welche eine
"allgemeine ästhetische Grammatik"[16] bereitstellt und denen gemäß
ein rhetorischer bzw. poetischer Text vom "normalsprachlichen Stan-
dard" abweicht[17] - im vorliegenden Fall gemäß einem "Strukturmuster"[18], in dem

- konkrete Gegenstände
- Naturkräfte[19] oder
- Abstraktnomina[20] (z.B. Sünde)

mit *Prädikaten* kombiniert sind, *die normalerweise nur Lebewesen*
zukommen (z.B. herrschen, betrügen und töten, wohnen und wirken).
Dieses Strukturmuster nennen wir "Personifikation" bzw. "Prosopopoiie" und haben damit den diesem Teil III der Arbeit zugrundeliegenden Definitionsvorschlag formuliert.[21]

Ich meine, daß diese Überlegungen einen besseren Zugang zu antiken Personifikationen wie der paulin. Hamartia eröffnen als die
oben zitierten Definitionsversuche. Unser Vorschlag vermeidet einmal den modernen Personbegriff, und zum andern erlaubt er die Ein-
beziehung auch nicht-rhetorischer Gattungen in die Untersuchung
(was für den Hintergrund der paulin. Personifikationen sehr wichtig ist).

Es gilt nunmehr, unsere Definition noch ein wenig zu erläutern:

1) Im Hinblick auf die im folgenden darzustellende Vorgeschichte
der paulin. Hamartia empfiehlt es sich, unter dem Begriff "Lebewe-

---

13 Vgl. dazu R.C.Tannehill, The Sword of His Mouth 17f.
14 AaO. (s.o.Anm.11) 288.
15 AaO. (s.o.Anm.7) 171.
16 Ebd. 164.168.
17 Ebd. 164. Zum "Stil als 'Abweichung von der Norm'", bezogen auf poetische
   Sprache, vgl. W.Sanders, Linguistische Stiltheorie 28-31.
18 Kopperschmidt aaO. 169.
19 S. dazu zuletzt die Arbeit von T.Eggers: Die Darstellung von Naturgottheiten
   bei Ovid und früheren Dichtern (1984).
20 Zum Begriff "abstrakt" s. Pötscher aaO. (s.o.Anm.5) 24.
21 Vgl. zur Definition noch M.W.Bloomfield, Grammatical Approach 163.

sen" nur Menschen und (wilde) Tiere zu verstehen. Es zeigt sich
nämlich wiederholt (man denke nur an das Prädikat "töten"!) eine
nahe Verwandtschaft von "anthropomorphisierender" und "Tiermeta-
phorik".[22] Überhaupt sollte man die Bedrohung durch wilde Tiere
als einen sehr realen Erfahrungshintergrund des antiken Menschen
für unser Thema stets im Auge behalten.

2) Die Kombination eines Subjekts mit ungewöhnlichen Prädikaten
impliziert zweierlei:

a) neue Informationen über das Subjekt (den Bildempfänger),

b) eine abweichende Interpretation der Prädikate (der Bildspender).

H.Helander hat in seiner Studie über "The Noun victoria as Subject" ausschließlich das zweite Element betont ("the predicates
have to be re-interpreted in the light of what we know about the
semantic status of the subject"[23]), während M.W.Bloomfield in einem
Aufsatz über "A Grammatical Approach to Personification Allegory"
den Akzent auf das erste legte.[24] Hingegen hat W.Köller zu Recht
darauf hingewiesen, "daß sich semantische Transferprozesse sowohl
vom Bestimmungsbegriff zum Gegenstandsbegriff hin vollziehen als
auch in umgekehrter Richtung"[25]; anders ausgedrückt: Eine Wortverbindung wie "die Sünde herrscht" sagt sowohl etwas über die Sünde
(= Gegenstandsbegriff) im Lichte des Prädikats "herrschen" als
auch über das Herrschen (= Bestimmungsbegriff) im Lichte des Subjekts "Sünde" aus. Nachdem wir oben (Teil II 3) unsere ganze Aufmerksamkeit der Interpretation der Bestimmungsbegriffe gewidmet
haben, versuchen wir nun im letzten Teil, den Gegenstandsbegriff
unserer Untersuchung selbst neu zu bestimmen ("Sünde" bei Pls).
Daß beides wohl unterschieden, nicht aber getrennt werden kann,
liegt auf der Hand.

---

22 S. dazu bes. H.F.Plett, Textwissenschaft und Textanalyse 261.275f; vgl. Lausberg aaO. (s.o.Anm.4) zur 'Personifizierung': "Auch die Tierfabel (...) kann
   analog hierher gerechnet werden." (Zur Pflanzenmetaphorik s.o. Teil II 2.8!)
23 AaO. 13. Vgl. M.C.Beardsley, Die metaphorische Verdrehung, in: Haverkamp aaO.
   (s.o.S.19 Anm.1), 121: "Wenn ein Prädikat als Metapher mit einem Subjekt verbunden wird, verliert das Prädikat seine normale Bedeutungsextension, weil
   es eine neue Bedeutungsintension erhält - die es eventuell in keinem anderen
   Zusammenhang besitzt".
24 AaO. 165f.
25 Semiotik und Metapher 190.

1.2. Differenzierungsversuche

Innerhalb unseres Definitionsrahmens finden auch die erheblichen
Unterschiede Platz, die bezüglich Funktion und Intensitätsgrad von
Personifikationen bestehen.[26]

So sind z.B. bestimmte Personifikationen in den kynisch-stoischen
Diatriben sehr weit getrennt von denjenigen in Röm 5-8. Unterschiede
in dieser Hinsicht hat schon R.Bultmann festgestellt, jedoch in z.T.
fragwürdigen Kategorien zu beschreiben gesucht: Sünde, Gesetz, Tod sind
nach ihm "eigentlich keine rhetorischen Personifikationen, sondern
wirklich halb persönliche Mächte, Hypostasen".[27] Dazu zwei Bemerkungen:

1) Hier liegt noch der alte, oberflächliche Rhetorikbegriff zugrunde, den wir im Anschluß an J.Kopperschmidt zu überwinden such-
ten. Mit der oben vorgeschlagenen Neubestimmung des Begriffs der
"rhetorischen Figur" ist Bultmanns Gegenübersetzung von rhetorischer
Personifikation auf der einen und den drei paulin. Größen auf der
anderen Seite überflüssig geworden: Sünde, Gesetz und Tod sind Personifikationen im vollen Sinn des Wortes (weiter dazu s.u. 2).

2) Bultmanns Formulierung ist nicht nur mit dem Macht-, sondern
auch mit dem ungeklärten Person- sowie dem in diesem Zusammenhang
höchst ungewöhnlichen Hypostasenbegriff (dazu siehe gleich) belastet. All dies führt dazu, daß man sich unter den damit bezeichneten
Größen konkret eigentlich nichts mehr vorstellen kann.

Bultmann hatte bei seiner Gegenüberstellung nicht die sprechenden
Größen - für die jener Abstand von Pls vor allem gilt (siehe das eingangs zu Quintilian Gesagte!) - im Blick, sondern diejenigen Personifikationen, bei denen Abstraktnomina mit Handlungsverben verbunden
werden[28]; und hier meine ich (gegen Bultmann), daß zumindest einige
im Intensitätsgrad der paulin. Hamartia sehr nahe kommen (s.o.S.105.
115); man könnte im Unterschied zu den sprechenden Größen von eigentlich religiösen bzw. religiös-philosophischen Personifikationen und
Metaphern reden. Solche kommen jedoch auch und gerade in anderen
Gattungen (z.B. weisheitlichen und apokalyptischen) vor, so daß

---

26 Zum Folgenden vgl. T.B.L.Webster, Personification as a Mode of Greek Thought
   13-16.
27 Stil der paulinischen Predigt 87. Anders äußert Bultmann sich später in seiner
   "Theologie des Neuen Testaments": "So wenig das alles realistische Mythologie
   und viel mehr bildlich-rhetorische Sprache ist..." (245).
28 Ebd. 34f.87.

die Eigenart ihrer Verwendung bei Pls - im Falle der Sünde: diese
als ein lebendiges Wesen sui generis darzustellen - nicht nur aus
der Anlehnung an die Diatribe erklärt werden kann.

Abstraktnomina als Sprecher auftreten zu lassen, hat demgegenüber
primär die Funktion, die beabsichtigten Aussagen lebendiger zu gestalten: Ohne die direkte Rede, die es anzeigt, wäre das personifizierende Verbum dicendi sinnlos. Beispiele:

- Den ältesten diatribischen Beleg finden wir bei Teles: Wenn daher, wie Bion sagt, die Dinge in der Art wie wir Menschen sprechen und sich rechtfertigen könnten, würden sie da nicht reden
  wie ein Sklave... Und die Armut würde zu dem sagen, der auf sie
  schimpft... Wenn so die Armut redete, was würdest du darauf sagen? ... (Diogenes) hätte die Stimme der Schlechtigkeit gehört,
  wie sie sich selber anklagte... (ed. O.Hense, S.6,Z.8 - S.8,Z.10;
  Übers. W.Capelle, Epiktet 219f).
- Epict Diss I 16,11: Die natürliche Beschaffenheit eines jeden
  ruft laut schon von ferne...
- Röm 10,6: Die Glaubensgerechtigkeit spricht so...
  (einmal auch vom Gesetz: Röm 7,7).

Vgl. auch die zahlreichen Personifikationen der attischen Komödie[29]!
Der Abstand zu Sünde, Gesetz und Tod bei Pls im allgemeinen wird
in diesen Fällen zu Recht betont.

In den Zusammenhang der Frage nach Funktion und Intensität gehören als Grenzfall auch diejenigen Prosopopoiien, bei denen die
Figur gar nicht als solche empfunden wird, sondern gleichbedeutend
ist mit der Vorstellung eines wirklichen, selbständig existierenden
Individuums ("weltanschauliche" Personifikationen im Sinne von Teil
II 1.3 und 2.1-3); dazu zählen mit Sicherheit Gott und die (olympi-
schen[30]) Götter, die Engel und Satan, die guten und die bösen Geister (Dämonen), die als - wenn auch in der Regel unsichtbare[31], mitunter in Tier- und Menschengestalt auftretende "Lebewesen" die Welt
bevölkern.

Dem Einwand, der "fragwürdige Begriff" der Personifikation lasse vermuten, solche Wesen würden "notwendig durch rationalistische
Konstruktion" geschaffen (F.W.Hamdorf, Griech. Kultpersonifikationen 1), wird Rechnung getragen, indem wir das oben dargestellte re-

---

29 S. dazu F.Stoessl, Pauly/Wissowa XIX 1,1050 sowie v.a. die Arbeit von H.J.Ne-
   wiger: Metapher und Allegorie. Studien zu Aristophanes.
30 Zur notwendigen Differenzierung innerhalb dieser Gruppe s. Eggers aaO. (s.o.
   Anm.19) 26 mit Anm. 38,39 u.42.
31 S. z.B. ApkSedr 5,4f: Der Teufel ist "unsichtbares Pneuma". Zur Veranschauli-
   chung seines Wirkens vergleicht ihn der Verfasser deshalb mit dem Rauch.

vidierte Rhetorikverständnis zugrundelegen. Personifikationen "kon-
struieren" nicht Wirklichkeit, sondern "strukturieren" sie nach bestimmten Erfahrungen. In ihnen - wie in jeder religiösen oder religiös-philosophischen Metapher - kommen ein rezeptives und ein krea-
tives Moment zusammen.

Etwas anders als bei Göttern und Engeln liegen die Dinge im Falle der sog. Personifikationsgottheiten, d.h. wenn Abstraktnomina
wie z.B. "victoria" oder "*homonoia*-concordia" in die Reihen der Götter aufgenommen werden. Hier gilt: "No doubt there was a general
feeling that such gods were different from deities like Jupiter,
Juno, Apollo, Diana, etc.".[32] Vergleichbar ist das Verhältnis Jahwes
zu seinen göttlichen "Hypostasen", die ebenfalls das Ergebnis von
Personifizierungsabläufen sind und bei denen ebenso wie im Falle
der Personifikationsgottheiten der Charakter des Abstraktnomens blei-
bend spürbar und erkennbar ist (Sophia, Logos, Dynamis). "Das Nomen
wird Eigenname, verliert aber nicht seine lexikalische Bedeutung."[33]
Allerdings wird man die Hypostasen unter den Denkvoraussetzungen
eines strengen Monotheismus weniger aus ihrer Unterordnung als vielmehr aus ihrer überaus engen Zuordnung zu dem Einen Gott verstehen
müssen. (V.Hamp[34] lehnt deshalb den Hypostasenbegriff für solche
Größen ganz ab - in bezug auf Philo ist er unschlüssig[35] - und stellt
ihn der "Personifikation" gegenüber.)

Eine genaue Prüfung ist auch bei der Gruppe der Dämonen geboten.
So stehen z.B. innerhalb der in TestXII aufscheinenden Geisterlehre
(vgl. v.a. TestSim 3-4; TestGad 4,6f; TestJud 20,1-3) die *"pneumata"*
der Leidenschaften (Neid, Haß, Zorn; ein Beispiel s.o.S.105) i. allg.
sicherlich nicht auf derselben Stufe wie Satan-Beliar, sondern müssen eher "psychologisch" verstanden werden[36] (vgl. oben S.124 die
"Strafgeister" von Corp Herm 13); in manchen Fällen wird man besser
nur von einer "'pneumatisierende(n)' Tendenz"[37] sprechen (TestDan
4,5; vgl. noch 2,1 sowie TestJud 16,1).[38] Auch für die paulin. Hamartia ist die Frage gestellt (s.o.S.26), ob sie auf derselben Ebene

---

32 H.Helander, victoria 21. S. zu dieser Problematik auch (anhand weiterer Beispiele) C.M. Bowra, Aristotle's Hymn to Virtue, in: ders., Problems in Greek
   Poetry, 145f.
33 Kurz aaO. 57.
34 Der Begriff "Wort" in den aramäischen Bibelübersetzungen 113-115.
35 Ebd. 189.
36 S. dazu Küchler aaO. (s.o.Anm.186) 477.540f.
37 Ebd. 468 Anm. 17.
38 Für ein paganes Beispiel s. weiter: B.Meißner,Mythisches und Rationales in der
   Psychologie der euripideischen Tragödie 129ff (mit dem ganzen 3. Teil dieser
   Arbeit: "Die Polemik gegen dämonistische Vorstellungen in der Psychologie").

wie der Teufel und seine Dämonen anzusiedln sei: Die bisherigen
Ergebnisse unserer Untersuchung (vgl. insbes. Teil II 3.5) sprechen
eindeutig dagegen.

Am unteren Ende der Intensitätsskala stehen schließlich diejenigen Personifizierungen, die mit blassen Metaphern gebildet sind;
z.B. TestRub 2,8: Die Sünde "kommt hinein" (sc. in den Menschen);
Theoktistos 12 (Stob Ecl V 1145,17): von der Sünde "verführt" worden
sein (vgl. 2Tim 3,6). Es wird also noch einmal ganz deutlich: Realitätsgehalt und Kraft einer Personifikation einerseits und ihrer Metapher andererseits korrespondieren einander unmittelbar; der Wirklichkeitswert der Hamartia ist direkt abhängig vom Wirklichkeitswert der konstituierenden Metaphern (hineinkommen, herrschen usw.).

Mit den hier vorgeführten Differenzierungen ist keine Entscheidung über eine chronologische Reihenfolge der Personifikationen verbunden. So wollte z.B. K.Reinhardt die Götter (im griech. Bereich)
für das Primäre ansehen, von dem alle Personifikationen abstammten:
"... so gibt es im Griechischen nicht eine einzige 'Personifikation',
die nicht nachweislich nach dem *Vorbilde* der Götter gebildet, ausge-
stattet und benannt wäre."[39] Noch radikaler urteilte W.F.Otto, der
den Begriff "Personifikation" ganz ablehnte und stattdessen eine
Entpersonifizierung lebendiger Gestalten sah.[40] (Für die römischen
Personifikationsgottheiten nimmt man i. allg. den umgekehrten Prozeß
- vom Abstraktum zur lebendigen Gestalt - an.[41])

Wichtiger war es für uns, das Umfeld ein wenig zu sondieren, in
dem sich Pls bewegt, wenn er sich personifizierender Denk- und Sprechweise bedient. So wird die Eigenart seiner Personifikationen und ihre Stellung im "Gesamtsystem" deutlich erkennbar.

Wie die verschiedenen Möglichkeiten der Personifizierung in Erscheinung treten, hängt natürlich vom Erfahrungshintergrund und der
Intention des jeweiligen Autors ab. Ein Beispiel: Es ist auffällig,
daß Herakles - bei Dion Chrysostomos, Or 1,66-84 - nur der Basileia

---

39 Personifikation und Allegorie, in: ders., Vermächtnis der Antike (ed. C.Bek-
   ker), 11. Weiter dazu 20ff und 32f. Demgegenüber rechnete H.Herter mit einer
   "Urphase des dämonischen, aber noch amorphen *Erlebnisses*" (Dämonismus und Begrifflichkeit 233).
40 Die Musen 75f.
41 Zum Problem s. L.Deubner, Roscher Lexikon III 2069f (Art. "Personifikationen
   abstrakter Begriffe"); Stoessl aaO. (s.o.Anm.29) 1043f (Art. "Personifikationen"). Vgl. ferner W.Eisenhut, Pauly Lexikon II 1395-1398 (Art. "Indigitamenta").

die wahrhafte Gottheit zuerkennt (83) und nur sie als "eine von den
Göttern", als "glückselige Göttin Königsherrschaft" und "Tochter
des Königs Zeus" bezeichnet wird (73), während auf der Gegenseite
nur von "Frauen" die Rede ist: Die Tyrannis ist keine Göttin! Es
geht hier darum, den guten Weg gegenüber dem minderwertigen und
schlechten gebührend hervorzuheben (buchstäblich "in den Himmel zu
heben"), um dadurch den jeweiligen Hörer zu einer ethisch richtigen
Entscheidung zu bewegen. Schon von daher steht die die Gewaltherrschaft umgebende Frau "Anomia" in einem anderen Zusammenhang als
die paulin. Hamartia (oder auch die visionäre "Anomia" von Sach 5,7f
LXX). Es kommt jedoch hinzu, daß Pls im Unterschied zu Dion (und
auch zu Sach 5) keine Angabe oder gar ausführliche Beschreibung zur
weiblichen Gestalt der Sünde liefert, wie wir dies schon aus der
Prodikosfabel bei Xenophon (Mem II 1,21-33) kennen. (Im Wirklichkeitswert dürften sich alle genannten Prosopopoiien - mit Ausnahme
der deifizierten Basileia - in etwa entsprechen.)

Zur Frage der menschlichen Gestalt ist allerdings festzuhalten,
daß diese gegenüber der eigentlichen Personifikation - in der es
ja immer nur um ganz bestimmte Eigenschaften (mächtig, verführerisch
usw.) geht und nicht um ein komplettes Lebewesen mit Haut und Haa-
ren[42] - sekundär ist und, wenn sie denn schon erscheint, dann lediglich durch das grammatikalische Geschlecht des Nomens bestimmt ist.
So ist in Dions Heraklesfabel der Nomos der einzige Mann auf der
Szene; Victoria und Metanoia (s.u. 6) sind Jungfrauen; und auch bei
Pls mag man sich Röm 5,12.21 immerhin erinnert fühlen an eine Frauen-
gestalt, die in gewisser Weise der Dionschen Tyrannis ähnelt (man
kann aber auch mit L.Schottroff an den römischen Kaiser als einen
Vertreter des männlichen Geschlechts denken[43]).

Im nächsten Kapitel wollen wir uns nun verstärkt dem paulin. Material zuwenden, um von da aus unsere beiden zentralen Thesen zur
Hamartia zu formulieren. Dazu nehmen wir zunächst auch die beiden
anderen Personifikationen "Gesetz" und "Tod" etwas genauer in den
Blick.

---

42 Dies mag bei "weltanschaulichen" Personifikationen in vielen Fällen anders
   sein (vgl. etwa die "Metanoia als Engel" - s.u.S.171f - oder das Gottesbild
   "alter Mann mit Bart").
43 Schreckensherrschaft, bes. 499f (vgl. Teil II 3.2.3 a).

2. Die besondere Stellung der Hamartia innerhalb der Personifikationen von Röm 5-8

Unbeschadet der erwiesenen Eigenständigkeit hamartiologischer Aussagen des Römerbriefs (s.o. Teil II 3) lassen sich doch sehr enge Beziehungen der drei Größen "Sünde", "Gesetz" und "Tod" (wie auch der Charis) zueinander feststellen. Dies zeigt sich z.B. daran, daß sie alle in die Herrschaftsmetaphorik einbezogen werden (Röm 5,14. 17.21; 6,9; 7,1), was zweifellos gerade diesen Personifikationen ein besonderes Gewicht verleiht. Der Nomos teilt sogar das ganze Bildfeld mit der Hamartia: 7,3 frei vom Gesetz (vgl. 6,18.22); 7,25 dem Gesetz dienen (vgl. 6,6.16.17.20); an die Stelle des Gehorsams gegenüber der Sünde tritt das Gebunden-Sein durch das Gesetz (7,2). Dieses ist schließlich auch - wie die Sünde - nur so lange Herr über den Menschen, wie er am Leben ist (7,1 vgl. 6,7), und erscheint daher als Dativobjekt desselben Verbums "gestorben sein" (Röm 7,4.6; Gal 2,19; vgl. Röm 6,2.10).

Außerdem läßt sich die enge Zusammengehörigkeit der drei Größen daran ablesen, daß sie alle denselben Oppositionsbegriffen gegenübergesetzt sind:

- Gerechtigkeit (Sünde: Röm 6,18.20; 8,10; vgl. 2Kor 5,21 - Tod: Röm 5,21; 6,16)
- Gott (Sünde: Röm 6,10.11.13.22.23; 7,22f.25 - Tod: 7,4f - Gesetz: Gal 2,19) bzw. Christus (Gesetz: Röm 7,4)
- Geist (Sünde und Tod: Röm 8,2)
- Gnade (Sünde: Röm 5,20f - Gesetz: 6,14f; Gal 2,21)
- Glaube (Sünde: Röm 14,23 - Gesetz: Gal 3 passim)
- "Ich" (Sünde: Röm 7,9f.17.20 - Gesetz: 7,14).

Aufgrund dieses Befundes könnte man vermuten, daß wir es auch mit gleichartigen Personifikationen zu tun haben. Dies gilt jedoch nur mit einer erheblichen und entscheidenden Einschränkung: "Sünde" ist und bleibt auch als Personifikation ein Tatbegriff und läßt sich - das haben wir nun mehrmals betont - niemals vom Tun und von der Verantwortung des Menschen ablösen. Dieses beides gilt so nicht vom Tod und vom Gesetz (und auch nicht von der Charis). Mit beidem ist die besondere Stellung, die der Hamartia gegenüber den anderen Personifikationen in Röm 5-8 zukommt, in aller Deutlichkeit bezeichnet.

Sucht man nun das Typische und Gemeinsame zu formulieren, das sich allen Einzelaussagen im Blick auf die Sünde selbst entnehmen

läßt, und versucht man dabei auch Gesetz und Tod mit einzubeziehen, so kann man sagen:

Die Sünde ist ein Welt bzw. Menschheit umspannendes (s.o. Teil
I 5) unheilvolles Wesen, dessen ebenso unheilvolle Aktivität sich
im Bereich des Todes abspielt und den sicheren Tod zum Ziele hat
(s.o. Teil II 3.3.2).[44] Das Gesetz hat die Aufgabe, diese unheilvolle Wirksamkeit mit eschatologischer Radikalität in Gang und in Kraft
zu setzen. Bereits in 1Kor 15,56 hat Pls diese Zusammenhänge folgendermaßen kurz zusammengefaßt: "Der Stachel des Todes ist die Sünde, die Kraft der Sünde ist das Gesetz".

Jedoch auch hier ist wieder - diesmal hinsichtlich des Gesetzes -
eine entscheidende Einschränkung vorzunehmen, die ebenfalls mit der
besonderen Stellung der Hamartia als personifiziertem Tatbegriff
zu tun hat: Bei Pls kann nicht erst im Horizont des mosaischen Gesetzes, sondern auch für die Zeit davor in personifizierender Weise
von der Sünde geredet werden. Bezüglich Röm 5,12 könnte man immerhin
noch auf das Gebot Gottes an Adam verweisen, durch welches dann die
Sünde in die Welt gekommen wäre (vgl. 7,9) - 5,21a[45], 6,23a sowie
das "Innewohnen" von 7,17.20 jedoch müssen m.E. trotz 7,8b ("ohne
das Gesetz ist die Sünde tot") *auch* auf die "gebotslose" Zeit zwischen Adam und Mose bezogen werden, denn

- "Sünde *war* in der Welt" (5,13; vgl. 2,12), wenn auch nicht in
  Gestalt konkret anrechenbarer Übertretung (4,15); und
- "*Alle* sind unter der Sünde" (3,9).

(Dem entspricht, daß die Rechtssatzung Gottes, nach der die Sünder
den Tod verdienen, diesen auch vor und außerhalb des Gesetzes wohl-
bekannt ist: Röm 1,32.)

Wie nun diese beiden Linien - Tatbegriff und unheilvolles Wesen - miteinander zu verbinden sind, steht als Frage im Hintergrund
aller in Kap. 3 folgenden religionsgeschichtlichen Studien. Im Hinblick auf das bei Pls vorliegende Ergebnis einer langen Entwicklung
formuliere ich folgende zwei zentrale Thesen:

1) "Sünde" bei Paulus meint den Inbegriff menschlicher Tatverfehlungen (s.o. Teil I 1), welche eine Eigendynamik entwickeln und

---

44 "Immer wieder betont Paulus, daß das Ziel der Sündenherrschaft einzig der
    Tod des Menschen ist." (Van Dülmen, Theol. des Gesetzes 163)
45 Immer bezieht sich ὡσ(περ) in Röm 5,12-21 auf die Adamsseite der Typologie und
    den durch seine Übertretung herbeigeführten Zustand.

dadurch zu einer dem Menschen gegenüberstehenden und ihn (endgültig kraft des Gesetzes) vernichtenden Wirklichkeit werden, die er selbst hervorgebracht hat.

2) Dies ist auch die Grundstruktur des sog. Tat-Ergehen-Zusammenhanges bzw. der "schicksalwirkenden Tatsphäre" (K.Koch). Offensichtlich besteht ein Zusammenhang zwischen dieser Auffassung einer dynamistischen Weltsicht und der Personifikation der Sünde.

Die Aufgabe ist, zu klären, welcher Art dieser Zusammenhang ist. Das oben (1.1) dargelegte Rhetorikverständnis gibt uns dazu den nötigen Rahmen: Wir vergleichen beide Konzeptionen nach ihrer jeweiligen wirklichkeitsstrukturierenden Leistung (s.o.S.134).

Bevor wir dazu übergehen, soll noch festgehalten werden, daß alle genannten Personifikationen von Röm 5-8 (Sünde, Gnade, Gesetz und Tod) in ihrem Wirklichkeitswert ziemlich genau übereinstimmen dürften (Prosopopoiie von Abstrakta mit im Prinzip erkennbarer semantischer Inkongruenz, vgl. oben Teil II 3.5 sowie Teil III 1.2). Im Hinblick auf den *"thanatos"*-Begriff zieht auch M.Dibelius folgendes Resümee: "So ist die Vorstellung vom persönlichen Tod bei Paulus nur 1. Kor. 15 sicher zu belegen; im übrigen sind wir auf Vermutungen angewiesen."[46]

Terminologisch möchte ich für alle diese Größen in Röm 5-8 die Bezeichnung "Abstrakt-Personifikation" vorschlagen. Damit wird ein mythologischer Vorstellungshintergrund ausdrücklich verneint.

---

46 Geisterwelt 118 (erster Satz des Zitates im Orig. kursiv).

3.   Zur Vorgeschichte der paulinischen Sündenvorstellung

3.1. Der Sünde-Unheil-Zusammenhang im Alten Testament

Man kann den Tat-Ergehen- bzw. den Sünde-Unheil-Zusammenhang bestimmen als ein "Ursache und Wirkung umfassendes, einheitliches,
zielgerichtetes Geschehen"[47], bei dem einem bestimmten menschlichen
Tun ein entsprechendes Ergehen (der Sünde das Unheil) "gleichsam
automatisch"[48] und ohne ein besonderes Eingreifen Gottes nachfolgt.
"Ja streng genommen gibt es gar keine 'Stadien', keine 'Tat' und
'Tatfolge', sondern eben nur das Geschehen, das Ganze, die Einheit,
den ḥeṭ', den 'awon."[49]

Diese Betrachtungsweise hat man "dynamistisch" oder "holistisch"
genannt - jedenfalls stellt sie ein bestimmtes Wirklichkeitsmodell
dar, das bis heute existiert und das auch schon im AT tiefe Spuren
hinterlassen hat (vgl. v.a. Teil II 2.1.1). Dieses Modell, das den
Ausgangspunkt unserer Überlegungen bildet, ist von K.Koch ausführlich beschrieben und mit der treffenden Bezeichnung "schicksalwirkende Tatsphäre" versehen worden.[50]

Ein im Anschluß daran viel verhandeltes Problem ist die Verhältnisbestimmung zwischen der Tatsphäre und Jahwe geworden; R.Knierim
setzt sich in seinem bereits mehrmals zitierten Buch "Die Hauptbegriffe für Sünde im Alten Testament" ausführlich damit auseinan-
der.[51] Ausgesprochen störend und - wie ich meine - das Ergebnis ver-
fälschend wirkt dabei der apologetische Unterton der Erörterung
(Stichwort auf S. 90: "Jahwepersonalismus"![52]), der die dynamistische Weltsicht durchgreifend und konsequent zu "jahwesieren" sucht
und dies wie üblich auf Kosten der Weisheit tut ("... ihre Tatsphäreaussagen haben von vornherein ein minderes theologisches Gewicht

---

47 Knierim, Hauptbegriffe 75.
48 H.-H.Schmid, Schöpfung, Gerechtigkeit und Heil, in: ders., Altorientalische
   Welt in der alttestamentlichen Theologie, 14.
49 Knierim aaO. 74.
50 Gibt es ein Vergeltungsdogma im Alten Testament?, ZThK 52 (1955) 1-42; im
   folgenden stets zitiert nach K.Koch (ed.), Um das Prinzip der Vergeltung in
   Religion und Recht des Alten Testaments, 1972, 130-180.
51 AaO. 83-91.
52 Vgl. dazu die Bemerkung von K.Koch, Die israelitische Auffassung vom vergossenen Blut, in: ders. (ed.), Um das Prinzip der Vergeltung, 441: "Es wäre der
   Exegese gewiß förderlich, wenn wir Alttestamentler uns entscheiden könnten,
   mit solchen Pauschalbegriffen wie ... "personal" und "persönlich" (...) in den
   nächsten Jahren möglichst sparsam umzugehen..."

als diejenigen etwa der Propheten oder der Psalmen"[53]). Behutsamer
urteilt H.-H.Schmid in diesem Punkt: "Nach einzelnen Texten sowohl
des Alten Orients als auch des Alten Testaments vollzieht sich der
Zusammenhang von Tat und Ergehen gleichsam automatisch, aus innerer
Notwendigkeit, nach anderen ist die (Schöpfungs-)Gottheit sein Vollstrecker."[54] Es muß also in jedem Einzelfall geprüft werden, welche
Bedeutung das holistische Schema noch besitzt.

Es sollen nun einige atl. Belege zum Sünde-Unheil-Zusammenhang
folgen. Unser Ziel ist es dabei, zu zeigen, wie eine ganze Gruppe
von atl. Aussagen über die Sünde (bzw. Synonyma) demselben syntak-
tischen Schema und inhaltlich derselben Aussagerichtung folgt wie
die paulin. Sünde-Personifikationen (auf das Verhältnis Gottes zu
diesem Schema werden wir unten in 4.4 noch einmal zurückkommen):[55]

Num	32,23	Eure Sünde wird euch finden.
Ps	7,17	Auf seinen Schädel fährt seine Gewalttat her-nieder.
	34,22	(Seine) Bosheit wird den Frevler töten.
	40,13	Umringt haben mich Bosheiten ohne Zahl, er-reicht (LXX: κατέλαβον) haben mich meine Ver-schuldungen... (Vgl. Hos 7,2)
Hi	13,26	Du lässest die Vergehen meiner Jugend mich in Besitz nehmen.
Spr	5,22	Seine Sünden fangen ihn, den Frevler.
	11,3	Die Falschheit (hebr. *säläf*) der Treulosen verwüstet sie.
	13,6	Sünde bringt Frevler zu Fall (hebr. *slf*).
	14,34 LXX	Sünden dezimieren die Völker.
	29,23	Hochmut eines Menschen wird ihn erniedrigen.

---

53 AaO. 84. Dieselbe Tendenz zeigt sich schon bei H.Graf Reventlow, "Sein Blut
komme über sein Haupt", in: Koch (ed.), Um das Prinzip der Vergeltung, 412-
431 (bes. 429f).
54 Schmid aaO. (s.o.Anm.48). Man darf also nicht - wie Koch es tut - den Jahwe-
glauben zur Voraussetzung einer "folgerichtige(n) Ausprägung der Auffassung
von schicksalwirkender Tat auf dem Boden des alten Orients" (aaO. (s.o.Anm.
50) 179f) machen. S. dazu schon H.Gese, Lehre und Wirklichkeit in der alten
Weisheit, in: Koch (ed.), Um das Prinzip der Vergeltung, 226f mit Anm. 50.
Zur Sache selbst vgl. Koch ebd. 134-140 u.ö.!
55 Soweit sie bei Koch ebd. besprochen sind, gebe ich die Belegstellen in seiner
Übersetzung wieder. Es sind dies: Ps 7,17; 40,13; Hi 13,26; Spr 11,3; 29,23;
Hos 5,4; 7,2.

Jes 59,12 par.

Jer 14,7   Unsere Sünden klagen uns an. (S. auch Jes 59,2)

Jer 5,25   Eure Sünden haben das Gute von euch ferngehal-
                ten.

Hos 5,4   Nicht erlauben ihre Taten (ihnen), zu Gott um-
                zukehren.

     5,5 =

     7,10   Israels Stolz klagt ihn ins Angesicht hinein an.

     7,2   Jetzt haben ihre Taten sie umringt. (Vgl. Ps
                40,13)

K.Koch hat in seinem bereits genannten grundlegenden Aufsatz (s.
Anm. 50) gezeigt, daß solche und verwandte Aussagen des AT von der
Vorstellung der Sünde als einer "Sphäre ... von dinglicher Stoff-
lichkeit" bestimmt sind.[56] Diese Sphäre wird vom Täter selbst geschaffen, da sie ja mit seiner Tat sachlich identisch ist (Tatsphäre); sie ist zugleich auch die Strafe/das Unheil, welchem er nicht
entrinnen kann.

    Ist dieses richtig, so ergibt sich nach unserer Definition (s.o.
S.134) klar, daß in den zitierten Aussagen *im Ansatz* personifizierende Denk- und Sprechweise vorliegt: Ein "Gegenstand" - eben die
dingliche Tatsphäre - wird mit Prädikaten verbunden, die normalerweise nur Lebewesen zukommen (umringen, fangen, töten, anklagen
usw.)! Von vielen späteren Personifikationen sind diese Aussagen
allerdings durch das zugrundeliegende ungebrochene dynamistische
Wirklichkeitsverständnis geschieden. Dieses zeigt sich in der unmittelbaren Unheils-, ja Todesverhaftung (exemplarisch: Ps 34,22) ebenso
wie in dem Fehlen eines abstrakten, von der "materiellen" Grundlage
gelösten Begriffs von "Sünde". (Hier wäre auch an die Metaphern
"Last" und "Schmutz" zu erinnern, s.o. Teil II 2.1-2 und 2.9 ad 2a:
Sünde als konkreter "Gegenstand" oder "Stoff".)

    Gegenüber Pls kommen noch weitere Unterschiede hinzu (s.o. Teil
I 1-3): die gleichwertige Verwendung von Synonyma, Pluralformen,
Suffixe und Status-constructus-Verbindungen. Dennoch wird man hier
vor allem die Gemeinsamkeit in der inhaltlichen Aussage festhalten
und betonen müssen: Pls wie das AT sind davon überzeugt, daß der
Mensch sich durch seine Verfehlungen unweigerlich Tod und Verderben
zuzieht.

---

56 Ebd. 150-153, das Zitat auf S. 166.

Nicht vergessen werden darf hier auch der Hinweis auf pagan-griechische Analogien. Wenigstens zwei markante Beispiele möchte ich
herausgreifen:

- Sophokles Frgm. 193 Nauck (aus: "Eriphyle"), Z.3: Fehlgriffe
  richten die Wohlfahrt (sc. eines Gemeinwesens) zugrunde (ἁμαρτίαι
  σφάλλουσι τὴν σωτηρίαν). - Die Parallele zu Spr 13,6 und 14,34
  LXX sticht sofort ins Auge (ungeachtet der verschiedenen inhaltlichen Füllung des Verfehlungsbegriffs).
- Pindar, Pythia II 30f: Zwei Vergehen (sc. Ermordung des Schwie-
  gervaters, versuchte Verführung der Hera) sind qualbringend
  (ἀμπλακίαι φερέπονοι) für ihn (sc. Ixion); vgl. ebd. 39f: Der
  wirkte sich selbst das Verderben.

3.2. "Verkürzte Unheilsperspektive" in spätbiblisch-frühjüdischer
     Zeit

Zunächst betrachten wir die Belege für das Tatsphäredenken aus
hellenistisch-römischer Zeit, um von da aus nach evtl. Verschiebun-
gen in der Sündenvorstellung fragen zu können:[57]

Sir	21,4	Gewalttat und Hochmut verwüsten den Wohlstand.
Susanna		
(ZusDan)	52	Jetzt kommen (ἥκασι) deine Sünden, die du bisher begangen hast.

Der Automatismus der Todesfolge ist hier insofern bereits durchbrochen, als die Schuldigen "nach dem Gesetz des Mose" (V.62Th.) mit
dem Tode bestraft werden.

PsSal	15,10	Ihre Gesetzlosigkeiten werden sie bis in die Hölle hinab verfolgen.
	11	Die Sünden werden die Häuser der Sünder verwüsten.
Abot	IV 2	Eine Übertretung zieht die andere nach, da ...der Lohn einer Übertretung Übertretung ist.[58]

---

57 Vgl. auch K.Koch, Der Schatz im Himmel, FS H.Thielicke, 47-60 und weiter dazu
   unten 3.3.
58 Zum Lohnbegriff in diesem Zusammenhang vgl. Koch aaO. (s.o.Anm.50) 159 Anm.
   49.

Im letzteren Fall handelt es sich um eine spezielle Gestalt des Sün-
de-Unheil-Zusammenhangs, die in stark abgewandelter Form auch Röm
1,24-28 zugrunde liegt - der Hinweis auf Weish 11,16 und TestGad
5,10[59] genügt eben nicht, da er nicht erklärt, warum Gott die Sünder
an ihre *Verfehlungen* preisgegeben hat -: Die Unheilsfolge der Sünde
ist wiederum das Tun der Sünde selbst ("Entsprechung zwischen dem
Tun der Menschen und der göttlichen Reaktion als Festlegung der Täter auf ihr Tun" in Röm 1[60]; vgl. auch unten 3.4 zu Hos sowie Röm
6,19 "dienstbar der Gesetzlosigkeit hin zur Gesetzlosigkeit"; 7,8
"die Sünde wirkte Begierde" und dazu oben Teil II 3.3.2).

Dieses Denkschema leitet bereits über zu einer anderen Gruppe
von Aussagen. Diese verwenden neue, z.T. sehr lebendige Metaphern,
welche nicht mehr nur von der (endgültigen) Unheilsfolge der Sünde
sprechen, sondern gewissermaßen im Vorfeld von Tod und Verderben
angesiedelt sind. Ich möchte für diesen Sachverhalt, der für die
Theorie der Hamartia-Personifikation entscheidende Bedeutung besitzt,
die Bezeichnung *"verkürzte Unheilsperspektive"* vorschlagen (vgl.
oben S.34f); ich halte sie für ein deutliches Anzeichen dafür, daß
das holistisch-dynamistische Weltbild in frühjüdischer Zeit an Bedeutung verloren hat (s. schon oben S.30f). Hier zunächst eine Zusammenstellung von Belegen, die in diese Richtung weisen:

Spr	13,6 LXX	Die Sünde macht die Gottlosen schlecht.
Sir	21,2	Die Sünde wird dich beißen[61], wenn du ihr
		zu nahe kommst... (Vgl. 12,13f) Ihre Zähne
		rauben das Leben der Menschen.
	27,10	Die Sünde lauert auf die, die Unrecht tun.
		(Vgl. Gen 4,7)
Jdt	11,11	Der Tod wird über sie herfallen, denn eine
		Sünde hat von ihnen Besitz ergriffen
		(κατελάβετο).
TestRub	2,8	Zusammen mit dem Samen und dem Beischlaf
		kommt die Sünde hinein durch die Liebe
		zur Begierde (s. schon oben S.139).

---

59 Wilckens aaO. I 109. Auch Käsemann weist zu Röm 1,21 auf Weish 11,16 hin (An
   die Römer 39).
60 Wilckens ebd. 96.
61 Zusammen mit der Erwähnung der Schlange im vorhergehenden Satz stellt diese
   Metapher eine Anspielung auf Gen 3 dar (so Trenchard aaO. (s.o.Anm.158) 250
   Anm. 156; vgl. Röm 7,11).

4,6   Denn ein Verderben für die Seele ist die Un-
zucht, sie trennt von Gott und bringt den
Götzenbildern nahe, weil *sie* es ist, die die
Vernunft und den Verstand irreführt...

TestLev   2,3   Die Ungerechtigkeit baute sich Mauern
(τεῖχη οἰκοδομεῖν)[62], und die Gesetzlosig-
keit setzte sich auf Türme (Visionsbericht).

Zur Auswertung: Zunächst ist zu ergänzen, daß in Sir 21,2 und 27,10
explizit Tiervergleiche (Schlange und Löwe) erscheinen, wodurch eine
betonte und metapherngeschichtlich neue "Hypostasierung" (s.u. 7)
des Sündenbegriffs erreicht wird; andernfalls wäre die Aussage von
21,2 mit ihrer unmittelbaren Todesverhaftung kaum von entsprechenden
Tatsphäre-Wirkungen abzuheben (allenfalls noch aufgrund des absolut
gebrauchten, ganz paulinisch anmutenden Singulars).
    Andererseits zeigt gerade der Vergleich mit 21,4 (s.o.S.147),
wie schwer hier klare Abgrenzungen vorzunehmen sind. Prinzipiell
dürfen wir bei der LXX-Übersetzung mit einem Einschnitt rechnen
(vgl. oben S.30); und doch ist es gerade hier meistens unmöglich,
eine Unterscheidung zu treffen: Alle unter 3.1 genannten Stellen
können in LXX ebenso gut Tatsphäre-Aussagen wie Abstrakt-Personifikationen sein (im Falle von Spr 14,34 wird eine solche Denkform überhaupt erst in LXX erkennbar). Außerdem gibt es selbstverständlich
auch nach dem Bedeutungsverlust der konkreten Sphären-Vorstellung
den Aussagenkomplex bezüglich des endgültigen Unheils; ein schönes
Beispiel dafür ist(neben TestRub 4,6f) Tob 14,10f: Nachdem in V.10
von der "Vergeltung" die Rede war - ein Gedanke, der mit dem dynamistischen Weltbild gänzlich unvereinbar ist[63] -, folgt in V.11 S die
kurze und prägnante Feststellung: "Ungerechtigkeit tötet".
    Unser Zwischenergebnis ist klar: Die Übergänge von Tatsphäre-
Aussagen zu Abstrakt-Personifikationen der Sünde sind einigermaßen
fließend und die Grenzen oft nicht eindeutig zu erkennen.
    Ist dieses zugestanden, so gibt es andererseits doch auch Bei-
spiele, die umso deutlicher belegen, daß gewisse Entwicklungen
stattgefunden haben. In ihnen zeigt sich klar die behauptete "Verkürzung" des Blickwinkels (damit ist in keiner Weise ein Werturteil
über solche Aussagen gefällt):

---

62 Diese Metapher hat auch Philo verwendet: "die in der Seele befestigte/ver-
   schanzte (ἐπιτετειχισμένη) große Gottlosigkeit zerstören" (QuaestGen 13, s.o.
   S.61). Vgl. auch Conf 104.128ff.
63 Koch aaO. (s.o.Anm.50) passim (z.B. 167f, zu LXX: 174f).

1) Bedeutete das καταλαβεῖν der Verschuldungen in der griech.
Übersetzung von Ps 40,13 (s.o.S.145) das schicksalhafte Eintreffen
des Endunheils, so bezieht sich die mediale Form derselben Prädikation in Jdt 11,11 auf die (personifizierte) Erfahrung einer konkreten Tatsünde (vgl. V.17).[64] An dieser Stelle ist es besonders augen-
fällig, wie Tat und Tatfolge auseinandergetreten sind[65]: Verfehlung
und Tod stehen als zwei im Wirklichkeitswert völlig gleichrangige
Personifikationen nebeneinander (in etwa vergleichbar: Röm 5,12-14).

2) Besonders an TestRub 2,8 und TestLev 2,3 wird deutlich, wie
sich der Akzent der Aussage ganz auf die unheilvolle Aktivität der
Sünde im Vorfeld bzw. noch davor auf ihre Entstehung verlagern kann.
Sprachlich kommt dies an der letzteren Stelle durch die reflexiven
Verben zum Ausdruck, in welchen der Mensch und seine Lebensverhält-
nisse im Unterschied zu anderen Aussagen (die zumeist ein Objekt
aufweisen) nur indirekt und in der Folge davon vorkommen (in dieser
Hinsicht vergleichbar sind: Röm 5,21: "Die Sünde kam zur Herrschaft";
7,8.11: "Die Sünde ergriff die Gelegenheit"; 7,9: "Die Sünde lebte
auf"; 7,17.20: "Die Sünde wirkt es (sc. was ich tue)").

Weitere Belege für die Verkürzung der Unheilsperspektive im nächsten Abschnitt (3.3)!

3.3. "Weltanschauliche Personifikation" in eschatologisch-apokalyp-
     tischen Texten

Eine besondere Kraft und Dichte erreicht die Figur der Sünden-
Personifikation in eschatologisch-apokalyptischen Zusammenhängen.
Hier können die Sünden der Menschen als figürlich erscheinende "Le-
bewesen" geschaut (Vision) oder einfach beschrieben werden, die im
Rahmen des Endgerichts gegen die Sünder auftreten. Hier zunächst
einige Beispiele:

---

64 In AntBibl 49,5 bezeichnet dieselbe Aussage ("wenn meine Sünden mich ergriffen
   haben", lat. comprehendere) in der Meinung des Sprechers eine unmittelbare
   Vorstufe des Todes (unter der "Last des Volkes"), nämlich den Losentscheid
   (den Elkana nicht annehmen und sich lieber selber töten will).
65 Dasselbe Phänomen liegt auch in Num 32,23 LXX vor, wo die Unheilsfolge - entgegen dem Urtext (s.o.S.145) - von der Sünde abgespalten und in schwach personifizierender Weise ebenfalls mit καταλαβεῖν verbunden ist.

Weish	4,20	Ins Angesicht werden ihre Gesetzlosigkeiten sie überführen. (Vgl. Hos 5,5)
4Esr	7,35	Die gerechten Taten erwachen, die ungerechten schlafen nicht mehr.
ApkEl	41,7f	Die Sünden jedes einzelnen werden *sich stellen* gegen ihn an dem Ort, an dem sie *getan* worden sind.

Deutlicher als hier kann der Charakter des personifizierten Tatbegriffs eigentlich kaum mehr zum Ausdruck kommen!

Abot	IV 11a	Wer *eine* Übertretung begeht, erwirbt sich *einen* Ankläger.

P.Volz merkt zu dieser Stelle an, die Ankläger seien "entweder Engel oder aber die Werke selbst".[66] Angesichts des Parallelmaterials neige ich eher der zweiten Möglichkeit zu. (Dieselbe Alternative stellt sich - nicht-eschatologisch - in Abot V 18: Jedem, der viele zur Sünde verführt, läßt "man" nicht gelingen, Buße zu tun...)

1Tim	5,24	Einigen gehen ihre Sünden auf dem Wege zum Gericht voran, anderen folgen sie hinterdrein.[67] (Vgl. positiv Apk 14,13)
4(6)Esr 16,66 (Übers. Hennecke/ Schneemelcher II 497)		Eure Sünden werden vor den Augen der Menschen einhergehen und eure Ungerechtigkeiten als Ankläger (accusatores) auftreten an jenem Tage.

In all diesen Fällen ist das Tatsphäremodell durch die Vorstellung einer Masse von Einzelwesen ersetzt, der Zusammenhang von Tun und Ergehen eschatologisiert und das Ganze in vorwiegend rechtliche Kategorien gefaßt worden (nur bei 4Esr 7,35 würde ich mit K.Koch von einem eschatologisierten Tatsphäremodell sprechen[68]).

Wenn wir uns danach die Ergebnisse von Teil II 2.3 vergegenwärtigen, so werden wir nicht umhinkönnen, allen diesen Personifikationen maximalen ("weltanschaulichen") Wirklichkeitswert zuzuerkennen -

---

66 Eschatologie, 2. Aufl., 303.
67 Weiter dazu s. Heiligenthal, Werke als Zeichen 246f. Vgl. ferner - außerhalb der Gerichtsthematik - Acta Thomae 58 (Übers. Hennecke/Schneemelcher II 332): "Christus Jesus ... wird euch von den Vergehungen heilen, die euch begleiten und mit euch fortgehen und vor euch gefunden werden." (Metaphernkombination: Personifikationen + Heilung)
68 AaO. (s.o.Anm.57) 57.

wenngleich wir damit vor die schwierige Aufgabe gestellt sind, den
Vorstellungsgehalt "figürlicher Sünden" rekonstruieren zu sollen.
Ich nenne einige Gesichtspunkte, die zur Lösung des Problems bei-
tragen könnten:

a) Dem Zorn von Rachegeistern, der den Täter "befleckt", sind
wir bereits in den Tetralogien Antiphons begegnet (s.o.S.40). Im
vorliegenden Fall könnte man zur Verdeutlichung des Anschauungsge-
halts ebenfalls auf solche Rachegeister (v.a. die Erinyen[69]) verweisen, die durch bestimmte Taten (Aesch Eum 269: ... εἴ τισ ἥλιτεν
βροτῶν) wach- und in die Nähe des Täters gerufen werden. Die Grenze
dieser Erklärung liegt natürlich darin, daß in den jenseitigen Ge-
richtsszenarien der jüdisch-christlichen Texte keine speziellen Gott-
heiten, sondern die Taten der Menschen selbst erwachen und gegen
die Missetäter auftreten. Wir müssen uns auch hier wieder davor hüten, die personifizierten Sünden zu stark gegenüber ihren Tätern
zu verselbständigen oder gar zu isolieren; die einzige Ausnahme in
der ganzen Antike ist, soweit ich sehe, die Anrufung unterirdischer
Ἁμαρτίαι in den griech. Zauberpapyri (IV 1448f, ed. K.Preisendanz).

b) Bei der konkreten Vorstellung der "Sündenfiguren" könnte die
dunkle Farbe eine Rolle spielen; ich verweise dazu auf die schwarzen
Seelen der verstorbenen Frevler in hebrHen 44,6 (s.o.S.46) - wenngleich natürlich auch diese Vorstellung keine eigentliche Analogie
zu den vorliegenden Personifikationen darstellt - und die Bezeichnung μέλαινα für die Erinys in Aesch SeptTheb 977. Eum 52 sowie
ὁ μέλασ für den Satan in Barn 4,10; 20,1.[69a]

c) Zumindest an einigen Stellen dürfte jedoch ein auditives Element ausschlaggebend sein. Ich erinnere dazu einmal an die "Stimme
der Schlechtigkeit", die Diogenes gehört haben will (s.o.S.137) -
diese hat allerdings "sich selber" angeklagt! - sowie vor allem an
die Tatsache, daß nach unseren Texten die primäre Funktion der Sünden im Endgericht darin besteht, die Sünder anzuklagen und zu überführen. Es handelt sich also um einen wesentlich stimmlich-verbalen
Vorgang.

Für eine solche Vorstellung personifizierter Größen, bei der es
nicht so sehr auf die äußere Gestalt denn vielmehr auf Stimme ankommt, bieten Dämonen, die aus den von ihnen Besessenen sprechen

---

69 S. den Artikel von E.Wüst, Pauly/Wissowa Suppl. VIII 82-166, in unserem Zusammenhang bes. 89f.93f.104-107 (Aeschylus). 113-115. 126 (Farbe). 127f.
69a Zur Satansbezeichnung s. F.J.Dölger, Die Sonne der Gerechtigkeit und der
   Schwarze 49-75.

und schreien (z.B. Mk 5,5-12), sowie der stöhnende und fürsprechende
Geist in Röm 8,26f[70] die besten Analogien. In allen Fällen wird die
Personifikation wesentlich durch die Erfahrung bzw. Zuschreibung
von Stimme und Sprache konstituiert und an der Art und Weise des
Sprechens (lautes Brüllen, himmlische Sprache[71]) bzw. dem Inhalt
des Gesprochenen ("Legion heiße ich"; der Geist als Zeuge und Anwalt,
die Sünden als Zeugen und Ankläger - beides also juridische Funktio-
nen!) die Identität des "Lebewesens" erkannt.

Auch hier können wir im übrigen das Phänomen der "verkürzten Unheilsperspektive" beobachten.

Im Rahmen des Tatsphärendenkens brachte die Metapher ב + ענה
(Grundbedeutung: "reagieren"[72]) das bereits eingetretene Unheil und
Verderben der Sünder zum Ausdruck: (s.o.S.146)

- Hos 5,5: par. Ephraims Straucheln unter der (Last der) Sünde
- Jes 59,12: die Misere der nachexilischen Zeit[73]
- Jer 14,7: eine Dürrekatastrophe.

Hingegen ist dieselbe Wendung in den eschatologisch-apokalyptischen
Texten auf die juridische Funktion der (nunmehr figürlich vorgestell-
ten) Sünden im Endgericht konzentriert und beschränkt; die Zuwendung
des Unheils kann nur durch die richterliche Instanz erfolgen (Gott),
sie ist nicht mehr Sache der Sünden selbst (hier ist es auch sinnvoll, von "Vergeltung" zu sprechen).

Es gilt also auch hier: Der Akzent der Aussagen liegt ganz auf
einer Aktivität der Sünde(n) im *Vorfeld* des Endunheils (einhergehen,
anklagen, überführen; zu "sich entgegenstellen" vgl. bereits Jes
59,12 und Jer 14,7 LXX: ἀνθίστασθαι). Der Zusammenhang zwischen Taten und Tatfolge ist gleichsam in mehrere Phasen zerlegt und die
Selbstwirksamkeit der Taten auf eine bestimmte Phase eingegrenzt.

Analog lassen sich auch jene Vorstellungen deuten, nach denen
die (bösen) Taten eines Menschen in der Todesstunde neben ihm stehen
und sein weiteres Schicksal bestimmen.[74]

---

70 Vgl. dazu zuletzt Berger, TRE XII 188 (Art. "Geist etc. III. Neues Testament").
71 S. dazu ders. aaO. (s.o.Anm.103) 50.
72 Vgl. Hos 2,23f; zum Ganzen: C.J.Labuschagne, THAT II 337ff (Art. "ʿnh I ant-
   worten"); Koch aaO. (s.o.Anm.50) 147.
73 S. dazu C.Westermann, Das Buch Jesaja. Kapitel 40-66 (ATD 19), 275-278.
74 S. dazu K.Berger, Der Streit des guten und des bösen Engels um die Seele 5-
   10; Heiligenthal aaO. 244f.

3.4. Innerisraelitische Entwicklung und paganhellenistischer
     Einfluß

   R.Heiligenthal hat kürzlich mit Blick auf die "Hypostasierung" -
genauer wäre in vielen Fällen: "Personifizierung" (dazu s.u. 7) -
der Werke die Vermutung geäußert, "daß hier der Stil der Diatribe
in einem apokalyptischen Horizont verwendet worden ist".[75] Dies
wirft die wichtige Frage nach einem möglichen paganhellenistischen
Einfluß auf die innerisraelitische Entwicklung von Hamartia-Personifikationen auf.
   Wir haben oben gesehen, daß sich das Phänomen der "verkürzten Unheilsperspektive" verstärkt seit der griech. Übersetzung des AT
nachweisen läßt.[76] Daher darf man annehmen, daß das hierdurch zum
Ausdruck kommende (wenn auch nur partielle) Zurücktreten des holi-
stisch-dynamistischen Weltbildes auf griech. Denken zurückzuführen
ist, zumal dieses das Ganzheitsdenken schon früher und auch radikaler durchbrochen hat als das AT (vgl. oben S.34f mit Anm.39). Hellenistischer Einfluß ist also in den meisten obengenannten Texten
durchaus vorhanden; man braucht jedoch nicht unbedingt den Diatribestil zur Erklärung heranzuziehen, da ja - wie ich nachgewiesen habe
(s.o.S.146) - das personifizierende Denken als solches sich im Falle
der Sünde ohne weiteres aus atl. Tatsphäreaussagen herleiten läßt.
   Darüber hinaus muß gefragt werden, ob sich nicht auch für das
Phänomen der "verkürzten Unheilsperspektive" selbst Anknüpfungspunkte im AT finden lassen. Dies ist in der Tat der Fall; ich beschränke
mich hier auf den ältesten Zeugen: den Propheten Hosea.
   Ich verweise auf die ausführliche Darstellung der "schicksalwirkenden Tatsphäre" in der Unheilsverkündigung des Hosea bei R.Knierim,
Hauptbegriffe 75ff, und greife die für uns entscheidende Stelle Hos
5,4 heraus: "Nicht erlauben ihre Taten (ihnen), zu Gott umzukehren,
denn ein Geist der Hurerei ist in ihrer Mitte, und Jahwe erkennen
sie nicht."[77] Das heißt: Das Unheil der Endkatastrophe wirkt sich
schon in der Gegenwart aus. "Das Tun des Volkes *ist* schon seine Strafe, die sich zum Ende hin entwickelt."[78]

---

75 AaO. 246.
76 Entsprechendes gilt auch für einen anderen Aspekt des Ganzheitsdenkens: die
   Generationenhaftung. Eine inner-atl. Entwicklung (Ez 18) wird durch die LXX
   verstärkt: Die Behauptung, daß Gott für die Kinder der Gottlosen Unheil auf-
   spart (Hi 21,19), wird peinlich vermieden (J.W.Wevers, Septuaginta-Forschungen II. Die Septuaginta als Übersetzungsurkunde 189).
77 Übers. Koch aaO. (s.o.Anm.50) 142.
78 Knierim, Hauptbegriffe 76. Vgl. oben S.148 zu Abot IV 2.

Für das Denken Hoseas ist es charakteristisch, daß nicht unmittelbar Jahwe, sondern "ein Geist der Hurerei" den Sünde-Unheil-Zusammenhang in Kraft setzt und vollendet. In Hos 4,12 ist sogar die "Sünde" selbst das eigentliche Subjekt des Unheilsgeschehens: "ein Geist der Hurerei führt es (sc. mein Volk) irre" (vgl. oben S. 149: TestRub 4,6). Auf diese Weise treten die "personifizierte Tatsphäre" und die Vorstellung eines selbständigen übersinnlichen Wesens miteinander in Konkurrenz (dasselbe auch Ri 9,23f[79]). Beim letzteren handelt es sich möglicherweise um Spuren eines noch älteren, vorisraelitischen Dämonenglaubens, der - ebenfalls schon in vorisraelitischer Zeit - vom Tatsphäredenken abgelöst wurde.[80]

Im Zusammenhang unserer Fragestellung ist vor allem die Art und Weise wichtig, wie Hosea "den inneren Raum" des Unheilsprozesses abschreitet[81]. Ich möchte hier einmal von einer "periodisierten" Unheilsverhaftung sprechen und diese prophetische Erfahrung bzw. Vorstellung als eine wichtige Voraussetzung für die späteren Abstrakt-Personifikationen der Sünde(n) einstufen: Hosea "zeigt, wie der *awon* zwischen seiner Auslösung und seinem Vollendetwerden in der Endstrafe (*awon qes*) als geschichtlich gegenwärtige, an den Menschen, in ihren Taten sich auswirkende und auswachsende Wirklichkeit in Erscheinung tritt."[82] Oder noch deutlicher: "Der *awon* hat eben nicht nur einen Anfangs- und einen Endpunkt, obwohl er sicherlich einem solchen zueilt"[83] - wir dürfen hinzufügen: sondern auch ein Vorfeld des Endunheils, in dem er seine Aktivität entfaltet und dem sich die Reflexion je länger, je mehr (vor allem seit der Durchbrechung des Ganzheitsdenkens) zugewendet hat.

Ergebnis: Alle für die späteren Hamartia-Personifikationen konstitutiven Merkmale finden sich "in nuce" auch schon im AT - nämlich in Gestalt der "personifizierten Tatsphäre" und des "inneren Raums" im Unheilsgeschehen; hinzu kommt die beginnende Infragestellung des Ganzheitsdenkens auch schon im AT selbst (z.B. Hiob, Ez 18). Der paganhellenistische Einfluß bewirkt jedoch eine erhebliche Verstärkung bereits vorhandener Ansätze und Tendenzen - ein Phänomen, das sich auch sonst des öfteren in der Religionsgeschichte beobachten läßt. Daraus ergibt sich für Paulus: Die Personifizierung der Sünde

---

79 S. dazu Koch aaO. (s.o.Anm.50) 156f.
80 Vgl. dazu Gese aaO. (s.o.Anm.54) 227.
81 Knierim, Hauptbegriffe 75.
82 Ebd..
83 Ebd. 76f.

als solche ist atl.-frühjüdisches Erbe, dessen Verwertung *für* "Seel-
sorgerlich" gefärbte Argumentation jedoch durch den zeitg*össischen*
Diatribestil angeregt worden ist. Damit bestätigt s:ch uns*erseits be-*
reits aus der Untersuchung der Metaphern gewonnene Erkenntn*is (s.*
Teil II 3), daß Pls in seiner Hamartiologie einen genuin atl. *Grund-*
ansatz mit (pagan)hellenistischen Einflüssen zu einem durchaus *ei-*
genständigen Beitrag vereinigt.

4.   Die Personifikation der Sünde im Römerbrief

4.1. Zum Ansatz von U.Wilckens

   U.Wilckens will in seinem Römerbrief-Kommentar die paulin. Konzeption von *"hamartia"* einerseits aus dem Tat-Ergehen-Zusammenhang,
andererseits aus dem Gedanken der Universalität der Sünde erklären.[84]
Dieser im Prinzip richtige Ansatz dient ihm aber nur zur Begründung
und Bestätigung des (ohnehin im voraus feststehenden) Machtcharak-
ters der Sünde - ein Beispiel dafür, wie der in der Exegese gängige
Machtbegriff eine genauere Erfassung des Sachverhalts bisher verhindert hat. Wilckens bezeichnet nämlich die "schicksalwirkende Tatsphäre" in diesem Zusammenhang als "wirksame Machtsphäre"[85] - was
an sich durchaus sachgemäß ist[86] - und folgert daraus, daß diese Vorstellung auch bei Pls zugrunde liege. Da aber die Voraussetzung
(Sünde als Macht) nur bedingt richtig ist, ist auch die Schlußfolgerung letztlich nicht ausreichend.
   Die oben dargestellte Vorgeschichte der paulin. Hamartia samt den
dabei erarbeiteten Kriterien erweisen m.E. hinreichend, daß wir es
auch in Röm 5-8 nicht mit Tatsphäre-Aussagen, sondern mit Abstrakt-
Personifikationen zu tun haben, die zwar nicht das holistische Schema als solches, aber doch die konkrete Sphären-Vorstellung hinter
sich gelassen haben. Zur Bekräftigung dieser These konfrontieren
wir im folgenden die Struktur der in Röm 7,17.20 vorliegenden Sündenvorstellung mit dem Tatsphäremodell.

---

84 I 172f (zu Röm 3,9).
85 Ebd. 173.
86 S. Koch aaO. (s.o.Anm.50) 150.152.

K.Koch - dessen Konzeption von "schicksalwirkender Tatsphäre"
Wilckens vollinhaltlich übernimmt[87] - hat in seinem bereits mehrfach
genannten Aufsatz[88] den räumlichen Charakter der Sünde im atl. Tat-
Ergehen-Zusammenhang deutlich herausgestellt. "Kennzeichnend für
das Verhältnis von Täter und Tat ist im ganzen Alten Testament die
Präposition b^e mit der ursprünglich lokalen Bedeutung "in"; und zwar
so, daß der Täter sich "in" seiner Tat befindet - wir würden von
unserer Schau aus eher das Umgekehrte vermuten, daß nämlich die Tat
sich im Täter befindet..."[89].

Eben dieses liegt nun aber in Röm 7,17.20 vor: Dieselbe Präposition (griech. ἐν) und unsere Untersuchungen zur Wohnungsmetapher
(Teil II 3.4) lassen keinen Zweifel daran, daß hier die Sünde (verstanden als Inbegriff der Einzeltaten) sich im Sünder befindet.

Allerdings befindet sie sich nicht nur da. Es kann auch allgemeiner heißen, daß sie "in" der Welt war (5,13); und einmal findet sich
sogar die Formulierung "in der Sünde leben" (6,2). Dies ändert aber
nichts an der Gesamtkonzeption der paulin. Hamartia als eines personifizierten Abstraktnomens.

Ergebnis: Statt "Macht" und "Sphäre" schlage ich die Kategorien
"Abstraktnomen" und "Personifikation" für die Beschreibung des paulin.
lin. Sündenbegriffs vor.

4.2. Die Personifizierungen der Sünde im einzelnen

Daß Paulus die Sünde überaus eng mit dem Tod zusammendenkt, haben
wir bereits an früherer Stelle festgehalten (s.o. Teil II 3.3.2,
Teil III 2). Es ist U.Wilckens zuzugeben, daß der Apostel damit dem
ganzheitlichen Denken des hebr. AT sehr nahesteht[90] - näher z.B.
als die apokalyptischen Personifikationen mit ihrer auf die Anklage
beschränkten Funktion -, jedoch finden wir andererseits auch Reflexionen über das Wirken der Sünde, die das Ende nicht schon immer
mitdenken, sondern die die von uns so genannte "verkürzte Unheilsperspektive" aufweisen.

---

87 AaO. I 128-130.
88 S.o.Anm.50, dort die Seiten 151ff.158.169f.
89 Ebd. 151.
90 Vgl. aaO. I 315 zu Röm 5,12: "Nach dem alten Grundsatz schicksalswirkender
   Tat bilden Sünde und Tod einen festen Zusammenhang".

Es sind dies v.a. Röm

- 6,12: Nicht soll herrschen die Sünde in eurem sterblichen Leibe...
- 7,8: Die Sünde wirkte durch das Gebot in mir alle Begierde; sowie
- 7,17.20: Die in mir wohnende Sünde wirkt, was ich tue --,

während 5,21 und 7,13 Sünde und Tod in knapper und direkter Weise
miteinander verbinden. In 7,11 kann man beobachten, wie Pls gleichsam den ganzen "inneren Raum" (R.Knierim zu Hosea, s.o.S.155) des
Sünde-Tod-Zusammenhanges in seinen einzelnen zielgerichteten und
sich steigernden Etappen (vgl. die "periodisierte" Unheilsverhaftung
bei Hosea) durchmißt: die Sünde bekommt eine Gelegenheit zum Betrug,
nützt sie und erreicht so ihr Ziel, den Menschen zu töten (vgl. den
Dreischritt in Jak 1,15: Begierde - Sünde - Tod, mit gleichfalls
personifizierender Metaphorik).

Eine Sonderstellung nimmt Röm 5,12 ein. Da wir diesen Vers in
Teil II 3 nicht behandelt haben, müssen wir uns ihm hier etwas ausführlicher zuwenden:

a) Die Metapher "in die Welt kommen" ist eo ipso ziemlich konventionell. Dies ergibt sich schon daraus, daß die Wendung nicht
nur mit der Sünde, sondern auch mit dem Tod (Weish 2,24; implizit
Röm 5,12) und v.a. sehr häufig mit Christus (z.B. Joh 6,14; 11,27;
1Tim 1,15; Hebr 10,5) verbunden ist[91], liegt aber auch daran, daß
das Verbum "kommen" sehr allgemein und unbestimmt und darum für die
Bildung kraftvoller Metaphern ungeeignet ist. Erst im Verbund mit
Röm 5,21 zeichnet sich das plastische Bild der in ihr Reich einzie-
henden Weltherrscherin ab (welches Pls nicht unbedingt von Anfang
an im Sinn gehabt haben muß!).

b) Der Sünde-Tod-Zusammenhang ist gleichsam um eine weitere Etap-
pe nach rückwärts verlängert, in der es um die Entstehung der Sünde
geht. So ergeben sich zwei Gedankenschritte: "durch *einen* Menschen
die Sünde" - "durch die Sünde der Tod".

c) Inhaltlich möchte ich vergleichen mit einer Stelle aus dem
Buch Henoch:

- äthHen 98,4: Die Sünde ist nicht auf die Erde geschickt worden,
  sondern die Menschen haben sie aus ihrem eigenen Selbst erschaffen, und großem Fluch werden die verfallen, welche sie tun.

---

91 S. dazu H.Sasse, ThWNT III 888f (Art. *"kosmeō"* etc.).

- grHen 98,5: Gleichermaßen wurde auch die Gesetzlosigkeit nicht
  von oben gegeben, sondern (sie entstand) aus Übertretung. Gleichermaßen wurde auch eine Frau nicht unfruchtbar geschaffen, sondern wegen ihrer eigenen Übeltaten wurde sie mit Kinderlosigkeit
  bestraft; und kinderlos wird sie sterben.

Diese Stelle ist insbesondere für Jak 1,14.17 aufschlußreich: Ein
jeder wird von seiner *eigenen* Begierde versucht; *von oben* kommen
also nicht die Versuchungen, sondern vielmehr alle guten Gaben. -
Sie trägt aber auch Wesentliches für das Verständnis von Röm 5,12
bei: Unterstellen wir einmal, daß in äthHen 98 personifizierend von
der Sünde geredet wird (zur Begründung s.u. 5), so haben wir hier
das gleiche Nebeneinander von "Lebewesen" und "aktivem Sündigen"
vor uns wie in Röm 5,12 (dort: *Die Sünde kam* und durch sie der Tod;
weil[92] *alle sündigten*, kam der Tod).
Der Vergleich lehrt:

   1. daß auch die Entstehung der Sünde durch die Übertretung Adams
nicht so verstanden werden darf, als habe das "Lebewesen Sünde"
nichts zu tun mit den Übertretungen der Menschen, die Sünde tun und
es doch gerade dadurch hervorbringen[93]. In grHen legt der Zusammenhang es darüber hinaus nahe, die Entstehung der Gesetzlosigkeit als
Strafe für Übertretung aufzufassen, während bei Pls die Wirklichkeit
der Sünde-Personifikation *unmittelbar* aus Adams Übertretung hervorgeht;

   2. daß die Sünde sich vor ihrem "Einzug" nicht irgendwo außerhalb der Welt befunden hat - als ein selbständiges "extramundanes",
in dieser Hinsicht mit Christus gleichwertiges (vgl. oben a) Wesen -, sondern "rein innerweltlich" entstanden ist. Fernzuhalten
von Röm 5,12 ist also die Vorstellung, daß Adam durch seine Übertretung einem gleichsam in Wartestellung befindlichen dämonischen Un-

---

92 Eine umfassende Darstellung aller Deutungsversuche von ἐφ' ᾧ und V.12d im ganzen liefert etwa C.E.B.Cranfield in seinem Beitrag "On Some of the Problems
   in the Interpretation of Romans 5.12", 330-340. Er selbst entscheidet sich für
   die letzte der ihm diskutierten Möglichkeiten "(VI) to take ᾧ as neuter
   and ἐφ' ᾧ as meaning 'because', and to understand ἥμαρτον as referring to
   men's sinning in their own persons but as a result of the corrupt nature in-
   herited from Adam." (331) In der Grundintention stimme ich dieser Auffassung
   zu, habe jedoch in der vorliegenden Arbeit den Begriff der "verderbten Natur",
   die von Adam "ererbt" sei, durch den weniger belasteten Ausdruck der von Adam
   heraufbeschworenen "Unvermeidlichkeit des Sündigens" zu ersetzen gesucht. S.
   auch oben S.17f zu Röm 3,23.
93 Die Metapher "erschaffen" in äthHen 98,4 entspricht genau dem Begriff "hervorbringen" in unserer zentralen These 1 (s.o.S.142f).

geheuer[94] Eingang verschafft habe in die Welt und die Leiber (vgl.
6,12) der (diesem Vorgang unbeteiligt gegenüberstehenden) Menschen.
So besonders nachdrücklich und mit Leugnung der Verantwortlichkeit
Adams für die Entstehung (= Unvermeidlichkeit) von Sünde und Tod
K.Heim[95]: "Von dieser satanischen Macht (sc. der Hamartia), die hinter aller Schuld steht, wird gesagt, daß sie durch den ersten Menschen wie durch ein Eingangstor in die Menschenwelt eingedrungen
sei."

Nun ist nicht zu bestreiten, daß Röm 5,12 unter allen Einzelpersonifikationen der Sünde in Röm 5-8 eine Sonderstellung einnimmt:
Die Metapher des "In-die-Welt-Kommens" geht allen anderen - zumindest logisch (sachlich steht das "Aufleben" in 7,9 auf derselben
Stufe) - voraus und setzt so etwas wie den Anfangspunkt einer "sto-
ry", die vom Eintritt der Sünde in die Welt über ihre unheilvolle
Aktivität in dieser bzw. in der Menschheit sowie ihr letztes Anwach-
sen durch das Kommen des Gesetzes bis hin zu ihrer schließlichen
Bewältigung (Röm 8,3) reicht. Es kann also nicht ganz ausgeschlossen werden, daß Pls in Röm 5,12 den Überschritt in Mythologie und
"weltanschauliche" Personifikationen (s.o.S. 137) vollzogen hat.
Nach allem, was wir bisher über die paulin. Sündenvorstellung und
speziell zu Röm 5,12 ermittelt haben, ist dieses aber äußerst unwahr-
scheinlich. Dagegen sprechen auch alle anderen Analogien, die sich
anführen lassen:[96]

- Weish 2,24: Durch den Neid des Teufels kam der Tod in die
  Welt.
- ApkMos 32: Alle Sünde ist durch mich (sc. Eva) in der Schöp-
  fung entstanden (δι' ἐμοῦ γέγονεν).
- DtnR 9 (206a): Denn er (sc. Adam) brachte Tod in die Welt.

Abschließend werfen wir noch einen Blick auf die Metapher
κατεργάζεσθαι (vgl. oben S.126). Auch sie ist von Hause aus relativ
blaß (vgl. bes. Röm 5,3f), gewinnt aber im Kontext von Röm 7 be-

---

94 "Altmeister" der These von der Sünde als einer dämonischen Macht und substan-
   ziellen Wesenheit sind:
   - R.Kabisch, Die Eschatologie des Paulus 163-168
   - M.Dibelius, Geisterwelt 119-124 (im ganzen etwas zurückhaltender als Kabisch)
   - E.Lohmeyer, Probleme paulinischer Theologie: III. Sünde, Fleisch und Tod 3-6.
   Ferner sind zu nennen: A.Strobel, Erkenntnis und Bekenntnis der Sünde 48-52
   (kritisch dazu H.D.Maultsby, Paul and the American Nomos 194f (Anm. 32)), sowie L.Schottroff, Schreckensherrschaft 501 ("Der Dämon Sünde").
95 AaO. (s.o.S.17 Anm.29) 153f, das Zitat auf S. 154.
96 Sie sind z.B. bei Cranfield, Romans 274, genannt.

trächtlich an Intensität hinzu. Die Sünde teilt sie mit dem Gesetz
(4,15) und mit ihrem Konkurrenten Christus (15,18). Sie wird sowohl
für den direkten Sünde-Tod-Zusammenhang (7,13) als auch für das sog.
"Vorfeld" (7,8.17.20) gebraucht. Eine besondere Affinität besitzt
sie zur Metapher des "Innewohnens" (7,17.20 vgl. V.8 "in mir").

Von ihrem semantischen Gehalt her unterstreicht diese Personifizierung noch einmal in besonderer Weise den Charakter der Hamartia
als eines "selbst*wirksamen*" Wesens ("Eigendynamik").

4.3. Eine Parallele in der hellenistischen Sentenzenliteratur: Die Sünde als Holzwurm

Für das Verständnis der paulin. Hamartia sehr erhellend ist auch
eine (ungewöhnlich lange) Sentenz, die ich in den von J.F.Boisso-
nade herausgegebenen "Anecdota Graeca" I (Paris 1829) gefunden habe
(S. 125f). Sie ist meines Wissens in der ntl. Wissenschaft bisher
unbekannt geblieben, obwohl sie wesentliche Aspekte unserer Diskussion in geradezu verblüffender Weise in sich vereinigt.
Der Text lautet in meiner Übersetzung:

Unmöglich kann, wer rechten Sinnes ist und einen rechten Lebenswandel führt, schändlichen Verstößen (πταίσματα) oder dämonischer
Verführung (πλάνη δαιμόνων) verfallen; gleichwie nämlich ein Wurm
das Holz frißt (ἀναλίσκειν = verbrauchen; vernichten, töten!) an
der Stelle, wo er hineinkommt (εἰσέρχεσθαι), so tut auch die Sünde,
indem sie in demjenigen bleibt, der sie getan hat (ἡ ἁμαρτία
μένουσα ἐν τῷ ποιήσαντι αὐτήν).

Dieser zweiteilige Spruch ist umso wertvoller, als er in Sprache,
Bildwahl und Gedankenführung keinerlei Bekanntschaft mit dem NT erkennen läßt. Eine besondere Nähe besteht zu den Tiervergleichen von
Sir 21,2 und 27,10 (s.o.S.148f) - insonderheit zu 27,10, wo ebenfalls in ein und demselben Satz "Hamartia" (Prosopopoiie) und "Tun"
(Tatbegriff) nebeneinander stehen. Als Unterschied ist festzuhalten,
daß im vorliegenden Fall offenbar an die jeweils konkrete Einzelsünde gedacht ist; man beachte das Ptz.Aor. im Unterschied zum Ptz.Präs.
in Sir 27,10 und Joh 8,34 (s.o. Teil II 3.2.4 ad 1), wo "(die) Sünde" den *Inbegriff* menschlicher Einzeltaten meint.
Zwei Bemerkungen zur Interpretation des Spruches schließe ich an:

1) Der zweite Teil ist als eine indirekte Begründung des ersten
zu verstehen; er expliziert das Geschick desjenigen, der dämonischer
Verführung erlegen ist und schändliche Verstöße begeht (Oppositionen

sind: "derjenige, der einen rechten Lebenswandel führt" und "derjenige, der die Sünde getan hat").

2) Auch hier ist wieder sorgfältig auf das jeweilige semantische
Merkmal zu achten, das die metaphorische Verwendung eines Wortes
bedingt hat. Dies soll hier zunächst im Hinblick auf die blasse Metapher des "Hineinkommens" dargestellt werden; ein Vergleich mit
TestRub 2,8 (s.o.S.148) legt sich nahe:
In beiden Fällen geht es nicht darum, daß die Sünde sich vor ihrem
Eindringen irgendwo selbständig außerhalb des Menschen befunden habe
(vgl. den ganz analogen Sachverhalt in Röm 5,12 - s.o.S.159; anders
die Dämonen in Mk 5, 12 - vgl. oben S.152f). Im Gegenteil: Sie wird
ja überhaupt erst durch des Menschen ureigenstes Wollen und Tun als
personifizierte Größe hervorgebracht: im einen Fall zusammen mit
der Zeugungskraft durch die zugleich damit anhebende Wollust, im
andern Fall dadurch, daß sie getan wird. "Hineinkommen" ist also
Metapher für den näherungsweise so zu umschreibenden Sachverhalt,
daß der Mensch in seinem Innern eine unheilvolle Erfahrung zu machen
beginnt, die vorher nicht da war.

Für die Auswertung des Spruches im Hinblick auf die paulin. Hamartia sind folgende Gesichtspunkte von Bedeutung:

1) Enger noch als in Röm 7 ist die "verkürzte Unheilsperspektive"
des "Darin-Bleibens" (synon. "Innewohnen") mit dem tödlichen Ende
verknüpft. Trotzdem ist aber das Tatsphäremodell wegen des umgekehrten Raumverhältnisses ("die Sünde *im* Menschen", s.o.S.157) sowie
des sehr plastischen Bildes vom Holzwurm (vgl. Schlange und Löwe
bei Sir, s.o.S.149) ausgeschlossen.

2) Die Struktur des Bildes vom Holzwurm entspricht exakt derjenigen der Metaphern "betrügen", "töten" und "innewohnen" in Röm 7 (s.
o. Teil II 3.4.3). Holz ist den Aktivitäten des Holzwurms gegenüber
ebenso passiv wie z.B. das Opfer gegenüber seinem Betrüger oder Mörder. Deutlicher noch als in Röm 7 ist aber gesagt, was auch für Röm 7
gilt: Es ist immer nur die ureigenste Sünde des Menschen selbst,
welche in ihrem Täter bleibt bzw. wohnt und ihn auf diese Weise
schließlich vernichtet. Die Sentenz beantwortet in exemplarischer
Weise unsere Ausgangsfrage, wie sich die Tathaftigkeit der Sünde
und ihr Charakter als unheilvolles "Lebewesen" miteinander verbinden lassen. Die Antwort kann nur lauten: *"hamartia"* bei Pls ist ein
"personifizierter Tatbegriff". S.o.S.142f!

3) Bereits Hos 5,4 und Ri 9,23f (s.o.S.154f) haben gezeigt, wie
Dämon und Sünde einerseits eng miteinander verbunden (ersterer als
Vollstrecker des Unheilszusammenhangs), andererseits aber doch klar
voneinander unterschieden werden können. Wie ist dieses Verhältnis

nun in unserer Sentenz? - Es erinnert an Hos 4,12 ("ein Geist der
Unzucht hat das Volk irregeführt"):

Dämonen - so wird man die Sentenz verstehen dürfen - sind die
Ursache nicht nur von Verstößen im allgemeinen, sondern auch von
konkreten Einzelsünden. Dies schränkt aber die volle Verantwortlichkeit des Menschen in keiner Weise ein: Wer rechtschaffen lebt, ist
gegen dieses alles gefeit.[97] Auch wenn der hier zur Diskussion ste-
hende Spruch im Ganzen dem paulin. Denken nicht entspricht (die Lage des sündigen Menschen ist nicht aussichtslos!), meine ich doch,
daß man angesichts des vorliegenden, sehr differenzierten Befundes -
hinzu kommt als weitere Möglichkeit die Betonung der menschlichen
Ohnmacht gegenüber dem Teufel (z.B. ApkSedr 5,5f) - eine Behauptung
wie die folgende in Frage stellen muß:

"Der Gegensatz zu τῇ ἁμαρτίᾳ ist τῷ θεῷ, so daß die Sündenmacht
so etwas wie ein Gegenspieler Gottes ist, fast so etwas wie der Teufel."[98] (Vgl. oben S.159f)

Auf die Rolle Gottes im Sünde-Tod-Zusammenhang werden wir gleich
noch eingehen; was die Sünde betrifft, so halte ich es für entscheidend, daß man ihren Charakter als Abstrakt-Personifikation erkennt
und jegliche Anklänge an die Satanologie vermeidet (Teufel und Dämonen spielen in dem vorliegenden Zusammenhang für Pls schlichtweg
keine Rolle; die Sentenz zeigt, daß sie nur da, wo sie auch genannt
werden, in Anschlag gebracht werden können!). Andernfalls hebt man
den Tatcharakter der Hamartia auf und untergräbt damit das Funda-
ment des atl.-frühjüdischen wie des paulinischen Nachdenkens über
Sünde.[99]

Abschließend sei noch eine Stelle aus dem koptisch-gnostischen
"Evangelium nach Maria" (ed. W.Till/H.M.Schenke) mitgeteilt, in der
die Existenz "der" Sünde, und damit auch jegliche irgendwie "personal" strukturierte Erfahrung derselben, überhaupt bestritten wird
und die zeigt, zu welch extremen Formulierungen die Behauptung des
Tatcharakters der Sünde in manchen Kreisen führen konnte. Der Erlöser antwortet auf die Frage des Petrus nach der "Sünde des Kosmos"
(vgl. Joh 1,29; 16,8f): Es gibt keine Sünde, sondern *ihr* macht die
Sünde (vgl. äthHen 98,4), indem ihr die (Handlungen) tut, die der
physis der Unzucht gleichen, die man 'die Sünde' nennt (7,10-16). -

---

97 Vgl. aber Aeschines, Or 3,117: Hier wird die Möglichkeit erwogen, daß "ein
   überaus ordinärer Mensch" vielleicht auch von einem bösen Geist zu seiner Tor-
   heit verführt worden sein könnte (ἴσως δὲ καὶ δαιμονίου τινὸς ἐξαμαρτάνειν
   προαγομένου). Die Frage ist: Gilt er damit irgendwie als entschuldigt?
98 Schlier, Römerbrief 203 (zu Röm 6,13).
99 Vgl. auch die klare "Rollenverteilung" zwischen Teufel und Tod in Weish 2,24
   sowie B.J.Malina, Some Observations on the Origin of Sin 29f (mit Anm. 42).

Es ist allerdings zu beachten, daß diese Formulierung offensichtlich nicht der Behauptung des Tatcharakters als solchem entsprun-
gen ist, sondern der Intention, die Fortpflanzung als die einzige
Sünde überhaupt hinzustellen (Till/Schenke 27).

4.4. Gott, das Gesetz und der Sünde-Tod-Zusammenhang

Unter dieser Überschrift kommen wir zunächst auf die oben in 3.1
(S.144f) angeschnittene Problematik des Verhältnisses zwischen dem
Tat-Ergehen-Zusammenhang und Gott zurück. Zu der Auseinandersetzung
um den von R.Knierim so betonten "Jahwepersonalismus" könnte der
paulin. Befund immerhin so viel beitragen, daß er exemplarisch
zeigt, wie bei voller Wahrung der Exklusivität und "Personalität"
Gottes daneben eine Wirklichkeit bestehen kann, die in gewisser Weise "eigengesetzlich" verläuft: Die Sünde tut scheinbar, was sie
will, indem sie dem inneren Zwang einer vorgegebenen, aber nunmehr
gleichsam von selber funktionierenden Ordnung folgt. Dabei ist es
das Charakteristische der Abstrakt-Personifikation, daß sie an die
Stelle des alten *"Sphären-Automatismus"* bzw. der in ihr wirkenden
(Schöpfungs-)Gottheit die *Eigendynamik* eines *lebendigen Wesens* bzw.
einer ganzen Masse von solchen "Lebewesen" setzt und damit die "Tradition der Eigengesetzlichkeit" unter den Bedingungen eines sich
(zumindest in Teilen) verändernden Wirklichkeitsverständnisses fort-
setzt - mit Gott hat dies wiederum nur so viel zu tun, daß das Handeln des Menschen inhaltlich einen Bruch seines Willens darstellt
und daß er im Endgericht das Urteil fällt (3.3) bzw. daß er der einzige ist, der den vom Menschen angerichteten Todeszusammenhang
durchbrechen kann (Paulus). Letzteres trifft sich mit der Beobachtung, daß "Gott" bei Pls der mit Abstand häufigste *Opposition*sbe-
griff zu "Sünde" ist (s.o.S.141; vgl. auch Teil II 3.4.2) und also
mit dem Sünde-Tod-Zusammenhang selbst direkt und unmittelbar nichts
zu tun hat. Das Wirken Gottes und die Aktivitäten der Sünde sind
nicht einfach sachlich identisch; letztere entstehen nämlich erst
aus der Verletzung des göttlichen Willens (vgl. aber Röm 1: Gott
als reagierendes Subjekt, welches den Unheilszusammenhang her-
stellt). Ein Dualismus ist damit aber nicht gegeben, da
1. die Hamartia für die Christen der Vergangenheit angehört[100]
und damit deutlich Gott - der keine zeitliche Begrenzung kennt -

---

100 S.o.S.125.

untergeordnet ist[101], und da

2. die Vorstellung von der eigendynamischen Hamartia bei Pls
gleichsam "eingefaltet" erscheint in den Gedanken des göttlichen
Gerichts über den Sünder, ohne jedoch in ihm aufzugehen.

Nun könnte man einwenden, der Zusammenhang von Sünde und Tod
vollziehe sich nach Pls keineswegs "eigendynamisch", sondern werde
durch das Gesetz vermittelt und vollstreckt. Dieser Einwand trifft
in der Tat etwas Richtiges: In 1Kor 15,56; Röm 5,20; 6,14 und 7,5.
8f.13fin scheint genau diese "Dynamisierung" der Sünde durch das
Gesetz gemeint zu sein.

Der Sachverhalt ist aber doch etwas komplizierter: Einmal haben
wir bereits oben (S.142) festgestellt, daß die Selbstwirksamkeit
der Hamartia schon vor dem Kommen des Gesetzes besteht, so daß die
Aufgabe und Funktion desselben darin zu sehen ist, den bereits
"eigengesetzlich" ablaufenden Sünde-Tod-Zusammenhang (Röm 5,14.21;
6,23) und seine einzelnen Etappen endgültig in Kraft zu setzen und
so vor allem die Sünde groß und die Gnade noch größer werden zu lassen (5,20). Zum andern ist das Gesetz in diesem Geschehen nicht nur
"Vermittler", sondern auch "Mittel": In Röm 7,8.11 erscheint das
Gebot als "Werkzeug" in der Hand der Sünde (und nicht mehr Gottes!)
und damit als logisch der Eigendynamik der Sünde *untergeordnet*.[102]
In 7,13 kommen dann beide Linien - das Gesetz bzw. Gebot als "Vermittler" wie als "Mittel" - wieder zusammen.

---

101 S. van Dülmen, Theol. des Gesetzes 163.
102 Vgl. dazu Maultsby aaO. (s.o.Anm.94) 1.27f; Sanders aaO. (s.o.Anm.174)
    72ff.

5. Personifikation und Bildfeld

Unter dieser Überschrift wollen wir diejenigen Fälle behandeln,
in denen die Sünde eine andere Stelle bzw. Funktion im Satz einnimmt
als diejenige des (logischen) Subjekts (s.o.S.133), und fragen nach
den Kriterien für das Vorliegen einer Personifikation. Solche Satzpositionen sind insbesondere (Präpositional-)Objekt (Röm 6,1f.6f.
10f.13.18.22; 7,7.14; 8,3; äthHen 98,4; vgl. Tit 3,3) und Genitivattribut (Joh 8,34; Röm 6,16f.20.23; 7,23.25; 8,2f; Gal 2,17).
Wir können folgende Einteilung des Materials vornehmen:

1) In Röm 6 wird die Personifizierung überwiegend durch das Bildfeld "Herr-Sklave" vollzogen, in welchem der Sündenbegriff steht
und durch den es erst zu einer religiösen Metaphorik wird (zum Begriff des "Bildfeldes" s.o. Teil II 1.1). Innerhalb dieses Bildfeldes ist der Bildspender "Herr sein" unauflöslich mit anderen Feld-
elementen wie "Sklave", "dienen" und "frei sein" verbunden, und diese rufen gewissermaßen die Personifikation, welche die Herrschaftsmetapher konstituiert, jeweils immer mit ab und übertragen sie so
auf die anderen Vorkommen des bildempfangenden Begriffs. Entsprechend kann sie dann sogar auf andere, synonyme wie oppositionelle
Begriffe angewandt werden: Gehorsam (6,16), Gerechtigkeit (6,18.19),
Unreinheit und Gesetzlosigkeit (6,19).

In allen diesen Fällen ist es sinnvoll, von "abgeleiteter Personifikation" zu sprechen - was *nicht* bedeutet, daß diese in ihrer
Lebendigkeit und ihrem Wirklichkeitswert hinter der "unabgeleite-
ten", für ein Bildfeld zentralen Personifikation (hier: Röm 6,14)
irgendwie zurückstehen.

2) Eine zweite Gruppe bilden diejenigen Metaphern, deren zugehö-
riges Bildfeld zwar im Kontext nicht (wie in Röm 6) ausdrücklich
erscheint, aber gleichwohl in der Tradition fest vorgegeben ist,
so daß auch hier die Personifikation gleichsam immer mitgesetzt ist.
Hierher gehören zweifelsfrei Joh 8,34; Tit 3,3 (Begierden dienen)
und - erstmalig hier zu nennen - Hebr 3,13, wo dieselbe Metapher
gebraucht ist wie in Röm 7,11 (ohne daß eine literarische Abhängigkeit besteht); allerdings erscheint die personifizierte Größe hier
im Gen. auctoris ("durch Betrug der Sünde") und zielt ihre Aktivität auch nicht unmittelbar auf den Tod des Menschen, sondern zunächst auf seine "Verhärtung" (verkürzte Unheilsperspektive!).

Davon nicht klar zu trennen sind diejenigen Fälle, in denen ein
traditionell vorgegebenes Bildfeld nicht zwingend nachzuweisen ist
und demzufolge zwei Möglichkeiten bestehen:

a) Es hat ein solches Bildfeld gegeben, aber es fehlen uns die Belege.

b) Die Subjektsmetapher besitzt in sich selbst bzw. aufgrund ihrer anderweitigen Vorgeschichte (sozusagen a priori) personifizierende Kraft.

Zu nennen sind hier:

- Röm 6,13: die Sünde als jemand, der Waffen gebraucht
- Röm 6,23: die Sünde als Soldgeber bzw. als jemand, der Entgelt leistet (s.o.S.112)
- Gal 2,17: die Sünde als Herr eines Dieners (Christus)
- äthHen 98,4: die Sünde nicht als (himmlische) Gesandte, sondern als etwas (lebendig) Erschaffenes.

Von diesen Stellen sind die beiden ersten bereits eindeutig durch ihren Kontext in Richtung auf personifizierte Vorstellung determiniert. Dies bringt uns zu unserem nächsten Punkt.

3) Über Punkt 1 und 2 hinausgehend werden wir sagen müssen, daß der Gesamtzusammenhang entscheidend sein kann für den personifikatorischen Eindruck.[103] Dieser entsteht dann zwar in einem Bildfeld und durch dessen Elemente, greift aber über diese hinaus und wird für einen ganzen Abschnitt prägend. So wäre es sicher verfehlt, die in Röm 6,1f.7.10f; 7,7.23.25 und 8,2 vorliegenden Vorstellungen allzu weit von den jeweils umgebenden Personifikationen des Kontexts abzugrenzen, wiewohl man zugeben mag, daß einzelne Stellen (wie z.B. 6,2 "in der Sünde leben") diesen Rahmen durchaus zu sprengen vermögen.

Ergebnis: Prosopopoiie kann in untergeordneten Satzpositionen in der Regel nur dann angenommen werden, wenn ein im Kontext oder in der Tradition vorliegendes Bildfeld erkennbar ist oder aber die dominierende Stellung eines personifizierten Begriffs im Gesamtkontext jene Annahme nahelegt.

Versuchen wir die gewonnenen Kriterien auf die noch verbleibenden *"hamartia"*-Stellen bei Pls anzuwenden, so ergeben sich daraus wichtige Konsequenzen für die Einzelauslegung.

Für das Adverbiale in Röm 3,9 stellt sich die Frage der Prosopopoiie folgendermaßen dar: Im unmittelbaren Kontext findet sich bezüglich der Sünde kein Hinweis auf personifizierendes Denken.

---

103 Vgl. dazu Bloomfield aaO. (s.S.135) 164: "... if personification allegory is extended over any considerable length, the grammatical evidence becomes overwhelming."

Der Ausdruck "unter der Sünde" ist jedoch sowohl in traditionellen
Bildfeldern (vgl. Röm 7,14 und die paganen Analogien) als auch in
spezifisch paulin. Metaphorik fest verankert.

Zur Erklärung ist deshalb vor allem Gal 3,22 beizuziehen, welches den *Vorgang* beschreibt ("unter der Sünde zusammenschließen"),
der den in Röm 3,9 formulierten *Zustand* zur Folge hat (vgl. auch
Gal 4,3 "unter den Weltelementen versklavt"). Gal 3,22 zeigt bereits
deutlich eine hypostasierende ("das Gefängnis der Sünde"[104]; dasselbe
be Röm 11,32 vom Ungehorsam), wenn nicht gar personifizierende Tendenz ("Gefängniswärter"[105]; ein Beispiel für die Verwandtschaft von
Sklaverei- und Gefangenschaftsmetaphorik s.o. Teil II 3.2.4 ad 3),
so daß angenommen werden darf, Pls habe von Anfang seines (später
verfaßten) Römerbriefes an die personifizierte Hamartia im Sinn gehabt.

Dies ist dann natürlich auch für das Verständnis von Röm 3,20b
von Bedeutung. Auf diese Stelle kann besonders das Kriterium des
Gesamtzusammenhangs Anwendung finden. Die Aussage: "Durch das Gesetz
(kommt) die Erkenntnis der Sünde" erklärt sich nämlich am besten
als ein Vorgriff auf 7,7 und ist hier wie dort zu beziehen auf die
auch schon unter vorchristlichen Verstehensvoraussetzungen (vgl.
3,19: Das Gesetz redet zu denen "im Gesetz") mögliche[106] Erkenntnis
des lebendigen Unheilswirkens der Hamartia - eine Erkenntnis freilich, die "nicht rein theoretischen Charakter hat, sondern den ganzen Menschen umfaßt, Erkenntnis im Handeln also, Erfassen durch Erfahrung (davon wird Röm 7 noch eingehend die Rede sein)."[107]

---

104 U.Wilckens, Zur Entwicklung des paulinischen Gesetzesverständnisses 172.
105 Ebd. von der Tora in Gal 3,23.
106 Vgl. Wilckens, Brief an die Römer I 180.
107 O.Kuß, Römerbrief 109. Die Einsicht in diese Zusammenhänge (insbes. die
    Rolle des Gesetzes) kann nach unserer Auffassung auch dem vorchristlichen
    Menschen nicht grundsätzlich abgesprochen werden.
    Anders Käsemann, An die Römer 84 (zu 3,20): "Die Antwort in 20b wirkt in
    ihrer Kürze orakelhaft. Ihr sentenziöser Charakter darf aber nicht dazu
    verführen, in ihr eine allgemeine Wahrheit zu erblicken, die auch vor
    Christus, nämlich eben durch das der Sünde überführende Gesetz erkannt
    werden kann..."
    In anderer Hinsicht von unserer Position abweichend auch Kaye aaO. (s.o.S.4
    Anm.20) 41 (zu Röm 3,20b): "The Jew knows God's will because he is in-
    structed by the law, and thus knows what is and is not sin. There is thus
    no dynamic sense of sin here, but rather the sense of sinful action."

Zumindest in Hinsicht auf die Eigendynamik der Hamartia ist also zwischen jüdischer und christlicher Sündenerkenntnis kein radikaler Bruch gegeben (weiter dazu s.u. 6).

Der Gesichtspunkt der Personifikation durch ein Bildfeld trägt schließlich auch zur Klärung der Wendung "die Sünde verurteilen" in Röm 8,3 bei. Die Sünde erscheint hier nicht (wie die Werke in der Apokalyptik) als Ankläger, sondern in der Rolle des Angeklagten. Verständlich wird dies erst, wenn man erkennt, daß die Metapher γενέσθαι ἁμαρτωλόσ in 7,13 eine Personifikation mit eigenem kleinen Bildfeld konstituiert[108], dem sich unsere Stelle zwanglos einfügt: Die Sünde ist durch das Gebot selbst zum "Sünder über die Maßen" geworden (nicht "sündig", wie die Kommentare übersetzen!), der nunmehr - wie vorher die "Vielen", die durch Adams Ungehorsam zu Sündern (ἁμαρτωλοί) geworden waren (5,19) - dem "Verdammungsurteil" (5,16.18) Gottes verfällt (8,3 vgl. 8,1; 3,7). Logisch wie sachlich folgt die Verurteilung des Sünders Hamartia unmittelbar auf 7,13, begrifflich ist das Ende der "Hamartia-Story" sehr eng auf den Anfang bezogen (Stichwortverbindung κατάκριμα/κατακρίνειν von 5,16.18 zu 8,1.3).

Damit darf man die personifizierte Vorstellung der Sünde wohl auch in Röm 8,3 als dominierend ansehen, und damit schließt sich der Kreis der von uns behandelten Einzelpersonifikationen im Römerbrief. Prosopopoiie der Sünde hat sich somit durchgängig von Röm 3,9 bis 8,3 nachweisen lassen - auch in untergeordneten Satzpositionen.

---

108 Für das Vorliegen einer Personifikation ist es selbstverständlich unerheblich, ob die Figur mit einem Vollverb als Prädikat, mit der Kombination von Kopula und Prädikatsnomen (wie hier) oder mit einer Apposition gebildet ist; vgl. dazu noch die Αἰδώσ bei Sophokles, OedCol 1267ff: Einerseits hat Zeus sie als σύνθακοσ θρόνων (Apposition), andererseits soll sie auch bei Oedipus stehen (παρασταθῆναι = Vollverb).

6. Rückblickende Perspektive

Wie mehrfach angedeutet (z.B. oben S.125), gehört nach Paulus
die unheilvolle Aktivität der Sünde für den Christen einem vergangenen Lebensabschnitt an; er ist also auch von der personifikatorischen Struktur der Sünde nicht betroffen, weil und indem er ja nicht
mehr sündigt (Röm 6,6.14.17f.22). Als eigene Erfahrung kommt die
personifizierte Sünde in Röm 5-8 nur als überwundene in den Blick
(anders v.a. Luther, der seine eigene existentielle Erfahrung in
Röm 7 wiederfand); sehr wohl aktuell ist sie natürlich als außer-
christliche (jüdische und heidnische)![109]
Von daher ergibt sich fast eine Paradoxie: Nirgends im Urchristentum wurde die Eigendynamik der Sünde so radikal erfaßt und formuliert wie bei Paulus. Gleichzeitig ist sie jedoch für die eigene
Situation als Gemeinde im Prinzip ohne Bedeutung, denn sie ist auf
vor- und außerchristliches Sein beschränkt. Die Schlußfolgerung ist
zwingend: Erst von Christus und ihrem eigenen sündlosen Sein her
kann den Christen die ganze unheilvolle Lebendigkeit der Sünde voll
bewußt werden (sie machen sozusagen eine Erfahrung mit ihrer früheren Erfahrung[110], die diese zugleich damit zu einer früheren
macht).
Dieses ist die eschatologische Gestalt einer schlichten Tatsache,
welche besagt, daß Aussagen über die Sünde (und nicht nur solche!)
immer nur rückblickend, und das heißt hier: aus zeitlicher wie in-
nerlicher Distanz zur eigenen Tat heraus (quasi als "Sündloser")
formuliert bzw. durch die Beobachtung an anderen gewonnen werden
können.
So sind auch alle Personifizierungen der Sünde eine "nachträg-
liche" Denk- und Sprechweise aus der Sicht des Weisen (vgl. M.Küch-
ler: "Das Sprichwort hat grundsätzlich rückblickende, konstatieren-
de Funktion..."[111]), des Visionärs (intensiv Erfahrenes und Reflek-
tiertes wird in Geschautes umgesetzt) oder des Pneumatikers (z.B.
Paulus). Verstärkend mag dabei gewirkt haben, daß die positiven Konkurrenten der Sünde (Gott und seine Repräsentanten; vgl. Teil II

---

109 Aus der umfangreichen Diskussion nenne ich nur die grundlegende Arbeit von
   W.G.Kümmel: Römer 7 und die Bekehrung des Paulus (1929) = ders., Römer 7 und
   das Bild des Menschen im Neuen Testament (1974), 1-160. Zur Kritik s.o.Anm.
   183 und die dort genannten Arbeiten!
110 Die Formulierung lehnt sich an E.Jüngel, Gott als Geheimnis der Welt 225, an.
111 AaO. (s.o.Anm.186) 161.

3.4), die jetzt die Erfahrung des Weisen usw. bestimmen, selbst
(wenn auch zumeist mit weltanschaulichem Wirklichkeitswert) "personal" strukturiert sind.

Diese Sicht der Stellung des Paulus steht in Übereinstimmung
mit des Apostels eigenen Aussagen in Röm 3,20 und 1,32. Die zweite
Vershälfte von 3,20 besagt zunächst (s.o.S.168f), daß die Erkenntnis
der Eigendynamik der Hamartia schon vorchristlich - nämlich "durch
das Gesetz" - möglich ist. Aber auch der besondere und letztlich
entscheidende Aspekt, daß das Sündigen den Tod einbringt, ist nach
1,32 den Sündern vor Christus durchaus nicht verborgen
(ἐπιγνόντεσ).[112] Das radikal Neue liegt also für Pls nicht in der
Konzeption von "Sündlosigkeit" oder in der personifikatorischen
Struktur der Erfahrung von Sünde, sondern in der Erkenntnis ihres
ganzen Ausmaßes und der durch Christus möglich gewordenen Befreiung von ihrer Herrschaft.

Rückblickende Personifizierung liegt selbstverständlich auch bei
den verschiedentlich genannten (z.B. S.139f) positiven Größen vor.
Da der Vergleich auch in anderer Hinsicht interessant ist, gehe ich
im folgenden etwas ausführlicher auf die Metanoia in "Joseph und
Aseneth" (15,7f) ein. Ihre Personifikation ist von ganz eigener Art:
Als "Tochter Gottes" ist sie nicht nur eine "Verwandte" der philoni-
schen Sophia (Fug 50ff), sondern auch der Dionschen Basileia (s.o.
S.140) - wie diese eine überaus hochgeschätzte Größe. Ihre Funktion
besteht darin, vor Gott für Aseneth zu bitten und für alle, die umkehren wie sie (vgl. JosAs 10).

Die Tochter-Gottes-Vorstellung ist eigentlich polytheistischen
Ursprungs (vgl. Homer, Ilias 9,502ff: die "Bitten" als Töchter des
großen Zeus) und wird im vorliegenden Zusammenhang dadurch assimi-
liert, daß die Metanoia als Schwester des Engelfürsten bezeichnet
und damit nicht - wie die Basileia bei Dion, Or 1,73 - als Göttin,
sondern als erzengelhaftes Wesen angesehen wird, das unter den Engeln eine besondere Stellung einnimmt. Sie verkörpert kein Ideal
(wie die Basileia) oder den Inbegriff menschlicher Missetaten (wie
die Hamartia), sondern ein bestimmtes (reaktives) Verhaltensmuster
infolge der Erkenntnis früher begangener Sünden (11,11; 12,3-5):
Buße, Umkehr, Sündenbekenntnis - mit dem Ziel eines neuen Lebens.
Wie kommt es zur Personifizierung dieses Verhaltensmusters?

---

112 Vgl. Zeller aaO. (s.o.Anm.177) 199 gegen Wilckens aaO. I 103. Ferner: Cran-
    field aaO. (s.o.Anm.92) 339.

Hierzu zitiere ich die Erklärung des Stoikers Balbus (bei Cicero,
NatDeor II 61), die dieser in Hinsicht auf die Fülle der Personifikationsgottheiten gegeben hat: "Quarum omnium rerum quia *vis erat*
tanta, ut sine deo regi non posset, ipsa res deorum nomen optinuit"
(Hervorhebung von mir, G.R.). In Abwandlung dieser Aussage könnte
man formulieren: Die Kraft der mit diesem Begriff (Reue, Umkehr)
verbundenen Erfahrung (hier: von Annahme durch Gott und Neuschöpfung, JosAs 15,1-5) war so groß, daß nur ein höheres Wesen sie bewirkt haben konnte, und so hat eben der Begriff selbst den Namen
einer Tochter Gottes erhalten (vgl. die Anwaltsfunktion des Geistes
im NT[113]). (Von JosAs 15,7f abgesehen, sind für *"metanoia"* nur Abstrakt-Personifikationen belegt: TestGad 5,6-8; Philo, Som I 91 fin,
II 292 ("Ratgeberin").)

Nur der Parameter "Kraft der Erfahrung" ist auch auf die Hamartia
anwendbar; die anderen Elemente der Erklärung markieren gerade den
entscheidenden Unterschied der Hamartia zu den Personifikationsgottheiten und zur Metanoia: Die Sünde könnte nie zu einem "übermensch-
lichen Wesen", völlig losgelöst vom menschlichen Tun, verselbständigt werden (vgl. oben S.152). (Beachte wohl: Natürlich besitzt auch
die Metanoia bei aller Individualisierung und Verselbständigung ihres Wesens eine *Beziehung* zu dem menschlichen Verhaltensmuster, das
in ihr personifiziert ist; sie agiert jedoch, durch die menschliche
Reue auf den Plan gerufen, gleichsam parallel zu dieser in einer
anderen, himmlischen Welt.)

Dessenungeachtet weisen alle genannten Personifizierungen jene
elementare Gemeinsamkeit auf: die Perspektive des Rückblicks. Auch
für die Metanoia gilt: Erst von der abgeschlossenen Bekehrung her
ist es möglich und sinnvoll, sie in dieser Weise zu personifizieren.
Erst wenn das neue Leben schon begonnen hat, wird man sie so wie in
"Joseph und Aseneth" geschehen "in den Himmel heben" und zur heraus-
ragenden Engelsgestalt machen.

Entsprechendes gilt für Dions Heraklesfabel: Nur der Fabelerzäh-
ler kann aus seiner weisheitsvollen Sicht die abgestufte Personifizierung von Königs- und Gewaltherrschaft (s.o.S.140) vornehmen.
Einem Tyrannen selbst erschließt sich diese Sicht niemals, wenn und
solange er wirklich Tyrann ist!

---

113 S. dazu Berger aaO. (s.o.Anm.70) 188f. Vgl. oben S.153.

7. Zum Begriff der "Hypostasierung"

In diesem letzten Kapitel von Teil III geht es nun darum, die
angestrebte (s.o. Teil II 3.6) Einordnung der paulinischen Hamartia
in allgemein antike Sündenvorstellungen vorzunehmen, wie wir sie
in Teil II 2 erarbeitet haben (s. dort v.a. die Zusammenfassung in
2.9). Es hat sich gezeigt, daß besonders zu der dinglich-stofflichen
Sündenauffassung enge religionsgeschichtliche Beziehungen bestehen
(vgl. v.a. S.146). In gleicher Weise wird man aber auch die Erfahrungen eines unheilvollen Potentials und die Vorstellungen von einem
lebendigen Wachstum der Sünde der paulin. Hamartia an die Seite stellen müssen.

Grundlegende Denkfigur für alle diese Formen der Beschreibung
erlebter Wirklichkeit von Sünde und Verfehlung ist die Metapher.
Diese konstituiert in jedem Fall eine Größe, die mehr ist als nur
der Begriff "Sünde". Für diese ihre Funktion und Leistung schlage
ich im Falle der genannten Gruppe von Sündenvorstellungen (und v.a.
im Unterschied zu Bildspendern, die die Sünde als Bewegungsablauf
metaphorisieren; z.B. "in die Irre gehen", "Fall") die Bezeichnung
"Hypostasierung" vor. Diese würde demnach umfassen (unabhängig vom
Wirklichkeitswert der Metaphern):

1. *"Vergegenständlichung"* oder *"Verdinglichung"*. Sie liegt vor,
   wenn der Sprecher sich die Sünde bzw. Verfehlung als einen irgendwie umrissenen Gegenstand oder als ein konkretes Ding vor-
   stellt. Dieser Gegenstand oder dieses Ding können entweder
   a) ziemlich unbestimmt (z.B. bei "auflösen"),
   b) immer schon deutlich impliziert (z.B. bei "wägen" - s.o.
      S.53 -: Gewichtsstück; "zusammenschließen" (Gal 3,22): Gefäng-
      nis; "lösen": Fesseln) oder
   c) ausdrücklich genannt (z.B. "Last der Sünde", "Stachel")
      sein.

2. *"Verlebendigung"* des Begriffs ist gegeben, wenn die Sünde als
   dynamisch (daher auch: "Last"), sich bewegend oder lebendig sich
   entwickelnd beschrieben wird, ohne daß schon an ein eigentliches "Lebewesen" im Sinne von Menschen und Tieren (s.o.S.134f
   ad 1) gedacht wäre (Beispiele: Feuer-Potential, Flug zu den Göttern - s.o.S.54 -, Pflanze, evtl. auch Krankheit). Zwar ergibt
   sich oftmals schon eine große Nähe zur vollen Lebendigkeit, für

sich alleine genommen reicht der Begriff der *"Belebung"* aber
nicht aus, die Personifikation zu definieren.[114]

3. *"Personifikation"* oder *"Prosopopoiie"* im Sinne von Teil III
    dieser Arbeit.

Stichwortartig seien jetzt noch einige zusätzliche Beispiele aufgeführt, die (z.T. wegen ihres nur vereinzelten Vorkommens) in unserer
Darstellung bisher keine Berücksichtigung gefunden haben. Wir folgen dabei der vorgeschlagenen Einteilung und konzentrieren unsere
Aufmerksamkeit v.a. auf Hypostasierungen der 1. Stufe:

Zu 1a:

Folgende Verben können mit Sünde(n) und Verfehlung(en) in unbestimmt vergegenständlichender Weise verbunden sein:
-   aufstellen (Ps 90,8; vgl. Apg 7,60)
-   (im positiven Sinne) versiegelt (Hi 14,17; Dan 9,24);
    (im negativen Sinne) siegeln und an die Seele befestigen:
    Pist Soph 115 (Schmidt/Till S.193,Z.24f)
-   zusammenwerfen und aneinanderknüpfen (Philo, Ebr 95)
-   ablegen/aufbewahren: Aesop (Stob Ecl III 597,6)

Zu 1b:

Ein schönes Beispiel für eine deutlich implizierte Hypostasierung
ist das Bild des "Sündenkleides" in folgenden Formulierungen (ausdrücklich genannt: Sach 3,4):
-   instead of a garment I am clad with a hea[vy] sin: babylonisches
    Bußgebet (ed./übers. K.van der Toorn, Sin and Sanction, S.141/
    144,Z.25'; im Anhang Plate 4)
-   diejenigen, die ihre Verfehlungen ausziehen (Philo, Mut 233)
-   eine Seele, die das Unrechttun abgelegt/ausgezogen hat und ohne
    Scham der Sünden entblößt hervortreten kann (Philo, Fug 158)
-   sich reinigen und entkleiden von der Sünde: Kephalaia XCVIII
    (ed. A.Böhlig, S.249,Z.20)

---

114 Kritisch zu H.Geißner, Rhetorik 37. - Im übrigen kann man natürlich auch hier
   und in Punkt 3 die Fälle a (unbestimmt), b (implizit) und c (explizit) wie
   in Punkt 1 unterscheiden.

Zu 1c:

Ausdrücklich genannte Hypostasierungen der 1. Stufe sind z.B.:
  - der Parallelismus: Pflock zwischen den Steinfugen//Sünde zwischen Verkauf und Kauf (Sir 27,2)
  - die Sünde als Kranz auf dem Haupt des Todes (TestAbr 13 (Rez. B))
  - Gott hat "weggenommen den Stachel der Sünde": Acta Philippi 141 (Lipsius-Bonnet II 2, S.77,Z.1f) (oder ist hier nicht an den Stachel gedacht, der die Sünde selber ist, sondern an den, den sie besitzt? Vgl. 1Kor 15,56!)
  - Do not pierce yourself with the sword of sin: Lehren des Silvanus (NHC VII 108,3f).

Zu 2:

  - Jes 64,5 (Übers. C.Westermann): Unsere Sünde trägt uns dahin wie der Wind.

Wichtig ist v.a. die Einsicht, daß die Übergänge zwischen den einzelnen Hypostasierungsstufen fließend sind. So steht z.B. die dynamistische Lasterfahrung ziemlich genau am Übergang von der Verdinglichung zur Verlebendigung der Sünde, und die von uns ausführlich dargestellten Tatsphäre-Aussagen (Verlebendigung eines "Gegenstands", s.o.S.146) bilden den Ansatz, aus dem sich die Abstrakt-Personifikationen der Sünde entwickeln können. Deshalb zum Abschluß ein Beispiel für das Nebeneinander verschiedener Formen der Hypostasierung (aus GenR 22,6 (15a)):
"Anfänglich ist sie (sc. die Sünde) schwach wie eine Frau, aber dann wird sie stark wie ein Mann... Anfänglich ist sie wie der Faden einer Spinne, aber schließlich wird sie wie ein Schiffstau... Anfänglich ist sie ein Besucher, dann ein Gast und schließlich der Hausherr selbst."
Zwei Reihen von Vergleichen und eine Reihe semantischer Identifikationen machen deutlich, wie eine zugrundeliegende Erfahrung unterschiedlich strukturiert sein kann: einmal "personal" (Frau/Mann, Besucher/Gast/Hausherr - vgl. Röm 7,17.20), das andere Mal "dinglich" (Faden/Tau).
Zugleich erkennt man die "größere *semantische Genauigkeit*"[115], die der Vergleich gegenüber der metaphorischen Identifizierung be-

---

115 E.Rau, Jesu Kunst 74.

sitzt (E.Rau: "Das 'Wie' weist explizit auf die Widersprüchlichkeit der Beziehung hin, die zwischen Bildspender und Bildempfänger besteht"[116]).

Nach alledem dürfte hinreichend deutlich geworden sein, wie die frühjüdisch-paulinische Personifikation der Sünde sich mühelos mit allgemein antiken Vorstellungen in Beziehung setzen läßt. Unser Beweisziel ist erreicht, wenn erkannt wird: Personifizierte Hamartia und viele andere antike "Konzeptionen" von Sünde und Verfehlung sind unter dem gemeinsamen Dach des religionsgeschichtlichen Phänomens der "Hypostasierung religiöser Begriffe" vereint.

---

116 E.Rau, Jesu Kunst 74.

8. Zusammenfassung

Ausgehend von der Beobachtung, daß die Sünde in Röm 5-7 in einer
Vielzahl von Aussagen als handelndes Subjekt auftritt, haben wir
uns im letzten Teil der Untersuchung darum bemüht, eine Theorie der
Personifikation zu entwickeln und auf den paulin. Sündenbegriff anzuwenden. Dabei hat sich folgendes ergeben:

1. Die Personifikation kann im Horizont einer neueren Rhetorik-
Theorie bestimmt werden als Redefigur zur Strukturierung einer spezifischen Wirklichkeit, in welcher Größen, die keine Lebewesen sind,
mit einer "Erfahrung eines Lebewesens" zusammenkommen; z.B. wird
ein Abstraktnomen wie "Sünde" mit einem Prädikat kombiniert, das
normalerweise nur einem Lebewesen zukommt.

2. Wie im Falle der Metapher, so muß auch bei der Personifikation zwischen mehreren Realitätsstufen unterschieden werden; diese
reichen von der untersten Stufe derjenigen Abstraktnomina, die durch
Verba dicendi personifiziert werden, über Sünde, Gesetz und Tod bei
Pls bis hinauf zu Göttern und Dämonen.

3. Die paulin. Hamartia läßt sich innerhalb dieses Rahmens näher
beschreiben als ein unheilvolles und todbringendes lebendiges Wesen
eigener Art, welches nichts anderes darstellt als den Inbegriff
menschlicher Tatverfehlungen, die mit vernichtender Gewalt auf den
Menschen zurückschlagen.

4. Diese Vorstellung läßt sich traditionsgeschichtlich aus dem
atl. Sünde-Unheil-Zusammenhang herleiten: Nach und nach wird der
ganze "innere Raum" (R.Knierim) dieses Unheilsgeschehens abgeschrit-
ten und durchreflektiert (Weisheit, Hosea, Apokalyptik). In verkürz-
ter Unheilsperspektive werden nicht nur das Endunheil, sondern Vorstufen desselben in den Blick genommen.

5. Die Eigendynamik der Hamartia wurzelt in der Tatsache, daß
sie immer gottwidrige Tat, einen Bruch des göttlichen Willens darstellt. Das Gesetz tritt hinzu, um den daraus resultierenden Zusammenhang von Sünde und Tod in seinen einzelnen Phasen mit eschatologischer Radikalität in Kraft zu setzen und zu vollenden.

6. Von alledem unberührt bleibt der Verhängnischarakter der Hamartia, welcher zu bestimmen ist als die durch Adams Übertretung
heraufbeschworene Unvermeidlichkeit des Sündigens für jeden Menschen
(s.o.S.118).

S c h l u ß

I. Am Schluß dieser Arbeit möchte ich noch einmal auf ihren Ausgangspunkt zurückkommen.
Wir hatten einleitend festgestellt, wie fragwürdig der in der Exegese gängige Machtbegriff sei, und eine Überprüfung der so einflußrei-
chen Bestimmung von E.Käsemann angekündigt (s.o.S.2). Als Ergebnis
können wir festhalten:
    1) Positiv aufzunehmen ist das Stichwort "hypostasierend". Tat-
sächlich muß man die paulin. Hamartia als eine bestimmte Form von
Hypostasierung des Sündenbegriffs verstehen, die wir als "Personifikation" bezeichnet hatten.
    2) Die anderen Elemente sind im dargestellten Sinne zu korrigie-
ren: Zum Singular s. Teil I 1; den Machtbegriff wird man nur noch
insoweit verwenden dürfen, als damit wirklich die Eigendynamik
menschlicher Tatverfehlungen - oder zumindest deren durch das Gesetz
ausgelöste Dynamik (vgl. Teil III 4) gemeint ist und nicht ein über-
menschliches Wesen von dämonischem Charakter.

II. Damit ist auch die in den theoretischen Vorüberlegungen zu
Teil II aufgegriffene Frage nach der "persönlichen Fassung" der
hamartia in Röm 5-7 (s.o.S.26) bereits beantwortet:
Die von G.Stählin formulierte Alternative zwischen den Auffassungen
von M.Dibelius ("Dämon Sünde") und P.Feine ("nur poetische Bildhaf-
tigkeit") geht an der Sache vorbei. Sie ist zu ersetzen - allerdings
auf der Basis eines neueren Rhetorikverständnisses (etwa im Gefolge
von J.Kopperschmidt) - durch den rhetorischen Terminus "Prosopopoiie", welcher eine bestimmte, überaus häufige Form der Strukturierung von erfahrener Wirklichkeit meint - im vorliegenden Fall: die
volle Lebendigkeit der Sünde als eines "handelnden Subjekts".

III. In diesem Zusammenhang ist auch noch einmal daran zu erinnern, daß die Bestimmung von "Sünde" als Tatbegriff (unbeschadet
dynamistisch-mechanistischer Grundlagen) v.a. dazu geeignet war,
die volle Verantwortlichkeit des Menschen zu betonen. Der Tatcharakter schließt bei Paulus den Verhängnischarakter der Sünde nicht aus,
sondern ein, ebenso wie er auch Wort- und Gedankensünden sowie ins-

besondere die sündige Begierde mit umfaßt. Auch die Diskussion über
die ἐπιθυμία wird also hier anzusetzen haben.

IV. Eine weitere Bemerkung betrifft noch einmal die Problematik
der Sünde als "dämonischer Macht". Ich habe in dieser Arbeit bestritten, daß die paulin. Sündenvorstellung von der Dämonologie beeinflußt sei. So weit ich bis jetzt sehe, gilt auch für die rabbini-
sche Lehre vom bösen Trieb (ausführliche Darstellung bei Billerbeck
IV 466-483), daß eine Einwirkung auf die paulin. Hamartia (auch abgesehen von der späteren Datierung der meisten rabbinischen Texte)
nicht ohne weiteres zu erweisen ist.

Alle solchen Annahmen stellen im Grunde einen Zirkelschluß dar,
solange man nicht Sünde und Dämon bzw. Trieb in ein und demselben
Text als wechselweise verwendete, synonyme Begriffe nachweisen kann.
Das methodische Problem sei noch einmal an einem Beispiel aus dem
Corpus Paulinum aufgezeigt:

Es ist unbestreitbar, daß dieselbe Aktivität, die in Röm 7,11
der Sünde zugeschrieben wird ("betrügen"), in 2Kor 11,3 von der
Schlange im Paradies ausgesagt ist. Statt von daher nun satanische
Züge im Begriff der Sünde anzunehmen, kann man ebenso gut argumen-
tieren, der Unterschied in der Formulierung sei eben gerade auf das
"höhere Reflexionsniveau" des "dogmatischen" Teils im Römerbrief
gegenüber der Behandlung von Gemeinde- und Beziehungsproblemen in
den Korintherbriefen zurückzuführen (man beachte auch die Ersetzung
der "Eva" durch das modellhaft verallgemeinernde "Ich"!).

Parallele Aussagen als solche müssen also nicht unbedingt für
die eine der beiden Seiten etwas besagen; es erscheint freilich
schwierig, diese Frage mit letzter Sicherheit zu beantworten.

V. möchte ich eine weiterführende Überlegung anschließen: Ich habe
in dieser Arbeit sehr stark die *Eigen*dynamik bzw. die durch das Gesetz (entgegen seiner eigentlichen Intention) *vermittelte* Dynamik
der Sünde betont. Damit ist aber noch nicht die Frage beantwortet,
ob und inwiefern man dieses Unheilsgeschehen im ganzen als eine Manifestation des *Zornes* Gottes (Röm 1,18) zu begreifen habe. Für die
Lösung dieses Problems dürfte die bereits einmal kurz angeschnittene
Frage (s.o.S.164), wie denn das Verhältnis zwischen dem Wirken Gottes in Röm 1 einerseits und in Röm 5-7 andererseits zu bestimmen
sei, von ausschlaggebender Bedeutung sein. Göttliches Strafhandeln
(als Herstellung oder zumindest In-Gang-Setzung des Unheilszusammenhangs) und Eigendynamik der Hamartia (in Opposition zu Gott) können
nicht einfach dasselbe sein: Einerseits hat Gott die Menschen in

ihren Begierden an dieselben "dahingegeben" (Röm 1,24.26), andererseits ist es aber die Sünde selbst, die (durch das Gebot) alle Begierde wirkt (Röm 7,8).[1]

Es liegt allerdings nahe, beides als Manifestationen des göttlichen Zorns zu begreifen; diese Verbindung wird im Grunde auch von Paulus selbst vollzogen, wenn er Röm 4,15 schreibt: "Das Gesetz wirkt Zorn; wo aber kein Gesetz ist, da (ist) auch keine Übertretung."

VI. Abschließend seien noch einmal die über die Semantik des Sündenbegriffes hinausgehenden Aspekte unseres Themas betont:

1) die Beiträge zur Diskussion und Klärung so wichtiger Termini wie "Personifikation", "(antike) Metapher" und "Bildfeld";

2) den Aufweis der exegetischen Notwendigkeit und auch systematisch-hermeneutischen Bedeutung einer sorgfältigen Metaphern-Interpretation (nicht nur bei Gleichnissen). Von einer solchen Bemühung wird man sich nicht zuletzt auch neue Anstöße für die Predigtarbeit erwarten dürfen.

Wichtig war mir aber vor allem, die Diskussion über den paulin. Sündenbegriff neu anzuregen. Weitergehende Klärungen wird man sich insbesondere von einer intensiven Beschäftigung mit den Begriffen σάρξ und ἐπιθυμία erwarten dürfen. Von da aus gilt es dann auch die Auseinandersetzung um die theologische Interpretation neu aufzunehmen. Ich denke dabei v.a. an einen Ansatz, wie ihn R.Bultmann vertreten hat: Sünde als "das falsche Trachten des Menschen", welches "darin besteht, das Leben κατὰ σάρκα zu führen, d.h. aus dem Geschaffenen, dem Irdisch-Natürlichen und Vergänglichen zu leben"[2]. An dieser Stelle wird neu zu fragen und kritisch zu prüfen sein.

---

1 Vgl. oben S.148.
2 Theologie des NT, 7.Aufl. 247.

ABKÜRZUNGEN

Abkürzungen im Text und in den Anmerkungen sowie in dem nun folgenden Literaturverzeichnis richten sich - soweit sie nicht von selbst verständlich sind -
nach dem "Abkürzungs-Verzeichnis" des "Exegetischen Wörterbuchs zum Neuen
Testament" (ed. H.Balz/G.Schneider), Band I, 1980, S. XII-XXX, sowie den dort
angegebenen Abkürzungskonventionen bzw. -verzeichnissen.

LITERATURVERZEICHNIS

I. Q u e l l e n

1. Bibelausgaben

E. u. E.Nestle/K.Aland u.a.   Novum Testamentum Graece, 26.Aufl. 1979

R.Kittel/P.Kahle   Biblia Hebraica, 16.Aufl. 1973

A.Rahlfs   Septuaginta. Id est Vetus Testamentum graece
                                iuxta LXX interpretes, 9.Aufl. 1935

Auctoritate Academiae   Septuaginta. Vetus Testamentum Graecum,
Scientiarum Gottingensis   1931ff (soweit bisher erschienen)
editum

F.Field   Origenis Hexaplorum quae supersunt; sive Veterum
                                Interpretum Graecorum in totum Vetus Testamentum
                                Fragmenta I-II, 1875

R.Weber   Biblia sacra iuxta Vulgatam versionem, 1969

2. Pagane griechische und lateinische Autoren (Textausgaben und
    Übersetzungen)

Aeschines   ed./übers. Ch.D.Adams 1919

Aeschylus   übers. F.Stoessl 1952
                                ed./übers. O.Werner 1959

Andocides,   ed. D.MacDowell 1962
De Mysteriis

Antiphon von Rhamnus   ed./übers. L.Gernet, 2.Aufl. 1954
                                ed./übers. K.J.Maidment, Minor Attic Orators I,
                                2.Aufl. 1953

Apollonius Rhodius   ed. H.Fränkel 1961

Aristophanes   ed. F.W.Hall/W.M.Geldart, I-II, 1952
                                übers. L.Seeger, I-II, 1952.1953

(Pseudo-)Cebes   ed. D.Pesce 1982

Cicero,   ed./übers. A.Kabza 1960
De Finibus Bonorum
et Malorum
ders.,   ed./übers. W.Gerlach/K.Bayer 1978
De Natura Deorum

Dio Chrysostomus	ed. H.von Arnim, I-II, 1893.1896 übers. W.Elliger 1967
Diogenes Laertius	ed. H.S.Long 1964
Epictetus	ed. H.Schenkl, 2.Aufl. 1916 übers. R.Mücke 1926
Epicurus	ed. G.Arrighetti 1960 ed. H.Usener, Epicurea 1887
Euripides	ed./übers. D.Ebener, I-VI, 1972-1980
Galenus, De animi cuiuslibet peccatorum dignotione et curatione	ed. W.de Boer 1937 (CMG V/4,1,1, S.39-68)
ders., De placitis Hippocratis et Platonis	ed./übers. Ph.de Lacy 1978 (CMG V/4,1,2 = 2 Bde.)
Homer, Ilias	ed. W.Leaf, I-II, 2.Aufl. 1900.1902 (Ndr. 1960) übers. W.Schadewaldt 1975
Isocrates	ed./übers. G.B.Norlin/L.van Hook, I-III, 1928-45
Lucianus	ed./übers. K.Mras, 2.Aufl. 1980
Lysias	ed./übers. W.R.M.Lamb 1930
Marcus Aurelius	ed./übers. W.Theiler 1951 ed. J.Dalfen 1979
Philostratus, Vita Apollonii	ed./übers. V.Mumprecht 1983
ders., Vitae Sophistarum	ed./übers. W.C.Wright 1922
Pindar	ed. B.Snell, 4.Aufl. 1964 ed./übers. O.Werner 1967
Plato	ed. J.Burnet, I-V, 1900-1907 (Ndr.e) ed. G.Eigler: Platon. Werke in acht Bänden (Griechisch und deutsch), 1970-1983 (Übers.: F.Schleiermacher u.a.)
Plautus	ed./übers. P.Nixon, I-V, 1916-1938
Plutarchus, Moralia	ed./übers. F.C.Babbitt u.v.a., I-XV, 1965-1976 ed. F.Dübner, Plutarchi fragmenta et spuria, 1855
Porphyrius	ed. A.Nauck, 2.Aufl. 1886 (Ndr. 1963)
Quintilianus	ed./übers. H.Rahn, I-II, 1972.1975
Sappho	ed./übers. M.Treu, 4.Aufl. 1968
Seneca, Epistulae Morales	ed./übers. M.Rosenbach: Seneca. Philosophische Schriften III-IV, 1974.1984
Sophocles	ed. A.C.Pearson 1924 (Ndr.e) ed. ders., The Fragments of Sophocles, 1917 (Ndr. 1963) übers. R.Schottlaender, 3.Aufl. 1982
Stobaeus Johannes	ed. C.Wachsmuth/O.Hense, I-V, 1884-1923 (Ndr. 1958)
Teles	ed. O.Hense, 2.Aufl. 1909 übers. W.Capelle, Epiktet u.a. (1948), 219-232

Thucydides   ed. H.S.Jones, I-II, 1900 (Ndr. 1974)
                                    übers. G.P.Landmann 1960

Xenophon,   ed./übers. P.Jaerisch, 3.Aufl. 1980
Memorabilia Socratis

3. Griechische Text- und Fragmentensammlungen, Sentenzenliteratur,
   Inschriften und Papyri

H.von Arnim   Stoicorum Veterum Fragmenta, I-IV, 1903-1924
                                    (Ndr. 1964)

H.Beckby   Anthologia Graeca, I-IV, 1957-58

A.Boeckh u.a.   Corpus Inscriptionum Graecarum, I-IV, 1828-1877

J.F.Boissonade   Anecdota Graeca e codicibus regiis descripsit
                                    annotatione illustravit, I 1829 (Ndr. 1962)

H.Chadwick   The Sentences of Sextus. A Contribution to the
                                    History of Early Christian Ethics, 1959 (darin
                                    S.84-94: The Pythagorean Sentences)

H.Diels/W.Kranz   Die Fragmente der Vorsokratiker, I-III, 12.Aufl.
                                    1966-67

J.M.Edmonds   The Fragments of Attic Comedy, I-III B, 1957-61

Generalverwaltung der   Ägyptische Urkunden aus den königlichen (später:
königlichen Museen   Staatlichen) Museen zu Berlin, Griechische Ur-
zu Berlin   kunden IV, 1912

B.P.Grenfell/A.S.Hunt u.a.   The Tebtunis Papyri, I-III, 1902-1938

A.E.Hanson   Collectanea Papyrologica. Texts publ. in honor
                                    of H.C.Youtie, I-II, 1976

R.Hercher   Epistolographi Graeci, 1873

E.Kalinka   Tituli Asiae Minoris II: Tituli Lyciae, linguis
                                    Graeca et Latina conscripti, 1920

F.W.A.Mullach   Fragmenta Philosophorum Graecorum, I 1875

A.Nauck   Tragicorum Graecorum Fragmenta, 2.Aufl. 1889
                                    (Ndr. 1964, mit Suppl. von B.Snell)

B.E.Perry   Aesopica, 1952

K.Preisendanz   Papyri Graecae Magicae, I-II, 2.Aufl. 1973.1974

F.Preisigke u.a.   Sammelbuch griechischer Urkunden aus Ägypten,
                                    I-XIV, 1915-1983

H.Schenkl   Das Florilegium Ἄριστον καὶ πρῶτον μάθημα,
                                    in: Wiener Studien 11 (1889) 1-42

A.Städele   Die Briefe des Pythagoras und der Pythagoreer,
                                    1980

H.Thesleff   The Pythagorean Texts of the Hellenistic Period,
                                    1965

4. Apokryphen und Pseudepigraphen des Alten und Neuen Testaments

4.1. Textsammlungen

R.H.Charles   The Apocrypha and Pseudepigrapha of the Old
                                    Testament in English, I-II, 1913

A.M.Denis	Fragmenta Pseudepigraphorum quae supersunt graeca, 1970 (PVTG 3)
E.Hennecke/ W.Schneemelcher	Neutestamentliche Apokryphen in deutscher Über- setzung, I. Evanglien II. Apostolisches, Apoka- lypsen und Verwandtes, 4.Aufl. 1968.1971
E.Kautzsch	Die Apokryphen und Pseudepigraphen des Alten Testaments, I-II, 1900 (Ndr. 1962)
W.G.Kümmel	Jüdische Schriften aus hellenistisch-römischer Zeit, I-V, 1973ff (soweit bisher erschienen; be- nutzte Übersetzungen sind unten 4.2 im einzelnen aufgeführt)
M.Rh.James	Apocrypha anecdota. A Collection of Thirteen Apocryphal Books and Fragments, 1893 (TSt II/3)
P.Rießler	Altjüdisches Schrifttum außerhalb der Bibel, 4.Aufl. 1979
C.Tischendorf	Apocalypses apocryphae, 1866 (Ndr. 1966)
ders.	Evangelia apocrypha, 2.Aufl. 1876 (Ndr. 1966)

4.2. Textausgaben

K.Berger	Das Buch der Jubiläen, 1981 (JSHRZ II 3)
M.Black	Apocalypsis Henochi Graece, 1970 (PVTG 3, S. 1-44)
C.Bonner/H.C.Youtie	The Last Chapters of Enoch in Greek, 1968
G.N.Bonwetsch	Die Bücher der Geheimnisse Henochs. Das sogenann- te slavische Henochbuch, 1922 (TU III/14,2)
E.Brandenburger	Himmelfahrt Moses, 1976 (JSHRZ V 2)
S.P.Brock	Testamentum Iobi, 1967 (PVTG 2, S. 1-59)
C.Clemen	Die Himmelfahrt des Mose, 1904 (KlT 10)
J.Geffcken	Die Oracula Sibyllina, 1902 (Ndr. 1967) (GCS 8)
W.Hage	Die griechische Baruch-Apokalypse, 1974 (JSHRZ V 1)
M.Rh.James	The Testament of Abraham, 1892
E.Janssen	Testament Abrahams, 1975 (JSHRZ III 2)
M.de Jonge	The Testaments of the Twelve Patriarchs, 1978 (PVTG 1,2)
A.F.J.Klijn	Der lateinische Text der Apokalypse des Esra, 1983 (TU 131)
ders.	Die syrische Baruch-Apokalypse, 1976 (JSHRZ V 2)
M.A.Knibb	The Ethiopic Book of Enoch, I-II, 1978
R.A.Kraft/ A.-E.Purintun	Paraleipomena Jeremiou, 1972 (Texts and Trans- lations 1, Pseudepigrapha Series 1)
A.Kurfess	Sibyllinische Weissagungen, 1951
Ch.Ch.McCown	The Testament of Solomon, 1922 (UNT 9)
W.Meyer	Vita Adae et Evae, in: Abhandlungen der philos.- philol. Classe der Königl. Bayer. Akademie der Wissenschaften, Bd. XIV/3, 1878, S. 185-250
W.R.Morfill/ R.H.Charles	The Book of the Secrets of Enoch, 1896

U.B.Müller	Die griechische Esra-Apokalypse, 1976 (JSHRZ V 2)
H.Odeberg	3 Enoch or the Hebrew Book of Enoch, 1928
J.-C.Picard	Apocalypsis Baruchi Graece, 1967 (PVTG 2, S. 61-96)
G.Sauer	Jesus Sirach (Ben Sira), 1981 (JSHRZ III 5)
B.Schaller	Das Testament Hiobs, 1979 (JSHRZ III 3)
H.Schmoldt	Die Schrift "Vom jungen Daniel" und "Daniels letzte Vision", Diss.masch. Hamburg 1972
W.Schrage	Die Elia-Apokalypse, 1980 (JSHRZ V 3)
J.Schreiner	Das 4. Buch Esra, 1981 (JSHRZ V 4)
R.Smend	Die Weisheit des Jesus Sirach. Hebräisch und deutsch, 1906
G.Steindorff	Die Apokalypse des Elias. Eine unbekannte Apokalypse und Bruchstücke der Sophonias-Apokalypse, 1899 (TU 17,3a)
A.Vaillant	Le livre des secrets d'Hénoch, 1952
O.Wahl	Apocalypsis Esdrae. Apocalypsis Sedrach. Visio Beati Esdrae, 1977 (PVTG 4)

5. Weitere hellenistisch-jüdische Literatur

C.Burchard	Ein vorläufiger griechischer Text von Joseph und Aseneth, in: Dielheimer Blätter zum Alten Testament 14 (1979), 2-53
ders.	Joseph und Aseneth, 1983 (JSHRZ II 4)
L.Cohn/P.Wendland/ S.Reiter	Philonis Alexandrini opera omnia quae supersunt, I-VI, 1896-1915 (Ndr. 1962)
L.Cohn u.a.	Philo von Alexandria. Die Werke in deutscher Übersetzung, I-VI, 1909-1938 (2.Aufl. 1962); VII, 1964
G.Kisch	Pseudo-Philo's Liber Antiquitatum Biblicarum, 1949
R.Marcus	Philo. Suppl. I: Questions and Answers on Genesis; Suppl. II: Questions and Answers on Exodus, 1953 (Ndr. 1961)
O.Michel/O.Bauernfeind	Flavius Josephus, De Bello Judaico, I-III, 1959-1969
B.Niese	Flavii Iosephi Opera, I-VI, 1885-1890 (Ndr. 1955)
F.Petit	Quaestiones in Genesim et in Exodum, Fragmenta graeca, 1978
M.C.E.Richter	Philonis Iudaei Opera, I-VIII, 2.Aufl. 1851-1853 (enthält in Bd. VI, 1852, Philo-Fragmente)
F.Siegert	Drei hellenistisch-jüdische Predigten (Ps.-Philon, "Über Jona", "Über Simson" und "Über die Gottesbezeichnung 'wohltätig verzehrendes Feuer'"), 1980 (WUNT 20)

6. Qumran

J.M.Allegro	Discoveries in the Judaean Desert of Jordan V: Qumrân Cave 4, I (4Q158-4Q186), 1968
M.Baillet	Discoveries in the Judaean Desert of Jordan VII: Qumrân Grotte 4, III (4Q482-4Q520), 1982
E.Lohse	Die Texte aus Qumran. Hebräisch und deutsch, 2.Aufl. 1971
J.Maier	Die Tempelrolle vom Toten Meer, 1978 (UTB 829)
Y.Yadin	Megillat ham-Miqdaš. The Temple Scroll (Hebrew Edition), 1977 (Bd. II: Text and Commentary)

7. Rabbinische Literatur

J.W.Etheridge	The Targums of Onkelos and Jonathan ben Uzziel on the Pentateuch, 1862 (Ndr. 1968)
L.Goldschmidt	Der babylonische Talmud, mit Einschluß der vollständigen Mischna, 1897-1935
S.Lieberman	Midrash Debarim Rabbah, 2.Aufl. 1965
M.Margulies	Midrash Wayyikra Rabbah, I-V, 1953-1960
Mischna ("Gießener Mischna")	Text, Übersetzung und ausführliche Erklärung (begr. von G.Beer/O.Holtzmann, z.Z. ed. K.H.Rengstorf/L.Rost), 1912-1980 (wird fortgesetzt)
J.F.Stenning	The Targum of Isaiah, 1949
J.Theodor/Ch.Albeck	Midrash Bereshit Rabba, 2.Aufl. 1965
A.Wünsche	Bibliotheca Rabbinica, I-V, 1880-1885 (Ndr. 1967)

8. Weitere Quellen und Textsammlungen

K.Beyer	Die aramäischen Texte vom Toten Meer, 1984
(H.L.Strack/) P.Billerbeck	Kommentar zum Neuen Testament aus Talmud und Midrasch, I-IV, 1922-28 (Ndr.e)
A.Böhlig	Kephalaia (2. Hälfte), 1966
H.Brunner	Die religiöse Wertung der Armut im Alten Ägypten, Saeculum 12 (1961) 319-344
H.Grapow	Die bildlichen Ausdrücke des Ägyptischen. Vom Denken und Dichten einer altorientalischen Sprache, 1924 (Ndr. 1983)

9. Altkirchliche Literatur (einschl. Gnosis)

G.N.Bonwetsch	Die apokryphen Fragen des Bartholomäus, Gött. Gel. Nachr. 1897, 1-42
A.Brinkmann	Alexander Lycopolitanus: Contra Manichaei opiniones disputatio, 1895
J.A.Fischer	Die Apostolischen Väter, 8.Aufl. 1981 (Schriften des Urchristentums 1)
F.X.Funk/K.Bihlmeyer/ W.Schneemelcher	Die Apostolischen Väter, 2.Aufl. 1956

E.J.Goodspeed   Die ältesten Apologeten. Texte mit kurzen Ein-
                                  leitungen, 1914

R.Homburg   Apocalypsis Anastasiae, 1903

P.A.de Lagarde   Constitutiones Apostolorum, 1862

R.A.Lipsius/M.Bonnet   Acta Apostolorum Apocrypha, I-II, 2.Aufl. 1972

H.-I.Marrou   A Diognète, 2.Aufl. 1965 (SC 33)

J.M.Robinson   The Nag Hammadi Library in English, transl. by
                                  Members of the Coptic Gnostic Project of the
                                  Institute for Antiquity and Christianity, 1977

C.Schmidt/W.Till   Koptisch-gnostische Schriften I, 2.Aufl. 1954
                                  (GCS 45/13)

O.Stählin/L.Früchtel   Clemens Alexandrinus II: Stromata Buch 1-6,
                                  3.Aufl. 1960 (GCS 52/15)

W.C.Till/H.-M.Schenke   Die gnostischen Schriften des koptischen Papyrus
                                  Berolinensis 8502, 2.Aufl. 1972 (TU 60)

K.Wengst   Didache (Apostellehre). Barnabasbrief. Zweiter
                                  Klemensbrief. Schrift an Diognet, 1984 (Schriften
                                  des Urchristentums 2)

M.Whittaker   Die Apostolischen Väter I. Der Hirt des Hermas,
                                  2.Aufl. 1967 (GCS 48)

F.Zeller   Die Apostolischen Väter, 1918 (BKV 35)

II.   H i l f s m i t t e l

1.   Konkordanzen und Indices

J.T.Allen/G.Italie   A Concordance to Euripides, 1954

I. u. M.M.Avotins   An Index to the Lives of the Sophists of Philo-
                                  stratus, 1978

J.P.Bauer   Index verborum in libris pseudepigraphis usurpa-
                                  torum, in: C.A.Wahl, Clavis librorum Veteris
                                  Testamenti apocryphorum philologica, 1972, 511-828

L.Brandwood   A Word Index to Plato, 1976

F.L.van Cleef   Index Antiphonteus, 1895

C.Collard   Supplement to the Allen & Italie Concordance to
                                  Euripides, 1971

E.C.Dos Santos   An Expanded Hebrew Index for the Hatch-Redpath
                                  Concordance to the Septuagint, 1973

F.Ellendt   Lexicon Sophocleum, 2.Aufl. 1872 (Ndr. 1958)

G.Fatouros   Index verborum zur frühgriechischen Lyrik, 1966

L.L.Forman   Index Andocideus, Lycurgeus, Dinarcheus, 1897

E.J. Goodspeed   Index Apologeticus, 1912 (Ndr. 1969)

E.Hatch/H.A.Redpath   A Concordance to the Septuagint and the Other
                                  Greek Versions of the Old Testament, I-II, 1897
                                  (Ndr. 1975)

D.H.Holmes   Index Lysiacus, 1895 (Ndr. 1962)

G.Italie   Index Aeschyleus, 1955

Ch.Y.Kasovsky   Thesaurus Mishnae. Concordantiae verborum quae
                               in sex Mishnae ordinibus reperiuntur, I-IV,
                               1957-1961

H.Kraft   Clavis Patrum Apostolicorum. Catalogus vocum in
                               libris patrum qui dicuntur apostolici non raro
                               occurrentium, 1963

K.G.Kuhn u.a.   Konkordanz zu den Qumrantexten, 1960

S.Mandelkern   Veteris Testamenti Concordantiae Hebraicae atque
                               Chaldaicae, 1896 (Ndr. 1975)

G.Mayer   Index Philoneus, 1974

W.F.Moulton/A.S.Geden   A Concordance to the Greek Testament, 4.Aufl.
                               1963/1975

S.Preuss   Index Aeschineus, 2.Aufl. 1926

ders.   Index Isocrateus, 1904 (Ndr. 1963)

K.H.Rengstorf   A Complete Concordance to Flavius Josephus,
                               1973ff (soweit bisher erschienen)

F.Siegert   Nag-Hammadi-Register, 1982 (WUNT 26)

O.J.Todd   Index Aristophaneus, 1932

D.A.Wyttenbach   Lexicon Plutarcheum, 1830 (Ndr. 1962)

2. Grammatiken, Wörterbücher, Lexika und Spezialbibliographien

W.Bauer   Griechisch-deutsches Wörterbuch zu den Schriften
                               des Neuen Testaments und der übrigen urchristli-
                               chen Literatur, 5.Aufl. 1958 (durchges. Ndr. 1971)

F.Blass/A.Debrunner/   Grammatik des neutestamentlichen Griechisch,
F.Rehkopf   14.Aufl. 1975

E.Bornemann/E.Risch   Griechische Grammatik, 1973

W.Gesenius/F.Buhl   Hebräisches und aramäisches Handwörterbuch über
                               das Alte Testament, 17.Aufl. 1915 (Ndr. 1962)

M.Jastrow   A Dictionary of the Targumim, the Talmud Babli
                               and Yerushalmi, and the Midrashic Literature,
                               1950

P.Kretschmer/E.Locker   Rückläufiges Wörterbuch der griechischen Spra-
                               che, 3.Aufl. 1977

G.H.W.Lampe   A Patristic Greek Lexicon, 1961

H.G.Liddell/R.Scott   A Greek-English Lexicon, 9.Aufl. 1940 (Ndr.e);
                               Suppl. 1968

H.Menge   Langenscheidts Großwörterbuch ("Menge-Güthling")
                               Griechisch-Deutsch, unter Berücksichtigung der
                               Etymologie, 22.Aufl. 1973

V.Pöschl/H.Gärtner/W.Heyke   Bibliographie zur antiken Bildersprache, 1964

F.Preisigke u.v.a.   Berichtigungsliste der griechischen Papyrusurkun-
                               den aus Ägypten, I-VI, 1922-1976

F.Preisigke/E.Kießling   Wörterbuch der griechischen Papyrusurkunden,
                               I-IV, 1925-1971; Suppl. I 1971

H. und B.Riesenfeld   Repertorium Lexicographicum Graecum. A Catalogue
                               of Indexes and Dictionaries to Greek Authors,
                               1953 (CNeot 14)

W.A.Shibles   Metaphor: An Annotated Bibliography and History,
                                   1971

B.Snell   Lexikon des Frühgriechischen Epos, 1979

H.Stephanus   Thesaurus Graecae Linguae, I-IX, 1831-1865
                                   (Ndr. 1954)

W.von Soden   Akkadisches Handwörterbuch, I-III, 1965-1981
                                   (Abkürzung: AHw)

III. Sekundärliteratur

Abraham,W. Zur Linguistik der Metapher, in: H.Moser u.a. (ed.), Linguistische
     Probleme der Textanalyse, 1975, 77-115 (Sprache der Gegenwart 35)

Arnold-Döben,V. Die Bildersprache des Manichäismus, 1978 (Arbeitsmaterialien
     zur Religionsgeschichte 3)

Aurelio,T. Disclosures in den Gleichnissen Jesu. Eine Anwendung der disclosure-
     Theorie von I.T.Ramsey, der modernen Metaphorik und der Theorie der Sprech-
     akte auf die Gleichnisse Jesu, 1977 (Regensburger Studien zur Theologie 8)

Axtell,H.L. The Deification of Abstract Ideas in Roman Literature and
     Inscriptions, Diss. Chicago 1907

Ballard,E.G. Metaphysics and Metaphor, Journal of Philosophy 45 (1948) 208-214

Barfield,O. Poetic Diction. A Study in Meaning, 2.Aufl. 1952/1962

Barrett,C.K. A Commentary on the Epistle to the Romans, 1957

Barrosse,T. Death and Sin in Saint Paul's Epistle to the Romans, CBQ 15 (1953)
     438-459

Bartchy,S.S. ΜΑΛΛΟΝ ΧΡΗΣΑΙ: First-Century Slavery and the Interpretation of
     1 Corinthians 7:21, 1973

Becker,J. Das Heil Gottes. Heils- und Sündenbegriffe in den Qumrantexten und
     im Neuen Testament, 1964 (StUNT 3)

Berger,K. Art. Abraham II. Im Frühjudentum und Neuen Testament, TRE I, 1977,
     372-382

-- Almosen für Israel, NTS 23 (1977) 180-204

-- Exegese des Neuen Testaments, 1977 (UTB 658)

-- Formgeschichte des Neuen Testaments, 1984

-- Hellenistische Gattungen im Neuen Testament, in: Aufstieg und Niedergang
     der römischen Welt II 25,2, 1984, S.1031-1432.1831-1885

-- Art. Gebet IV. Neues Testament, TRE XII, 1984, 47-60

-- Art. Geist/Heiliger Geist/Geistesgaben III. Neues Testament, TRE XII, 1984,
     178-196

-- Der Streit des guten und des bösen Engels um die Seele, JSJ 4 (1973) 1-18

Bertram,G. "Hochmut" und verwandte Begriffe im griechischen und hebräischen
     Alten Testament, Die Welt des Orients III 1/2 (1964), 32-43

-- Praeparatio Evangelica in der Septuaginta, VT 7 (1957) 225-249

-- Die religiöse Umdeutung altorientalischer Lebensweisheit in der griechischen
     Übersetzung des Alten Testaments, ZAW N.F. 13 (1936) 153-167

-- Vom Wesen der Septuaginta-Frömmigkeit, Die Welt des Orients II 3 (1956),
     274-284

Betz,H.D. (ed.) Plutarch's Theological Writings and Early Christian Literature,
     1975 (Studia ad Corpus Hellenisticum Novi Testamenti 3)

Bietenhard,H. Die himmlische Welt im Urchristentum und Spätjudentum, 1951
   (WUNT 2)

Bjerkelund,C.J. "Nach menschlicher Weise rede ich." Funktion und Sinn des paulinischen Ausdrucks, StTh 26 (1972) 63-100

Bloomfield,M.W. A Grammatical Approach to Personification Allegory, Modern
   Philology 60 (1963) 161-171 = ders., Essays and Explorations, 1970, 82-95

Blumenberg,H. Paradigmen zu einer Metaphorologie, Archiv f. Begriffsgeschichte 6 (1960) 7-142

-- Beobachtungen an Metaphern, Archiv f. Begriffsgeschichte 15 (1971) 161-214

-- Die Lesbarkeit der Welt, 1981

Böcher,O. Dämonenfurcht und Dämonenabwehr. Ein Beitrag zur Vorgeschichte der
   christlichen Taufe, 1970 (BWANT 90)

-- Christus Exorcista. Dämonismus und Taufe im Neuen Testament, 1972 (BWANT 96)

-- Das Neue Testament und die dämonischen Mächte, 1972 (SBS 58)

Bonhöffer,A. Epiktet und das Neue Testament, 1911 (Ndr. 1964) (RVV 10)

Bornkamm,G. Paulus, 2.Aufl. 1969

-- Sünde, Gesetz und Tod, Bethel-Jahrbuch N.F. 2 (1950) 26-44 = ders., Das Ende
   des Gesetzes. Paulusstudien, 5.Aufl. 1966, 51-69

Bousset,W. und Gressmann,H. Die Religion des Judentums im späthellenistischen
   Zeitalter, 3.Aufl. 1926 (HNT 21)

Bowra,C.M. Aristotle's Hymn to Virtue, in: ders., Problems in Greek Poetry,
   1953, 138-150

Brandenburger,E. Adam und Christus, 1962 (WMANT 7)

-- Die Verborgenheit Gottes im Weltgeschehen. Das literarische und theologische
   Problem des 4. Esrabuches, 1981 (AThANT 68)

Braun,H. An die Hebräer, 1984 (HNT 14)

-- Römer 7,7-25 und das Selbstverständnis des Qumran-Frommen, in: ders., Gesammelte Studien zum Neuen Testament und seiner Umwelt, 3.Aufl. 1971,
   100-119

-- Spätjüdisch-häretischer und frühchristlicher Radikalismus, I-II, 2.Aufl.
   1969 (Beiträge zur Historischen Theol. 24)

-- Qumran und das Neue Testament, I-II, 1966

Brockmeyer,N. Antike Sklaverei, 1979 (EdF 116)

Bröker,G. Die Lehre von der Sünde bei Paulus und im Schrifttum der Sekte von
   Qumran. Eine theologisch-terminologische Vergleichung, Diss.masch. Leip-
   zig 1959

Bronson,B.H. Personification Reconsidered, in: F.W.Hilles (ed.), New Light on
   Dr. Johnson. Essays on the Occasion of his 250th Birthday, 1959, 189-231

Brown,St.J. Image and Truth. Studies in the Imagery of the Bible, 1955

-- The World of Imagery. Metaphor and Kindred Imagery, 1927

Bultmann,R. Adam und Christus nach Römer 5, in: ders., Exegetica, 1967,424-444

-- Der Gedanke der Freiheit nach antikem und christlichem Verständnis, in:
   ders., Glauben und Verstehen IV, 4.Aufl. 1984, 42-51

-- Römer 7 und die Anthropologie des Paulus, in: ders., Exegetica, 1967,
   198-209

-- Der Stil der paulinischen Predigt und die kynisch-stoische Diatribe, 1910
   (Ndr. 1984) (FRLANT 13)

-- Theologie des Neuen Testaments, 7.Aufl. 1977 (UTB 630)

Christ,H. Blutvergießen im Alten Testament, 1977

Classen,C.J. Sprachliche Deutung als Triebkraft platonischen und sokratischen
   Philosophierens, 1959 (Zetemata 22)

Clemen,C. Religionsgeschichtliche Erklärung des Neuen Testaments, 2.Aufl. 1924
   (Ndr. 1973)

Cranfield,C.E.B. The Epistle to the Romans, I-II, 1975.1979 (ICC)

-- On Some of the Problems in the Interpretation of Romans 5.12, SJTh 22 (1969)
   324-341

Curtius,E.R. Schrift- und Buchmetaphorik in der Weltliteratur, Deutsche Vierteljahrsschrift für Literaturwissenschaft und Geistesgeschichte 20 (1942)
   359-411

Dahl,N.A. Romans 3.9: Text and Meaning, in: M.D.Hooker und S.G.Wilson (ed.),
   Paul and Paulinism (FS C.K.Barrett), 1982, 184-204

Daube,D. The New Testament and Rabbinic Judaism, 1956

Deißmann,A. Licht vom Osten. Das Neue Testament und die neuentdeckten Texte
   der hellenistisch-römischen Welt, 4.Aufl. 1923

-- Paulus. Eine kultur- und religionsgeschichtliche Skizze, 2.Aufl. 1925

Demandt,A. Metaphern für Geschichte. Sprachbilder und Gleichnisse im histo-
   risch-politischen Denken, 1978

Deubner,L. Personifikationen abstrakter Begriffe, Roscher Lexikon III, 1897-
   1909, 2068-2169

Dibelius,M. Die Geisterwelt im Glauben des Paulus, 1909

Diller,H. ΟΨΙΣ ΑΔΗΛΩΝ ΤΑ ΦΑΙΝΟΜΕΝΑ, Hermes 67 (1932) 14-42

Dillistone,F.W. Christianity and Symbolism, 1955

Dodd,C.H. The Bible and the Greeks, 2.Aufl. 1951

-- The Epistle of Paul to the Romans, 1932 (Moffatt NTC)

Dölger,F.J. Die Sonne der Gerechtigkeit und der Schwarze. Eine religionsgeschichtliche Studie zum Taufgelöbnis, 2.Aufl. 1971 (Liturgiegeschichtliche
   Quellen und Forschungen 14)

van Dülmen,A. Die Theologie des Gesetzes bei Paulus, 1968 (Stuttgarter Biblische Monographien 5)

Dunn,J.D.G. Paul's Understanding of the Death of Jesus, in: R.Banks (ed.),
   Reconciliation and Hope. New Testament Essays on Atonement and Eschatology
   (FS L.L.Morris), 1974, 125-141

Edie,J.M. Expression and Metaphor, Philosophy and Phenomenological Research 23
   (1963) 538-561

Eggers,T. Die Darstellung von Naturgottheiten bei Ovid und früheren Dichtern,
   1984 (Studien zur Geschichte und Kultur des Altertums N.F. 1.Reihe 1.Band)

Eisenhut,W. Art. Indigitamenta, Pauly Lexikon II, 1975/1979, 1395-1398

Elert,W. Redemptio ab hostibus, ThLZ 72 (1947) 265-270

Feine,P. Theologie des Neuen Testaments, 8.Aufl. 1951

Fiedler,P. Art. ἁμαρτία usw., EWNT I, 1980, 157-165

Finley,M.I. Die Sklaverei in der Antike. Geschichte und Probleme, dt. 1981

Frazer,J.G. The Scapegoat, The Golden Bough (A Study in Magic and Religion)
   VI, 3.Aufl. 1913

Friedrich, G. ᾑμαρτία οὐκ ἐλλογεῖται, ThLZ 77 (1952) 523-528

Gale,H.M. The Use of Analogy in the Letters of Paul, 1964

Gard,D.H. The Exegetical Method of the Greek Translator of the Book of Job, 1952 (JBL MS 8)

Gardner,Th. Zum Problem der Metapher, Deutsche Vierteljahrsschrift für Literaturwissenschaft und Geistesgeschichte 44 (1970) 727-737

Gehman,H.S. The Hebraic Character of Septuagint Greek, VT 1 (1951) 81-90

Geißner,H. Rhetorik, 2.Aufl. 1974

Gerleman,G. Art. רצה, THAT II, 2.Aufl. 1979, 810-813

-- Schuld und Sühne. Erwägungen zu 2. Samuel 12, in: H.Donner u.a. (ed.), Beiträge zur Alttestamentlichen Theologie (FS W.Zimmerli), 1977, 132-139

van Geytenbeek,A.C. Musonius Rufus and Greek Diatribe, 1963 (Wijsgerige Teksten en Studies 8)

Grassi,E. Macht des Bildes. Ohnmacht der rationalen Sprache, 1970

Grayston,K. A Study of the Word "Sin", The Bible Translator 4 (1953) 149-152

Grese,W.C. Corpus Hermeticum XIII and Early Christian Literature, Diss. Claremont 1977

Gretenkord,J.C. Der Freiheitsbegriff Epiktets, Diss. Bochum 1981

Grundmann,W. Art. κακόσ κτλ., ThWNT III, 1938 (Ndr. 1957), 470-487 (479,Z.14-40; 480,Z.10-28 von G.Bertram)

Häsler,B. Die epikureischen Texte aus Herculaneum, Habil.masch. 1963

Hamdorf,F.W. Griechische Kultpersonifikationen der vorhellenistischen Zeit, 1964

Hamp,V. Der Begriff "Wort" in den aramäischen Bibelübersetzungen. Ein exegetischer Beitrag zur Hypostasen-Frage und zur Geschichte der Logos-Spekulationen, 1938

Hanse,H. "Gott haben" in der Antike und im frühen Christentum. Eine religions- und begriffsgeschichtliche Untersuchung, 1939 (RVV 27)

Harnisch,W. (ed.) Die neutestamentliche Gleichnisforschung im Horizont von Hermeneutik und Literaturwissenschaft, 1982 (WdF 575)

-- Verhängnis und Verheißung der Geschichte. Untersuchungen zum Zeit- und Geschichtsverständnis im 4. Buch Esra und in der syr. Baruchapokalypse, 1969 (FRLANT 97)

Hatch,E. Essays in Biblical Greek, 1889 (Ndr. 1970)

Hauck,F. und Meyer,R. Art. καθαρόσ κτλ., ThWNT III, 1938 (Ndr. 1957), 416-434

Haverkamp,A. (ed.) Theorie der Metapher, 1983 (WdF 389)

Heiligenthal,R. Werke als Zeichen. Untersuchungen zur Bedeutung der menschlichen Taten im Frühjudentum, Neuen Testament und Frühchristentum, 1983 (WUNT 2.Reihe 9.Band)

Heim,K. Weltschöpfung und Weltende, 2.Aufl. 1958

Heine,G. Synonymik des Neutestamentlichen Griechisch, 1898

Heinisch,P. Personifikationen und Hypostasen im Alten Testament und im Alten Orient, 1921 (Biblische Zeitfragen 9.Folge Heft 10/12)

Helander,H. The Noun victoria as Subject, 1982

Hempel,J. Heilung als Symbol und Wirklichkeit im biblischen Schrifttum, 2.Aufl. 1965

-- "Ich bin der Herr, dein Arzt" (Ex. 15,26), ThLZ 82 (1957) 809-826

Henel,H. Metaphor and Meaning, in: P.Demetz u.a. (ed.), The Disciplines of Criticism. Essays in Literary Theory, Interpretation, and History (FS R.Wellek), 1968, 93-123

Hermisson,H.-J. Sprache und Ritus im altisraelitischen Kult. Zur "Spirituali-
    sierung" der Kultbegriffe im Alten Testament, 1965 (WMANT 19)

Herter,H. Dämonismus und Begrifflichkeit im Frühgriechentum, Lexis 3 (1952/53)
    226-235

Hey,O. Ἁμαρτία. Zur Bedeutungsgeschichte des Wortes, Philologus 83 (1928)
    1-17.137-163

Holländer,H. Das Bild in der Theorie des Phantastischen, in: C.W.Thomsen und
    J.M.Fischer (ed.), Phantastik in Literatur und Kunst, 1980, 52-78

Janowski,B. Sühne als Heilsgeschehen. Studien zur Sühnetheologie der Priester-
    schrift und zur Wurzel KPR im Alten Orient und im Alten Testament, 1982
    (WMANT 55)

Jeremias,C. Die Nachtgesichte des Sacharja. Untersuchungen zu ihrer Stellung
    im Zusammenhang der Visionsberichte im Alten Testament und zu ihrem Bildma-
    terial, 1977 (FRLANT 117)

Jewett,R. Paul's Anthropological Terms. A Study of their Use in Conflict Set-
    tings, 1971 (AGaJU 10)

Johnson Jr,S.L. Studies in Romans. Part IX: The Universality of Sin, Biblio-
    theca sacra 131/522 (1974) 163-172

Jüngel,E. Gott als Geheimnis der Welt. Zur Begründung der Theologie des Gekreu-
    zigten im Streit zwischen Theismus und Atheismus, 1977

Kabisch,R. Die Eschatologie des Paulus in ihren Zusammenhängen mit dem Gesamt-
    begriff des Paulinismus, 1893

Käsemann,E. Gottesgerechtigkeit bei Paulus, ZThK 58 (1961) 367-378

-- Das wandernde Gottesvolk, 1938 (FRLANT N.F. 37)

-- An die Römer, 3.Aufl. 1974 (HNT 8a)

Kaye,B.N. The Thought Structure of Romans with Special Reference to chapter 6,
    1979

Kedar,B. Biblische Semantik, 1981

Kertelge,K. Der Brief an die Römer, 1971

-- Art. λύτρον, EWNT II, 1981, 901-905

Klein,G. Sündenverständnis und theologia crucis bei Paulus, in: C.Andresen und
    G.Klein (ed.), Theologia crucis - signum crucis (FS E.Dinkler), 1979,
    249-282

Knierim,R. Die Hauptbegriffe für Sünde im Alten Testament, 1965 (2.Aufl. 1967)

-- Art. חטא, THAT I, 3.Aufl. 1978, 541-549

Knoch,W. Die Strafbestimmungen in Platons Nomoi, 1960 (Klass.-philol. Studien
    23)

Knuth,W. Der Begriff der Sünde bei Philon von Alexandria, Diss. Jena 1934

Koch,K. Art. חטא, ThWAT II, 1976, 857-870

-- (ed.) Um das Prinzip der Vergeltung in Religion und Recht des Alten Testa-
    ments, 1972 (WdF 125)

-- Der Schatz im Himmel, in: Leben angesichts des Todes. Beiträge zum theolo-
    gischen Problem des Todes (FS H.Thielicke), 1968, 47-60

-- Sühne und Sündenvergebung um die Wende von der exilischen zur nachexilischen
    Zeit, EvTh 26 (1966) 217-239

Köller,W. Semiotik und Metapher. Untersuchungen zur grammatischen Struktur
    und kommunikativen Funktion von Metaphern, 1975 (Studien zur Allgemeinen
    und Vergleichenden Literaturwissenschaft 10)

Koep,L. Das himmlische Buch in Antike und Christentum, 1952

Koller,W. Einführung in die Übersetzungswissenschaft, 1979 (UTB 819)

Kopperschmidt,J. Allgemeine Rhetorik, 2.Aufl. 1976

Krämer,H.J. Platonismus und hellenistische Philosophie, 1971

Kudlien,F. Die stoische Gesundheitsbewertung und ihre Probleme, Hermes 102 (1974) 446-456

Küchler,M. Frühjüdische Weisheitstraditionen. Zum Fortgang weisheitlichen Denkens im Bereich frühjüdischen Jahweglaubens, 1979 (OBO 26)

Kümmel,W.G. Römer 7 und das Bild des Menschen im Neuen Testament, 1974 (Theologische Bücherei 53)

Kurz,G. Metapher, Allegorie, Symbol, 1982 (Kleine Vandenhoeck-Reihe 1486)

Kuß,O. Der Römerbrief übersetzt und erklärt, 3 Lfg.en 1957-1978

Labuschagne,C.J. ענה, THAT II, 2.Aufl. 1979, 335-341

Latte,K. Schuld und Sünde in der griechischen Religion, in: ders., Kleine Schriften, 1968, 3-35

Lausberg,H. Elemente der literarischen Rhetorik, 5.Aufl. 1976

-- Handbuch der literarischen Rhetorik, 1960

Leisegang,H. Der Heilige Geist, 1919

-- Pneuma Hagion, 1922 (Ndr. 1970)

Lichtenberger,H. Studien zum Menschenbild in Texten der Qumrangemeinde, 1980 (StUNT 15)

Lietzmann,H. Einführung in die Textgeschichte der Paulusbriefe. An die Römer, 4.Aufl. 1933 (HNT 8)

Ligier,L. Péché d'Adam et péché du monde, I-II, 1960.1961

Lohmeyer,E. Probleme paulinischer Theologie III. Sünde, Fleisch und Tod, ZNW 29 (1930) 1-59

Lohse,E. Märtyrer und Gottesknecht. Untersuchungen zur urchristlichen Verkündigung vom Sühntod Jesu Christi, 2.Aufl. 1963 (FRLANT 64)

Lyonnet,S. L'histoire du salut selon le ch. 7 de l'épître aux Romains, Bib 43 (1962) 117-151

Maass,F. טהר, THAT I, 3.Aufl. 1978, 646-652

Mack,B.L. Logos und Sophia, 1973

Maier,J. und Schreiner,J. (ed.) Literatur und Religion des Frühjudentums. Eine Einführung, 1973

Malina,B.J. Some Observations on the Origin of Sin in Judaism and St. Paul, CBQ 31 (1969) 18-34

Manuwald,A. Die Prolepsislehre Epikurs, 1972

Markert,L. Struktur und Bezeichnung des Scheltworts. Eine gattungskritische Studie anhand des Amosbuches, 1977 (BZAW 140)

Marshall,I.H. The Development of the Concept of Redemption in the New Testament, in: R.Banks (ed.), Reconciliation and Hope. New Testament Essays on Atonement and Eschatology (FS L.L.Morris), 1974, 153-169

Martin,B.L. Some Reflections on the Identity of egō in Rom 7,14-25, SJTh 34/1 (1981) 39-47

Maultsby,H.D. Paul and the American Nomos. An Exegetical Study of Romans 7 and a Hermeneutic for Biblical Theology, Diss. Madison/New Jersey 1974

Mayer,R. Sünde und Gericht in der Bildersprache der vorexilischen Prophetie, BZ N.F. 8 (1964) 22-44

Meißner,B. Mythisches und Rationales in der Psychologie der euripideischen Tragödie, Diss. Göttingen 1951

Mensching, G. Die Idee der aktuellen Sünde in der Religionsgeschichte, in: ders., Topos und Typos. Motive und Strukturen religiösen Lebens (ed. H.-J. Klimkeit), 1971, 25-41

Merk,O. Handeln aus Glauben, 1968

Die Metapher (Bochumer Diskussion), Poetica 2 (1968) 100-130 (Teilnehmer: H. Weinrich, H.Heckhausen, U.Suerbaum, K.Maurer u.a.)

Michel,O. Der Brief an die Römer, 5.Aufl. 1978 (KEK 4)

Moulinier,L. Le pur et l'impur dans la pensée des Grecs, d'Homère à Aristote, 1952

Müller, C.D.G. Art. Geister (Dämonen) C IV. Volksglaube, RAC IX, 1976, 761-797

Mundle,W. Zur Auslegung von Gal 2,17.18, ZNW 23 (1924) 152-153

Niederwimmer,K. Der Begriff der Freiheit im Neuen Testament, 1966

Newiger,H.J. Metapher und Allegorie. Studien zu Aristophanes, 1957 (Zetemata 16)

Nieraad,J. "Bildgesegnet und bildverflucht". Forschungen zur sprachlichen Metaphorik, 1977 (EdF 63)

Nies,F. Kleinigkeiten wie Großbuchstaben. Optische Signale in Baudelaires Gedichten, in: K.-H.Bender u.a. (ed.), Imago linguae. Beiträge zu Sprache, Deutung und Übersetzen (FS F.Paepcke), 1977, 425-441

Nilsson,M.P. Kultische Personifikationen, in: ders., Opuscula selecta Bd. 3, 1960, 233-242

Oepke,A. Art. νόσος κτλ., ThWNT IV, 1942, 1084-1091

Otto,W.F. Die Musen und der göttliche Ursprung des Singens und Sagens, 1954

Pannenberg,W. Person und Subjekt, in: ders., Grundfragen systematischer Theologie. Gesammelte Aufsätze, Bd. 2, 1980, 80-95

Parker,R. Miasma. Pollution and Purification in early Greek Religion, 1983

Paschen,W. Rein und Unrein. Untersuchung zur biblischen Wortgeschichte, 1970 (StANT 24)

Petersen,L. Zur Geschichte der Personifikation in griechischer Dichtung und bildender Kunst, 1939

Pettazzoni,R. Confessione dei peccati, I-III, 1929-1936

Plett,H.F. Einführung in die rhetorische Textanalyse, 4.Aufl. 1979

-- Textwissenschaft und Textanalyse, 1975 (UTB 328)

Pötscher,W. Das Person-Bereichdenken in der frühgriechischen Periode, Wiener Studien 72 (1959) 5-25

-- Art. Personifikation, Pauly Lexikon IV, 1975/1979, 661-663

Pohlenz,M. Die Stoa. Geschichte einer geistigen Bewegung I, 5.Aufl. 1978

Pongs,H. Das Bild in der Dichtung I. Versuch einer Morphologie der metaphorischen Formen, 2.Aufl. 1960

Popkes,W. Zum Aufbau und Charakter von Römer 1.18-32, NTS 28 (1982) 490-501

-- Die Funktion der Sendschreiben in der Johannes-Apokalypse. Zugleich ein Beitrag zur Spätgeschichte der neutestamentlichen Gleichnisse, ZNW 74 (1983) 90-107

Porúbčan,Št. Sin in the Old Testament, 1963 (Aloisiana 3)

Procksch,O. und Büchsel,F. λύω κτλ., ThWNT IV, 1942, 329-359

Quell,G./Bertram,G./Stählin,G./Grundmann,W. ἁμαρτάνω κτλ., ThWNT I, 1933, 267-320

Rabbow,P. Seelenführung. Methodik der Exerzitien in der Antike, 1954

Räisänen,H. Paul and the Law, 1983 (WUNT 29)

Rau,E. Kosmologie, Eschatologie und die Lehrautorität Henochs. Traditions- und formgeschichtliche Untersuchungen zum äth. Henochbuch und zu verwandten Schriften, Diss.masch. Hamburg 1974

-- Jesu Kunst der Rede vom Gott Israels. Zur Methodik der Gleichnisinterpretation, Habil.masch. Hamburg 1978

Reinhardt,K. Personifikation und Allegorie, in: ders., Vermächtnis der Antike. Gesammelte Essays zur Philosophie und Geschichtsschreibung (ed. C.Becker), 2.Aufl. 1966, 7-40

Rengstorf,K.H. Art. δοῦλοσ κτλ., ThWNT II, 1935, 264-283

Ricoeur,P. und Jüngel,E. Metapher. Zur Hermeneutik religiöser Sprache, 1974

Ricoeur,P. La métaphore vive, 1975

-- Symbolik des Bösen, Phänomenologie der Schuld II, 1971

Ringgren,H. Art. כסה. ThWAT IV, 1984, 272-277

Ritz,H.-J. Art. καλύπτω, EWNT II, 1981, 606-608

Rudolph,W. Micha-Nahum-Habakuk-Zephanja, 1975 (Kommentar zum Alten Testament XIII 3)

Rueß,H. Gesundheit - Krankheit - Arzt bei Plato. Bedeutung und Funktion, Diss.masch. Tübingen 1957

Ruhl,L. De mortuorum iudicio, 1903 (RVV 2,2)

Rusch,A. Art. Thoth, Pauly/Wissowa VI A 1, 1936, 351-388

Rydbeck,L. Fachprosa, vermeintliche Volkssprache und Neues Testament. Zur Beurteilung der sprachlichen Niveauunterschiede im nachklassischen Griechisch, 1967

-- What Happened to New Testament Greek Grammar After Albert Debrunner?, NTS 21 (1975) 424-427

Sand,A. Sünde, Gesetz und Tod. Zum Menschenbild des Apostels Paulus, in: N. Lohfink u.a., Zum Problem der Erbsünde. Theologische und philosophische Versuche, 1981, 53-104

Sanders,E.P. Paul, the Law, and the Jewish People, 1983

Sanders,W. Linguistische Stiltheorie. Probleme, Prinzipien und moderne Perspektiven des Sprachstils, 1973

Sasse,H. Art. κοσμέω κτλ., ThWNT III, 1938, 867-898

Schaller,B. Das Testament Hiobs und die LXX-Übersetzung des Buches Hiob, Bib 61 (1980) 377-406

Scharbert,J. "Unsere Sünden und die Sünden unserer Väter", BZ N.F. 2 (1958) 14-26

Schiefer,F.W. Sünde und Schuld in der Apokalypse des Baruch, ZWTh 45 (1902) 327-339

Schlier,H. Der Römerbrief, 1977 (HThK 6)

-- Art. ἐλεύθεροσ κτλ., ThWNT II, 1935, 484-500

Schmid,H.H. Altorientalische Welt in der alttestamentlichen Theologie, 1974

Schnackenburg,R. Das Johannesevangelium, I-II, 1965 (3.Aufl. 1972). 1971 (HThK 4)

Schönfeld,H.-G. Metanoia. Ein Beitrag zum Corpus Hellenisticum Novi Testamenti, Diss.masch. Heidelberg 1970

Scholem,G.G. Jewish Gnosticism, Merkabah Mysticism, and Talmudic Tradition, 2.Aufl. 1965

Schottroff,L. Die Schreckensherrschaft der Sünde und die Befreiung durch Christus nach dem Römerbrief des Paulus, EvTh 39 (1979) 497-510

Schreiner,J. Durch die Sünde kehrt sich der Mensch von Gott ab, Concilium 5 (1969) 742-748

Schweizer,E. Die Sünde in den Gliedern, in: O.Betz u.a. (ed.), Abraham unser Vater. Juden und Christen im Gespräch über die Bibel (FS O.Michel), 1963 (AGaJU 5), 437-439

Schwertner,S. Art. סור, THAT II, 2.Aufl. 1979, 148-150

Sjöberg,E. Gott und die Sünder im palästinischen Judentum, 1938 (BWANT IV/27)

Smend,R. und Luz,U. Gesetz, 1981

Snell,B. Die Entdeckung des Geistes. Studien zur Entstehung des europäischen Denkens bei den Griechen, 4.Aufl. 1975

Söhngen,G. Analogie und Metapher. Kleine Philosophie und Theologie der Sprache, 1962

Soggin,J.A. Art. שוב, THAT II, 2.Aufl. 1979, 884-891

Stacey,W.D. The Pauline View of Man. In Relation to its Judaic and Hellenistic Background, 1956

Stamm, J.J. Art. מחה, THAT II, 2.Aufl. 1979, 389-406

Stegemann,E. Der eine Gott und die eine Menschheit. Israels Erwählung und die Erlösung von Juden und Heiden nach dem Römerbrief, Habil.masch. Heidelberg 1981

Steinleitner, F.S. Die Beicht im Zusammenhange mit der sakralen Rechtspflege in der Antike, Diss. München 1913

Stevenson,Ch.L. Ethics and Language, 1944 (Ndr. 1976)

Stier,K. Paulus über die Sünde und das Judentum seiner Zeit, Prot. Monatshefte 11 (1907) 54-65.98-110

Stoebe,H.J. Art. רפא, THAT II, 2.Aufl. 1979, 803-809

Stoessl,F. Art. Personifikationen, Pauly/Wissowa XIX 1, 1937, 1042-1058

van Straaten,M. Menschliche Freiheit in der stoischen Philosophie, Gymnasium 84 (1977) 501-518

Strobel,A. Erkenntnis und Bekenntnis der Sünde in neutestamentlicher Zeit, 1968

Süß,W. Ethos. Studien zur älteren griechischen Rhetorik, 1910

Tannehill,R.C. The Sword of His Mouth. Forceful and Imaginative Language in Synoptic Sayings, 1975 (SBL Semeia Suppl. 1)

Theißen,G. Psychologische Aspekte paulinischer Theologie, 1983 (FRLANT 131)

-- Soteriologische Symbolik in den paulinischen Schriften. Ein strukturalistischer Beitrag, KuD 20 (1974) 282-304

Theobald,M. Die überströmende Gnade. Studien zu einem paulinischen Motivfeld, 1982 (FzB 22)

Thomas, R. Zur historischen Entwicklung der Metapher im Griechischen, Diss. Erlangen 1891

Thyen,H. Studien zur Sündenvergebung im Neuen Testament und seinen alttestamentlichen und jüdischen Voraussetzungen, 1970 (FRLANT 96) van der Toorn,K. Sin and Sanction in Israel and Mesopotamia. A Comparative Study, 1985 (Studia Semitica Neerlandica 22)

Trench, R.Ch. Synonyma des Neuen Testaments (übers. H.Werner), 1907

Trenchard,W.C. Ben Sira's View of Women: A Literary Analysis, 1982 (Brown Judaic Studies 38)

Tsekourakis,D. Studies in the Terminology of Early Stoic Ethics, 1974

Ueding,G. Einführung in die Rhetorik, 1976

Umlauft,F. Gleichnisrede bei Epiktet, Diss. Wien 1947

Urbach,E.E. The Sages. Their Concepts and Beliefs (transl. from the Hebrew by I.Abrahams), 1975

Vetter,D. Art. הגה. THAT I, 3.Aufl. 1978, 504-507

Völker,W. Fortschritt und Vollendung bei Philo von Alexandrien. Eine Studie zur Geschichte der Frömmigkeit, 1938 (TU IV/4,1)

Volz,P. Die Eschatologie der jüdischen Gemeinde im neutestamentlichen Zeitalter, nach den Quellen der rabbinischen, apokalyptischen und apokryphen Literatur dargestellt, 2.Aufl. 1934

Vonessen,F. Die ontologische Struktur der Metapher, Zeitschrift für philosophische Forschung 13 (1959) 397-418

Wachsmuth,D. Art. Taurobolium, Pauly Lexikon V, 1975/1979, 543-544

Waites,M.C. Some Features of the Allegorical Debate in Greek Literature, HSPh 23 (1912) 1-46

Webster,T.B.L. Personification as a Mode of Greek Thought, Journal of the Warburg and Courtauld Institutes 17 (1954) 10-21

-- From Primitive to Modern Thought in Ancient Greece, in: Acta Congressus Madvigiani II, 1958, 29-46

Wedderburn,A.J.M. The Theological Structure of Romans V. 12, NTS 19 (1972/73) 339-354

Wefing,S. Untersuchungen zum Entsühnungsritual am großen Versöhnungstag (Lev. 16), Diss. Bonn 1979

Wehrli,F. Der Arztvergleich bei Platon, Museum Helveticum 8 (1951) 177-184

-- Ethik und Medizin. Zur Vorgeschichte der aristotelischen Mesonlehre, Museum Helveticum 8 (1951) 36-62

Weinrich,H. Sprache in Texten, 1976

Weiss,M. Methodologisches über die Behandlung der Metapher, dargelegt an Am. 1,2, ThZ 23 (1967) 1-25

Wendland,P. Die hellenistisch-römische Kultur in ihren Beziehungen zum Judentum und Christentum, 4.Aufl. 1974 (HNT I/2)

Wengst,K. Der erste, zweite und dritte Brief des Johannes, 1978 (ÖTK 16)

Westermann,C. Das Buch Jesaja. Kapitel 40-66, 4.Aufl. 1981 (ATD 19)

Westermann,C. und Albertz,R. Art. גלה. THAT I, 3.Aufl. 1978, 418-426

Wevers,J.W. Septuaginta-Forschungen, ThR 22 (1954) 85-138.171-190; ThR 33 (1968) 18-76

Wheelwright,Ph. Poetry, Myth, and Reality, in: G.J. und N.M.Goldberg (ed.), The Modern Critical Spectrum, 1962, 306-320

Wiese,K. Irrtum und Unkenntnis im Recht der griechischen und lateinischen Papyrusurkunden, Diss. Köln 1971

Wikenhauser,A. Die Christusmystik des Apostels Paulus, 2.Aufl. 1956

Wilckens,U. Der Brief an die Römer, I-III, 1978-1982 (EKK 6)

-- Christologie und Anthropologie im Zusammenhang der paulinischen Rechtfer-
   tigungslehre, ZNW 67 (1976) 64-82

-- Zur Entwicklung des paulinischen Gesetzesverständnisses, NTS 28 (1982)
   154-190

-- Das Neue Testament, übers. und kommentiert von U.Wilckens, 4.Aufl. 1974

-- Zum Römerbriefkommentar von Heinrich Schlier, ThLZ 103 (1978) 849-856

Wolter,M. Art. παράβασισ usw., EWNT III, 1983, 32-35

Wuellner,W.H. Der Jakobusbrief im Licht der Rhetorik und Textpragmatik,
   LingBibl 43 (1978) 5-66

Wüst,E. Art. Erinys, Pauly/Wissowa Suppl. VIII, 1956, 82-166

Zeller,D. Der Zusammenhang von Gesetz und Sünde im Römerbrief. Kritischer Nach-
   vollzug der Auslegung von Ulrich Wilckens, ThZ 38 (1982) 193-212

Zink, J.K. Uncleanness and Sin. A Study of Job XIV 4 and Psalm LI 7, VT 17
   (1967) 354-361

REGISTER

Vorbemerkung: *Kursiv* gesetzte Seitenzahlen weisen auf die Anmerkungen hin.

I. S t e l l e n

1. <u>Biblia</u>

   a) Altes und Neues Testament

Genesis

2-3 LXX	117f.*148*
4,7	90,*96*,148
4,13	30
7,11	85
9,20	96
9,24f	90
18,20	31
40,16f	39
49,17 LXX	90

Exodus

1,14	107
12,8	115
14,27	85
28,38	30
34,7	31,59
34,9	60,63

Leviticus

10,17	59,63
14,15ff	41
16	30ff.41,48
18,7 LXX	85
19,17	30
20,19	30
26,40	8

Numeri

4,47	39
6,11	*40*
10,17	39
12,11	31,33f.
14,18	31,59
15,27	9
15,30	9
30,4-9	61
31,23	41
32,23(LXX)	145,*150*
35,34	121

Deuteronomium

13,9ff	82
24,16	8
30,2f	*78*,79f.

Josua

22,17	41

Richter

9,23f	155,162

1.Samuel

15,25	30
25,28	30

2.Samuel

3,29	39
12,13	59,65
24,10	59

1.Könige

2,32f	39
8,35 LXX	93
15,30	7
16,19	7

2.Könige

3,3 LXX	7
6,5f	36
14,6	8
17,22 LXX	7

1.Chronik

21,8	59f.

2.Chronik

7,13f	75
36,16	77,80

Esra

9,6	100

II. M o d e r n e   A u t o r e n

III. S a c h e n

Adam 2, 4, 96, 117f. 142, 159f. 169,
   177
Affekte(nlehre) *16*, 96, 104ff. 111,
   116, 119, 128
Apokalyptik 1, 10, 13f. 25, 36, 44f.
   49ff. 56ff. 83, 136, 150ff. 154
Auferstehung (als Metapher) 94

Bedeutungsspezialisierung 61, 70
Begierde(n) 9, 14, 98, 105ff. 112,
   115f. 148, 158f. 166, 179, 181
Beliar s. Satan und Dämonen
Bildfelder 19ff. 29ff. 39ff. 43ff.
   48ff. 55f. 76ff. 81ff. 89ff. 96ff.
   101, 103ff. 107, 112ff. 141, 166f.
   169, 181
Bluttat, Blutvergießen 32, 39ff. 47

Christologie 63ff. 72, 85, 104, 110,
   113, 120ff. 132, 170f.

Dämonen s. Satan und Dämonen
Diatribe 104ff. 136f. 154, 156
Dynamismus 24, 29, 31, 35ff. 38, 53,
   74, 99, 143f. 146, 148f. 154, 175,
   179, s. auch Ganzheitsdenken

Erlösung 65ff. 72

Filiation 98, 100
Fleisch (*sarx*) 2, 90, 92, 104, 110,
   123f. 181   ✎
Freiheit 66f. 72, 104ff. 108ff.
   113f. 171

Ganzheitsdenken 24, 32f. 34ff. 39,
   42, 144f. 148, 154ff. 157, s.
   auch Dynamismus
Gattungen 91, 95, 98, 100, 134, 136f.
Gefäßmetaphorik 125
Gehorsam 108, *109*, 111ff. 126, 141,
   166
Geist Gottes, heiliger Geist 119ff.
   122, 124ff. 141, 153, 172
Geister, böse s. Satan und Dämonen
Gericht und Strafe Gottes 25, *37*, 38,
   49ff. 56f. 82f. 86, 150ff. 164f.
   169, 180f.
Gerichtswaage 51ff. 56, 173
Gesetz 2, 4, 55, 104, *109*, 116ff.
   119, *120*, 126, 136f. 140ff. 164f.
   168, 171, 177, 179ff.
Gleichnisse 57f. 181
Gnade 1, 125, 141, 143, 165
Gnosis 44, 102, 113f. 163f.

Herr-Sklave-Metaphorik 21, *23*, 71,
   104ff. 108ff. 113ff. 126f. 166

Himmelfahrt (als Metapher) 94
Holismus s. Dynamismus, Ganzheits-
   denken
Hybris 65, 87
Hypostasierung 2, 44, 70, 149, 154,
   168, 173ff. 179

Ich (in Röm7) *4*, *109*, 117, 120,
   141, 180

Lamm (Gottes) 63ff. 72
Leib (*sōma*) *109*, 112, 122, 124, 127

Machtbegriff, Machtcharakter der
   Sünde 1ff. 16ff. 136, 156f. 160,
   163, 179f.
Mantik 58, 122
manumissio 110
Metapher
   -analoge M. 22, 27, 62, 98ff.
   -Entmetaphorisierung 27, 78f.
   -Identifikationsleistung 40, 44f.
      55, 73, 77f. 80, *96*, 175f.
   -konventionalisierte M. 24f. 27,
      42, 46, 76, 102
   -kühne M. 36, 128f.
   -kulturkreisübergreifende M. 20f.
      38, 46, 58, 70, 72, 77, 87, 95,
      101f.
   -lebendige M. 24f. 37, 69, 100,
      148
   -lexikalisierte M. 24f. 34f. 46,
      67, 69f. 91f. 94, 97ff. 106
   -M.nkombination 102, 106, 114, *151*
   -M.nkonvergenz 60, 62f.
   -M.nsubstitution 26f. 31, 59f.
      64, 69
   -Re-Metaphorisierung 27, 35ff.
   -Unübersetzbarkeit 22f. 86, 99
   -Unvermeidlichkeit 21f. 87
   -Visualisierung 27, 57
   -"Weltanschauungsmetapher" 24ff.
      30f. 36ff. 41f. 46, 48, 53, 58,
      102
   -Wirklichkeitswert 23ff. 31, 36f.
      39, 41f. 53, 58, 73ff. 86, 94,
      101, 103, 128f.
   -Zentralmetapher, zentrale M. 20,
      38, 41, 43, 46, 55, 104f. 166

Personbegriff 120, 125, 132, 134,
   136, 143f. 164, 179
Personifikation, Prosopopoiie 5, 103,
   Teil III, 179, 181
   -"abgeleitete" P. 166
   -"Abstrakt-P." 143, 149, 155ff.
      163f. 172, 175
   -"implizite" und "explizite" P.
      94, *95*

Wissenschaftliche Untersuchungen zum Neuen Testament

Herausgegeben von Martin Hengel und Otfried Hofius

2. Reihe

13
Karl Th. Kleinknecht
Der leidende Gerechtfertigte
2. Auflage 1987. Ca. 450 Seiten.
Fadengeheftete Broschur.

12
Alfred F. Zimmermann
Die urchristlichen Lehrer
2. Auflage 1987. Ca. 280 Seiten.
Fadengeheftete Broschur.

11
Marius Reiser
Syntax und Stil des Markus-
evangeliums
1984. XIV, 219 Seiten.
Broschur.

10
Hans-Joachim Eckstein
Der Begriff Syneidesis bei Paulus
1983. VII, 340 Seiten.
Broschur.

9
Roman Heiligenthal
Werke als Zeichen
1983. XIV, 374 Seiten. Broschur.

8
Berthold Mengel
Studien zum Philipperbrief
1982. X, 343 Seiten. Broschur.

7
Rainer Riesner
Jesus als Lehrer
2. Aufl. 1984. Ca. 620 Seiten.
Fadengeheftete Broschur.

6
Helge Stadelmann
Ben Sira als Schriftgelehrter
1980. XIV, 346 Seiten. Broschur.

5
Dieter Sänger
Antikes Judentum und die Mysterien
1980. VIII, 274 Seiten. Broschur.

4
Seyoon Kim
The Origin of Paul's Gospel
2nd ed. 1984. XII, 413 Seiten.
Broschur.

3
Paul Garnet
Salvation and Atonement in the
Qumran Scrolls
1977. VIII, 152 Seiten. Broschur.

2
Jan A. Bühner
Der Gesandte und sein Weg im
4. Evangelium
1977. VIII, 486 Seiten. Broschur.

J.C.B. Mohr (Paul Siebeck)
Tübingen